ややわかり やすい社会 保障（法？）

森戸英幸
Morito Hideyuki

長沼建一郎
Naganuma Ken-ichiro

弘文堂

上の句――いわゆる「はしがき」

（なんだこのタイトル？）

　本書は、とかく複雑でわかりにくいとされる（実際にもそう）社会保障の仕組みや問題点について、できるだけわかりやすく説明を行うことを目指す本である。しかし、そううたった本はごまんとある。この本はそれらとどこが違うのか。

　一番の違いは、著者（無駄に２人もいる）の奥ゆかしさである。確かに真摯にわかりやすさを追求したが、100パーセント誰にでもわかるなんてことはないし、100パーセントわかるはずもないので「やや」わかりやすい、とした。そして著者はいずれも（無駄に？）法律学者なので、本来なら社会保障「法」とすべきところだが、そこまでギチギチの法律学の本として作ってはいないので「法」とつけるのはちょっと違う、でも条文や判例もまあまあ登場するし、法学っぽさは完全には拭えてない、という事情を総合的に考慮して（はい出ました、法学系のいやな感じ！）、「？」をつけた上でカッコに入れとこう！　ということで、非常に奥ゆかしい（言い訳がましいとも言う）「ややわかりやすい社会保障（法？）」という、前代未聞の書名が誕生した。

（苦節15年余……）

　はるか昔、筆者（森戸）は法学部生相手に社会保障法という科目を教えていたのだが、ただ普通に教えたら本当に面白くない科目だな、というのが当時の正直な思いであった。各方面からしばかれそうだが、本当にそう感じていたのでしょうがない。教える方が面白いと思っていないのに、学生が面白いと思ってくれるわけもない。そこで、まず１回講義をして最後に簡単な課題を出し、次の回はディスカッション、これをテーマごとに繰り返す、という方式を採用してみたところ、学生の「食いつき」が格段に

i

よくなった。なるほど、やり方によっては面白くなるんだな、この科目の地味な魅力をより広く世間に伝えたいな——と思ったものの、その後所属先が変わって社会保障法を教えなくなったこともあり、いつしかその志は頭の隅っこに追いやられてしまっていた。

そんなある日、長沼先生と邂逅（このワード使ってみたかった！）する。長沼先生は、大変優秀な研究者でかつ温厚な人格者であるのだが、それより何より、いつも私のしょうもないボケやギャグに死ぬほど（今風に言えば「腹がちぎれるくらい」か？）笑ってくれる、本当に希有な存在であった。笑ってくれるだけではなくてメモまで取ってくれるのだ。芸人冥利に尽きるとはこのことだ（芸人じゃないけど）。ただそのメモがどう活かされているのかは未だに謎なのだが。

こんな素敵な先輩と何か形に残る仕事をできたらいいなあ！……あ、そうだ、社会保障法の本出したかったんだ！　ちゃんとした研究者で、しかし私のノリを理解してくれる長沼先生とならいけるかも！——というわけでこの本が出ました、と言ってしまうと簡単だが、実は構想から実現まで15年以上かかっている。危うく2人とも老衰で死ぬところであった。それもすべて私のせいである。もちろん（と開き直るのも変だが）執筆も十分遅いのだが、それに加え適当な性格の私が「まあこのくらいで書いときばいいんすよー」みたいにちょいちょいごまかそうとして、長沼先生がそれをたしなめる（そして対案をひねり出さざるを得なくなる）、というターンが何度も続いたというのも大きい。本当に長沼先生には多大なご迷惑をおかけした。ここで言うのもなんですが、ホントすいませんでした。

（構成も凝ってみました）

まず全体を通じて、誰かと誰かの「会話」が頻繁に登場する。複雑な話をできるだけ（やや）わかりやすく、かつ面白くしたいと考えてのことだが、1つだけ注意点がある。登場人物のほとんどが（著者の性格を反映してか）ひねくれた性格なのだ。根はいいヤツなのだが、しばしば皮肉っぽい口をきく。したがって、場合によってはセリフの文字面だけでは真意が伝わらないかもしれない。なので是非、会話の前後の説明も併せて読んで頂

きたい。

I. キホンのキホン

　まずは各制度の全体像を把握してもらうためのセクションである。やはりここを押さえておかないと先にはいけない。とは言え「やや」わかってもらえばよいという奥ゆかしい本なので、ざっくりと「なるほど、こういう感じの制度なのね」というくらいの理解度に達してくれれば十分である。細かいことは置いといて、とりあえず先に進んでほしい。というかそもそも細かいことにはそれほど触れていないのだが。

II. このネタは使えるぞ！

　このセクションでは、各章のテーマに関わる面白そうなトピックを３つ、「小ネタ」としてピックアップして紹介している。ゼミなどで議論したら面白いかも、というような基準で選んでいる。ただ「小ネタ」と言いつつ、いずれも実は簡単に答えの出ない、非常に深いテーマばかりである。是非実際に、たとえば大学のゼミなどで議論してみてほしい。

III.「労働法の方から来ました」

　皆さんにも大好きな曲、大好きな小説、ガチ推しのアイドルグループなどがきっとあるだろう。実は著者にも、本当に大好きな……詐欺のやり口がある。

　　昭和の詐欺師「どうも、消防署の方から来ました！　是非この消火器の
　　　ご購入をご検討ください！」
　　いつの時代もいる善人「あら、消防署の方なら安心ね……結構お高いけ
　　　どじゃあ頂こうかしら」
　　詐欺師「フッフッフ……一切嘘はついてないよ、消防署の方向から歩い
　　　て来たからね」

実際にこういう手口の詐欺が行われていたようで、皆さん気をつけて！と注意喚起がなされていた時代があったのである。本当によくできている（誉めたら怒られるが）。いつかこのネタ使いたいなあ、と温めていたのがようやく実現できた。要は、労働法のネタそのものではないが、本書のテーマである社会保障法の論点を労働法的な角度で捉えるとまた違った味がでますよ、ということである。

まあ要するに、筆者（森戸）は一応労働法学者でもあり、かつ社会保障法と労働法は言わば兄弟科目でもあるので、両分野に関わる論点も取り上げよう、ということなのだが、労働法の角度からみることで、社会保障法の理解もさらに（やや）深まるはずである。

各章の最後の「アウトロ」も是非飛ばさずに読んで欲しい。教養溢れる長沼先生が、過去の名著の一節を引用しつつ、各章のテーマに関わる重要な問題提起をしてくれている。社会保障（法）を「やや」ではなく「完璧に」わかるための参考文献も、一言コメントとともに紹介している。

(心からの謝辞)

というわけで長沼先生のおかげでようやくこの本が日の目をみたのだが、他にも感謝しなくてはいけない方はたくさんいる。家族に師匠に吉祥寺の飲み屋の大将に……と全部挙げていたら終わらないので思い切って省略するが、この2人だけはパスするわけにはいかない。1人は、原稿を読んで多くの有益なアドバイスをしてくれた、慶應義塾大学法学部の林健太郎専任講師（今後偉くなります）。もう1人は、この（やや）無茶な本の出版に快くゴーサインを出してくれて、リニア構想くらい話が進まなかったこの15年間も私たちを見捨てず温かく見守ってくれて、そして最後の編集作業もきっちりやってくれた、弘文堂編集部の高岡俊英さんである。本当にありがとうございました。やや感謝していま……いや、すごくしてます！

2024年9月　月並みな陋居にて

森戸　英幸

目 次

上の句——いわゆる「はしがき」 森戸英幸　i

第1章 社会保障ってなんだバカヤロー！　1

イントロ　1

Ⅰ. キホンのキホン　2

　1. 社会保障とは何か？　2
　2. 社会保障の歴史　5
　3. 社会保障制度発展の背景　7
　4. 社会保険とは何か？　9
　5. 社会保険の基礎概念　14
　6. 社会保障の争い方　17

Ⅱ. このネタは使えるぞ！　19

　小ネタ① 社会保障の財政的デカさ　19
　小ネタ② 保険か税か　20
　小ネタ③ 皆保険と社会保障「民営化」論　22

Ⅲ.「労働法の方から来ました」　24

　1. 労働法と社会保障法のビミョーな関係　24
　2.「労働者」概念の変容と社会保障　26
　3. 社会保障か労働条件か　29

Ⅳ. 物好きなアナタに——文献ガイド　31

アウトロ——共生か、強制か　33

　石原吉郎「ある〈共生〉の経験から」より

第2章 リストラされたら雇用保険　35

イントロ　35

Ⅰ. キホンのキホン　36

　1. 雇用保険の基本的な仕組み　36
　2. 被保険者　37
　3. 保険料　38
　4. 保険者、財政構造　39

v

5. 失業の認定　40

6. 給付水準　41

7. 給付期間　42

8. その他の給付　45

9. 雇用保険二事業　48

10. 求職者支援制度　49

Ⅱ. このネタは使えるぞ！　50

小ネタ①「クソ仕事」論　50

小ネタ② 公務員と雇用保険　52

小ネタ③「失業」の意義　54

Ⅲ.「労働法の方から来ました」　55

1. 労働市場の法政策と雇用保険　55

2. 辞めたのか、辞めさせられたのか　58

3. 離職票をめぐるトラブル　60

Ⅳ. 物好きなアナタに──文献ガイド　62

アウトロ──雇用保険の「出る幕」　64
メルヴィル「書記バートルビー」より

第3章　職場のケガには労災保険　67

イントロ　67

Ⅰ. キホンのキホン　68

1. 労災保険と健康保険　68

2. 労災保険が対象とする業務災害リスクとは　70

3. 対象（事業主、労働者）と保険者、財源　71

4. 保険料　71

5. 労災保険の保険給付　73

6. その他の給付　76

7. 業務災害の労災認定　77

8. 通勤災害　78

9. うつ病、過労死、自殺等の労災認定　80

Ⅱ. このネタは使えるぞ！　81

小ネタ① 補償と賠償の違い、ついでに保障や保証　81

小ネタ② 過労死・過労自殺問題の難しさ　83

小ネタ③ 本妻か内縁か、それが問題だ　86

Ⅲ.「労働法の方から来ました」　88

1. 労災か否か、運命の分かれ道　88
2. 特別加入制度の拡大　90
3. 損害賠償との調整　93

Ⅳ. 物好きなアナタに――文献ガイド　95

アウトロ――労災事故のセンター　97
夢野久作「斜坑」より

第4章　何はなくとも医療保険　99

イントロ　99

Ⅰ. キホンのキホン　100

1. 医療保険の仕組み　100
2. 保険診療――保険が効く範囲　101
3. 混合診療の禁止、保険外併用療養費制度　102
4. 窓口負担（患者一部負担）　105
5. 高額療養費制度　106
6. 診療報酬――医療の値段の決まり方　108
7. 保険料　110
8. 現金給付――傷病手当金等　113
9. 医療保険の体系――保険者の種類　114

Ⅱ. このネタは使えるぞ！　117

小ネタ① 高齢者医療が医療費高騰の「犯人」か　117
小ネタ② 混合診療――最大の法政策的論点だが　119
小ネタ③ 民間医療保険は必要か　121

Ⅲ.「労働法の方から来ました」　123

1. 病気で会社を休んだらどうなる？――療養中の労働者の処遇問題　123
2.「労働者」としての医師（その1）――労働時間管理　127
3.「労働者」としての医師（その2）――研修医問題　131

Ⅳ. 物好きなアナタに――文献ガイド　134

アウトロ――コロナ禍ビフォーアフター　135

木山捷平「コレラ船」より

目次　vii

第5章 寝たきりだって介護保険　139

イントロ　139

Ⅰ. キホンのキホン　140

1. 介護問題と介護保険　140
2. 要介護状態とは　141
3. 要介護認定　143
4. ケアプランによるサービス利用　144
5. 利用できるサービス──在宅サービスと施設サービス　146
6. 法的な給付構造　149
7. 保険料と保険財政　151
8. 契約を通じた介護サービスの提供　153

Ⅱ. このネタは使えるぞ！　154

小ネタ① 介護現金給付の是非──家族で介護したら損!?　154
小ネタ② 民間介護参入は活性化？　それとも金儲け？　156
小ネタ③ 介護事故（転倒や誤嚥）は「事故」なのか　158

Ⅲ.「労働法の方から来ました」　161

1. 介護離職を防げ！　161
2. 介護労働と外国人労働者　163
3. 転勤命令と介護責任　165

Ⅳ. 物好きなアナタに──文献ガイド　167

アウトロ──介護に疲れた人たちに　168

中島敦「名人伝」より

第6章 老後の備えは公的年金　171

イントロ　171

Ⅰ. キホンのキホン　172

1. 公的年金の基本的な仕組み　172
2. 公的年金が対象とするリスクとは
　　　　──稼得能力喪失（・低下）リスク　173
3. 年金の財政方式　174
4. 公的年金の体系　175
5. 国庫負担　178

6. 国民年金の被保険者の種類　178
7. 基礎年金の保険料と年金額　179
8. 厚生年金の保険料と年金額　183
9. 在職老齢年金──雇用と年金の調整　186
10. 年金のスライド　188
11. 老齢年金以外の年金　189
12. 第 3 号被保険者の取扱い　191
13. 離婚の際の年金分割　192
14. 年金の支払期月と未支給年金　193

Ⅱ. このネタは使えるぞ！　194

小ネタ① 「長生きリスク」とトンチン年金　194
小ネタ② 外国人と年金　196
小ネタ③ 「3 階部分」の正体とは？　200

Ⅲ. 「労働法の方から来ました」　203

1. 年金もらって働こう！　203
2. 定年制は「差別」なのか？　206
3. 年金理由に賃下げ？　209

Ⅳ. 物好きなアナタに──文献ガイド　212

アウトロ──巨大化した公的年金システム　213

筒井康隆『銀齢の果て』より

第7章　最後の砦だ生活保護　217

イントロ　217

Ⅰ. キホンのキホン　218

1. 生活保護とは　218
2. 憲法との関係　219
3. 財　源　219
4. 補足性の原理①──資産の活用　220
5. 補足性の原理②──能力との関係　221
6. 補足性の原理③──扶養親族との関係　223
7. 保護基準　224
8. 基準及び程度の原則　225
9. 申請保護の原則　226

目 次　ix

10. 給付の種類　228

11. 自立の助長・自立支援　228

12. 生活困窮者自立支援制度──生活保護の一歩手前で　229

Ⅱ. このネタは使えるぞ！　230

小ネタ① ベーシック・インカムで全部解決？　230

小ネタ② 年金と生活保護水準の背比べ　233

小ネタ③ 生活保護と社会保険の関係──医療扶助、介護扶助　235

Ⅲ. 「労働法の方から来ました」　237

1. 生活保護と最低賃金の関係　237

2. 「水商売」で自立してはいけないのか　240

3. 大学生と生活保護　244

Ⅳ. 物好きなアナタに──文献ガイド　248

アウトロ──貧困のバックラッシュ　249

町田康「ゴランノスポン」より

第8章　他にもあるけどキリないぜ　251

イントロ　251

Ⅰ. キホンのキホン　252

1. 「その他」には何があるのか　252

2. 社会福祉──「措置から契約へ」　253

3. 障害者福祉　256

4. 児童福祉　260

5. 公衆衛生──縁の下の力持ち　265

6. 戦争犠牲者援護──いまでは脇役だが　269

7. 恩給──年金のご先祖様　271

8. 雇用（対策）──働く場所がほしい　272

9. 住宅対策──住む場所も欲しい　275

10. その他のその他　277

Ⅱ. このネタは使えるぞ！　278

小ネタ① 憲法25条の「じゃない方」を読んでみよう　278

小ネタ② 社会手当というマジックワード　280

小ネタ③ 発達障害・学習障害とか、新型うつ病とか　283

Ⅲ. 「労働法の方から来ました」 286

    1. 障害者雇用の法政策　286

    2. 両立支援——「イクメン」を増やせ！　289

    3. 感染症拡大予防の切り札？——テレワーク　293

Ⅳ. 物好きなアナタに——文献ガイド 298

アウトロ——もらえるか、もらえないか 299

    日和聡子「びるま」より

下の句——いわゆる「あとがき」　長沼建一郎　302

事項索引　306

第1章
社会保障ってなんだバカヤロー！

イントロ

　いきなりバカヤローとはなんだ、読者に向かって！　まさか著者は荒井注
(1928-2000) なのか？　違うとすれば（違います）、わざわざお金を出して
（もしくは、立ち読みの時間を取って？）ページを開いてやったのになんと無礼
な！　かつてこんな恩知らずな教科書やテキストがあっただろうか？　──
いや、お怒りごもっとも、汚い言葉遣いですいません……でも正直思いませ
んか？（最後にバカヤローとかアホとか言うかどうかはともかく）社会保障が重要だ
大事だってみんなが言うけど、そもそも社会保障ってなんなんだよ！　って。

　要は文字どおり、社会に起きたなにかの保障なんでしょ？　とまあそれで
もざっくり言えば正解な訳だが、やはりざっくり過ぎてわからない。そこで
まず以下では、社会保障とはいったいどんな仕組みなのか、キホンのキホン
から確認してみることにしよう。え、言葉遣い乱暴にしてごまかしてるけど
要はフツーの教科書で言えば総論だろって？　まあそうとも言いますね！

　ちなみに通常この手の本は、最初に現代社会における社会保障の重要性み
たいなことから始まるが、この本はそんなベタなことはしない。世界一の少
子・高齢社会ともいわれる日本では社会保障制度のあり方が重要な政策課題
でありまた国民の大きな関心事であるとか、社会保障給付費は 130 兆円以
上で国民所得の 3 割を占めるに至っており国家財政や経済政策の運営という
観点からも無視できない問題であるとか、そのためか政府は「全世代型社会
保障」というスローガンの下「給付は高齢者中心、負担は現役世代中心」と
いう現在の構造（なのかどうかも議論はありそうだが）を改革しようとしている
とか、コロナ禍で雇用保険の助成金や医療保険・公衆衛生のあり方など社会
保障の各分野の水面下でくすぶっていた様々な問題が一気に顕在化したであ

るとか、そういうことは今さら書かないのだ。いや書いちゃったけど。

I. キホンのキホン

1. 社会保障とは何か？

(1) 要するに「お守り」だ！

　「社会」とは、要するにこの世の中。世の中ではまさかのことがいろいろと起きる。そして「保障」とは、要するに守ること。というわけで社会保障とは、「まさかのためのお守り」だ。受験に合格するように、交通事故を起こさないように、守ってくれるのがお守りだ。社会保障も、この世の中で幸せに暮らしていけるように、あなたを守ってくれる仕組みである。

　ちょっと待ってよ、お守りってこう言っちゃ何だけど気休めでしょ？（宗教法人関係者の方すいません、呪わないで！）社会保障もその程度のものってこと？　答えは残念ながらイエスだ。お守りだけで受験に合格すれば苦労しない。まずは自分で一生懸命勉強する必要がある。お守りがぶら下がっていれば交通事故が起きないわけではもちろんない。まずは事故を起こさないように自分で安全に運転しなければダメ。それと同様に、人間が幸せに暮らしていくためには、まず自分が努力して自らの生活を築いていく必要がある。ちょっと最近のそれっぽい言葉で言えば「自助」努力だ。これなしに社会保障だけで幸せをつかもうというのははっきり言って虫のいい話だ。

　しかし、長い人生にはいろんなことがある。自助努力、自己責任と言っても限界がある。そんなまさかのときに助けてくれるのが、この世のお守り、社会保障だ。結構ミスったけど受験にギリギリ合格したのは、ブレーキをミスして一瞬ヒヤッとしたけど首都高を渋滞させずに済んだのは、きっと何気なく財布に入れていたお守りのおかげだ。勉強や安全運転の普段の地道な努力をちゃんと評価してくれていて、まさかの事態のときでも神様が助けてくれたに違いない。社会保障もそう！　どんなに日々マジメに暮らしていても、やはりこの世の中一瞬先は闇。病気、ケガ、失業、貧困

2　第1章　社会保障ってなんだバカヤロー！

……長い人生において、いろいろと不慮のアクシデントが起こることは避けられない。そんなまさかのときこそが、社会保障という、国が持たせてくれたお守りの出番なのである。

(2) マジメに定義するなら……

というわけで社会保障とは、「まさかのためのお守り」なわけだが、念のためもうちょっとちゃんとした感じの定義もしておこう。いろいろなものの本を総合的に参考にするならば、社会保障とは、国民の生存権、すなわち「健康で文化的な最低限度の生活を営む権利」（憲法 25 条 1 項）が害されることのないように、「人間の生活上の障害により生じたニーズを充足するため公的または準公的に生活保障の給付を行う仕組み」である。

> インチキベンチャー社長「大変だ、このままだとウチの会社倒産だぞ！」
> 就活負け組社員「（そらこんなつまんないアプリ誰も使わないよな……）」
> 社長「そうだ、困ったときは国の社会保障ってヤツが助けてくれるはずだろ！　オマエすぐ行って金もらってこい！」

しかし残念ながら社会保障はこんなケースでは手をさしのべてはくれない。「生活上の障害」「生活保障の給付」であるから、商売上とか営業上のニーズに対する給付は含まれない。行われるのは、あくまで個々の人間ひとりひとりの生活にかかわるニーズとそれに対する給付である。また「公的」だけでなく「準公的」となっているのは、国が直接は関与せずに健康保険組合が運営する医療保険制度や、国ではなく労働組合と使用者団体から選ばれた代表が共同で運営にあたる失業保険制度や年金制度（ヨーロッパ諸国でよくみられる）を念頭に置いたためである。

(3) 具体的には？

では具体的には、社会保障制度には何が含まれるのか。様々な分類や定義があるのだが、さしあたりここでは、政府の（かつての）社会保障制度審議会（今あるのは社会保障審議会）による 1950 年の「社会保障制度に関す

Ⅰ．キホンのキホン　3

る勧告」とその所管事項に基づく整理を紹介しておこう。

○狭義の社会保障＝社会保険（雇用保険、労災保険、医療保険、介護保険、年金保険）、公的扶助（＝生活保護）、公衆衛生及び医療、社会福祉
※　これらにその後、老人保健、児童手当が加わる

○広義の社会保障＝狭義の社会保障、恩給、戦争犠牲者援護
○関連制度＝住宅対策、雇用（失業）対策

　本書でも、この枠組みをベースに、第2章から第6章にかけて各種の社会保険制度を扱い、第7章で生活保護について説明する。それ以外の制度については第8章でまとめて扱うこととした。

(4) 社会保障の機能

　上記のように、社会保障はざっくり言えば国民の生活保障のための制度であるが、実際に果たす機能はそれ以外にもあるとされる。たとえば、社会保障制度は税金あるいは徴収した保険料を財源に給付を行うことで、（平たく言えば）「金持ち」から「貧しい人」への所得移転を行っているとされる。いわゆる所得再分配機能だ。お金持ちはそんなに社会保障給付はもらわないが保険料や税金はガッポリ取られる。貧しい人は逆に保険料や税金はそれほど払っていないが給付は多くもらう。これによって貧富の差の拡大を防いでいるのだ、という理屈である。所得再分配は主としては（累進課税の）税制の仕事だろうが、社会保障制度もこの役割を一部担っているということなのだろう。

　また、社会保障には景気変動を微調整する機能もあるとされる。いわゆるビルトイン・スタビライザーだ。なんかカッコイイがガンダムの武器ではない。直訳すると「埋め込まれた安定装置」だ。景気がよいと失業者が減って労働者が増え、給料も増えるのでその分社会保険料が多く徴収され、給付額は減る。つまり消費や投資に回る世の中のお金が抑制され、それがそれ以上の景気の過熱を防ぐ。逆に景気が悪いと失業者が増え給料も減る

ので、社会保険料収入も減り、また失業給付等の社会保障給付は増えるので消費や投資に回るお金が増え、それ以上の景気悪化を防ぐ。景気の節目が変わる毎に何かの措置をいちいち講じなくても、社会保障制度の中に「埋め込まれ」たこの「安定装置」が自動的に機能するというわけだ。これもまた主としては税制が果たすべき役割だろうが。

そのほか、歴史的にみれば、国家が社会秩序を安定させ社会を統合するための手段として社会保障を利用？してきたという側面も無視できない（このあと登場するビスマルクの社会保険がまさにその実例だ）。

所得再分配も景気変動の微調整も、それから社会の統合も、確かに社会保障が事実上担っている機能であることは確かだろう。もっとも、具体的にこの機能がどのくらい発揮されているのか、どのくらい貧富の差の拡大を防ぎ景気の過熱や落ち込みを抑制しているのかははっきりしない。また社会保障制度はこのような経済政策を主たる目的に実施されているわけではもちろんない。若干ごまかしっぽいが、ここはやはり事実上の「機能」くらいにしておくのが無難なのだろう。

2. 社会保障の歴史

次に、本書でもメインで扱う公的扶助と社会保険という仕組みがいかに生まれたかについて、ごくごく簡単に振り返ってみよう。

(1) 公的扶助制度の誕生

世界初の社会保障制度とは何か。現在のように複雑で精緻な制度が完成した（完成していないという説も有力だが）のは、歴史的にみればつい最近である。また、単に貧困者を救う制度であれば、中世ヨーロッパで教会が行っていた慈善的な施し制度がその最初の形態といえよう。しかし国家として貧困者を救済する制度（救貧制度）が生まれたのは、やはり近世のヨーロッパで資本主義が誕生し、それにともなって貧富の差が拡大、多くの「貧民」が生まれてしまいそれに対処しなければならなくなった時点であろう。有名なものとしてたとえばイギリス救貧法がある。

I．キホンのキホン　5

もっとも当時の制度は、貧しい民を救う愛に満ちた制度ではなく、実質は治安維持のための法律であった。貧しい者は「救貧院」と呼ばれる施設に強制的に収容し、街で乞食や浮浪者として生活することを禁じる。そして労働能力のある者はそこで強制的に労働させる。現代の感覚からすれば、人権無視の差別的な仕組みであったといえる。

　日本の公的扶助制度は、1874年の恤 救 規則に始まり、1929年の救護法などを経て、現在の生活保護制度に至る。言うまでもなくこの仕組みは、イギリス救貧法や恤救規則に比べれば、国民の人権に配慮した現代的な制度になっている。しかし、一般財源（租税）を元に貧困者を扶助するというその基本的な枠組みは、400年以上前から大きく変わっていない。

(2) 社会保険制度の誕生

　社会保障の2つの大きな柱のもう1つ、社会保険制度の方はまた別の発展の仕方をしている。最初の国家的な社会保険制度というのは、19世紀後半のドイツにおいて、時の熱血……じゃない鉄血宰相ビスマルクが成立させたとされる。

　当時のドイツはヨーロッパの中では後進の資本主義国であった。他の国に追いつけ追い越せ、富国強兵。ちょうど明治維新の頃の日本のイメージだろうか。そこでビスマルクは、一方では「社会主義者鎮圧法」など「ムチ」の政策により労働運動の高まりを抑えつつ、他方で国を近代化するためには労働者の福祉にも配慮しなければという考えから、「アメ」の1つとして社会保険制度を誕生させた。これが20世紀初頭にヨーロッパ各国、そしてアメリカにまで普及した。そしてそれは日本にもやってきて定着する。1922年の健康保険制度が、日本で最初の社会保険だ。

　　天国（地獄？）のビスマルク「ワシの考えたアメ、いや社会保険は大西洋
　　　どころか太平洋も渡ってはるか極東の日本でも定着したというわけ
　　　か！」
　　とりあえず外国人なら誰にでも弱いジャパニーズ「そのとおりです。あり
　　　がとうございます」

ビスマルク「それならどうせならワシの名前をつけて呼んで欲しかった
　のお。ビスマルク保険とか」
ジャパニーズ「はあ、でもそれだとたぶんまた外資の保険会社が進出し
　てきたかとしか思われないので……」

3. 社会保障制度発展の背景

　社会保障制度が生まれたきっかけはざっくりわかって頂けただろうか。
しかしなぜその後、社会保障制度は衰退することもなく世界各国で拡大・
発展し、定着することとなったのだろう。

(1) 家族・地域における扶養機能の低下

　かつての大家族制の下では、家族の中に老いや病気で働けなくなる者が
出ても家族の中で養っていた（「姥捨て山」のようなケースもあったかもしれない
が……）。しかし核家族化が進展し、また人々の意識も変わってくれば、も
はや家族には頼れない。とすると公的な制度によるサポートが必要となっ
てくる。

　また、かつては地域での人間関係が密接で何かあれば助けあったのに今
はそういうコミュニティも徐々になくなり……というような話もよく聞く。
そういうある意味でベタベタした関係がいいかどうかはともかく、地域で
の助け合いにもあまり頼れなくなってきているのは事実であろう。そこに
やはり社会保障の出番があった。

(2) 社会主義への対抗

　労働運動が盛んになってくると、それに対して強硬な手段で対抗するの
も時にはいいだろうが、やっぱり「アメ」を与える必要もある。まさにビ
スマルクの社会保険もそうであったように。

　かつて、社会主義が非常に支持を集めた時代もあった。そしてその社会
主義の売りは、要するにみんな平等で豊かな暮らしを保障されるよ！　と
いうこと。それにひきかえ資本主義では一部の資本家だけが儲けて庶民は

Ⅰ．キホンのキホン　　7

みんな貧乏で生活の保障がなく……こういう論理に資本主義国家は非常に恐れを抱いた。そこで社会主義に対抗するため、資本主義にも社会保障がありますよ、貧困になってもカバーしてくれるセーフティ・ネットがありますよ、という流れができたというわけだ。

(3) 貧困原因の解明

かつては、貧困になるのはまさに自己責任でその人が悪い、つまり自業自得だと考えられていた。きちんと働かないで怠けてるから貧しくなるんだ、と。しかし色々な研究が進んだ結果、必ずしも貧困に陥るのは本人が悪いからだけではないということがわかってきた。要するに、資本主義体制である以上、貧困者が生じるのは不可避であるということがわかってきた。つまり社会自身が貧困者を生む原因の1つとなっているということである。それならその貧困者を社会保障という「お守り」で救ってあげよう、ということになったのだ。

(4) 国際規範の確立

他の国で立派な社会保障制度ができたとなれば、ではウチでも、となるのは自然の流れである。またILO（国際労働機関）など国際機関の基準や条約の影響もある。日本が昔から特に「外国ではこうなんだから……」という論理に弱いのは周知のとおりだ。

また、こういう見方もある。

Ａ国民「ウチの社会保障制度は本当に手厚いから助かるなー」
Ａ国企業「でも企業としてはその分社会保険料負担も多くて大変だよ
　　　……そうだ、いっそ隣のＢ国に工場移転しよう！　お隣の社会保障
　　　制度は貧弱だから保険料負担が安くて、労働者に同じ給料払うとして
　　　もＢ国で払った方が断然トクだから」
Ｂ国政府「そうだよー、ウチは社会保険料安いよー。だから工場作っち
　　　ゃいなよー！」
Ａ国政府「Ｂ国ずるいぞ！」

8　第1章　社会保障ってなんだバカヤロー！

単純に考えれば、ある同じ製品を作るのに同じ数の労働者を使ったとしても、A国よりもB国で作った方がコストが安く済むことになる。B国のようなケースは労働力の不当な安売りということで、ソーシャル・ダンピングなどと呼んだりもする。これではフェアではないので、B国もちゃんと社会保障を整備しなさい！　という国際的なプレッシャーがかかることとなる。このような動きがあちこちで起きれば、結果として世界各国で社会保障制度のレベルを押し上げることとなる。

もちろん、常にこんな風にうまくいくわけではない。国際的な評判とか協調とかに構ってなんかいられるか、とにかくウチの国・ファーストだ！という国ばかり目立つ時代（＝現代？）には、社会保障コストを安くして企業を呼び込もう、という（B国のような）思惑が奏功してしまうことも当然ありうる。

(5) 戦争の影響

戦争が終われば、勝っても負けても兵隊さんが大量に帰ってくる。他方で軍需兵器産業ではもう人手がいらない。ということで、大量の失業者が街にあふれることになる。皮肉なことだが、戦争というのは雇用面では労働者にとってプラスなのだ。失業者や戦争の影響で障害を負った者のために、社会保障制度を用意する必要が生じてくる。

また戦時中は、人手がいくらあっても足りないので、国民総動員体制がとられ、その一環として社会保障が拡大されることがある。たとえば第二次大戦中、日本の公的年金制度は、それまでは男性のみを対象とする制度であったが、戦時で女性も労働力としてかり出されることになったため、女性にも適用が拡大された。保険料をくまなく徴収して戦争用の資金を調達するという意図もあったようである。

4. 社会保険とは何か？

以下では、第2章以下の説明のイントロとして、社会保険制度についてもう少し説明しておこう。社会「保険」というくらいだから保険制度であ

るのは確かだが、ではよくテレビの宣伝などで見かける生命保険や損害保険などの保険（民間保険）とはどう違うのか。

(1) 保険とは？

　保険と名のつくものは、どれも共通の仕組みに基づいて運営されている。簡単にいえば、ある共通の災害や困難（保険事故）に遇うことが予想される集団が、その事故の危険（リスク）を共同して負担する、それが保険である。

　たとえば、ある地域の家1,000軒。そのあたりは気候が乾燥しているので火事が起きやすいとしよう。火事に遇う確率はどこの家にもある。しかしどこの家が実際に燃えるかはわからない。そこで、どこが燃えてもいいように——というのは語弊があるが——みんなであらかじめ毎月お金を出し合ってためておき、本当に燃えたところが出てしまったらそのお金を使ってもらう。

　この仕組みがなかったらどうなるか。どこかで実際に火事が起きた場合、燃えなかった家は全然損をしないが、不幸にして燃えてしまったところはすべてを失う。それではかわいそうだということで、どこの家も同じだけずつ損（保険料の支払い）をする代わりに、大きな損をする人が出ないようにする（燃えた家の損害は保険金で塡補されるので、結局燃えた家も他の家同様保険料分しか損しないことになる）。それが「危険を共同で負担する」という意味である。

　なお、実際に保険会社が商品として販売する損害保険や生命保険では、保険料額の算定がきちんと事故発生の確率に応じて計算されるなど、上記の例よりももっと複雑な仕組みになっている。

(2) 社会保険と民間保険の違い

　というわけで、社会保険も民間保険と同様に、保険の基本的な仕組みに沿って運営されている。第2章以下で説明する各種の社会保険制度も、一定の保険事故のリスクを共同で負担するために、加入者から保険料を徴収して運営されている（表参照）。

各社会保険制度が主に対象とする保険事故

社会保険制度の種類	保険事故
雇用保険	失業
労災保険	業務上・通勤途上災害
医療保険	私傷病
介護保険	要介護・要支援状態
年金保険	老齢、稼得能力喪失

　しかし、共通の仕組みに沿っているとしても、民間保険と社会保険との間には以下で述べるような違いがある。そしてその違いこそが、社会保険制度の存在意義に関わってくる。

(保険者)

　保険事故が発生した場合に保険金を支払う者を保険者と呼ぶ。要するに保険制度の運営機関だ。民間保険の場合これは生命保険会社や損害保険会社などの民間企業である。これに対し社会保険の場合は、国、市町村、あるいは公法人などの公的な機関が保険者（管掌者）となる。なぜ国や市町村が保険制度を運営するのか？　一言で言えば、民間にはまかせておけないからである。以下で説明するように、社会保険の保険事故（失業、老齢、疾病など）は、民間保険として運営するのは適当でないと思われるのだ。

(強制加入)

　民間保険の場合加入は任意である。加入したい人だけが保険契約を締結すればよい。保険会社としては、多くの人に保険に加入してもらうために市場で売れる、つまりみんなが入りたいと思うような保険を売り出さなければならない。また逆に、保険会社は審査の上保険に入ってもらいたくない人は加入させなくてもよい。たとえばガン保険にガンの末期患者は入れないだろう。

I．キホンのキホン　　11

しかし社会保険の場合は、原則としてその対象者たる労働者あるいは国民全員が強制的に加入しなければならない。

　国「医療保険に入って下さい」
　どこから来るのかその自信的な人「どうぞご心配なく、私は絶対病気にならないから入りません！」

　こんな人でも医療保険には入らなければいけない。理由は大きく２つ。第１に、医療保険が対象とする病気やケガをはじめ、失業、要介護状態などの社会保険の保険事故は、いずれも、そのリスクが現実化すると国民の生存権（憲法25条）を脅かす可能性のあるものである。任意加入の制度にすると、仮に入っていなかった人が上記のような事故にあった場合、生存権が侵害される事態になってしまう。そこでそういうことがないよう強制加入の仕組みとしているのだ。
　第２に、経済学的な説明になるが、強制加入にしておかないと、リスクの高い人ばかりが加入しリスクの低い人は入らないという結果が起こりうる。これを「逆選択」という。たとえば医療保険。任意加入にすると、病気がちの人や老人ばかりが入るかもしれない。他方で元気な若者は誰も入らない。そうなるとその保険にはリスクが高い人ばかり加入しているので保険事故の発生確率が高まり、保険金も多く支払われる。そうすると加入者から集める保険料を非常に高くしなければやっていけないが、しかしそんな高い保険料を老人や病人が払えるわけがない——というわけで結局保険制度が成り立たなくなってしまう。そんなことにならないように、全員強制加入にしてリスクの低い人もみんな入ることにして、保険料を低く抑えた制度にしているのである。
　ちなみに最高裁も、社会保険制度に強制加入させて保険料の納付を義務づけることについて、憲法違反ではないと判断している（最大判昭和33・2・12民集12巻2号190頁）。

12　　第１章　社会保障ってなんだバカヤロー！

（保険料）

　民間保険の場合、保険料の額は給付額及び保険事故発生の確率に比例して決められる。たとえば自動車車両保険で保険金額 100 万円と 50 万円のコースがあるとすると、保険料は 100 万円コースの方がもちろん高い。また、保険事故発生の確率が統計的データに基づききちんと計算されており（こういう計算を保険数理（actuary）という）、その確率に応じて保険料が決定される。自動車保険の場合、基本的にはたとえば 30 歳以上の人しか運転しないという条件の車なら保険料は安く、そのような年齢条件がない（＝無謀な若者も運転しちゃうかもしれない）車の保険料は高い。統計的にみれば若者の方が事故る確率が高いからである（あくまで全体のデータです、偏見じゃないです）。このような原則を「給付反対給付均等の原則」と呼ぶ。

　これに対し社会保険では、通常保険料の額は賃金や所得の一定割合と決められている。つまり、保険事故発生の確率を各人毎に計算して保険料を決めているのではなく、むしろ各人の負担能力に応じて決めている。事故に遇いやすい人もそうでない人も、もし賃金額が同じなら同じ保険料を負担している。そこには相互助け合いの思想があるといえよう。ただ後述するように、労災保険についてはより民間保険に近い保険料決定方式がとられている。

（費用負担）

　民間保険の場合、給付反対給付均等の原則があるため保険制度の中では収支が釣り合うことになる（収支相当の原則）。つまり保険料収入と保険金支払い額とが等しくなる。ならなければ商売にならない。もちろん、そのほかに保険会社の儲け、利益も当然予定されている。

　しかし社会保険の場合これらと状況は大きく異なる。まず企業の従業員の場合、保険料は従業員本人だけでなく企業も負担する。そして財源もその保険料だけでなく、国庫などの公費からの負担もなされることが多い。

I．キホンのキホン　　13

5. 社会保険の基礎概念

　ここで、第2章以下で登場する、各社会保険制度に共通のキーワードについて説明しておこう。

(1) 被保険者

　社会保険制度上、その者について保険事故が発生した場合に保険給付が行われる者を被保険者と呼ぶ。多くの場合被保険者は給付の受給権者でもあるが、被保険者が死亡した場合になされる保険給付もあるので遺族など別の者が受給権者となることもある。ただ労災保険には被保険者という概念が存在せず、代わりに「労働者」が使われている。また介護保険では、保険給付が被保険者に対してではなく代理受領者たる介護サービス事業者に払われる仕組みになっている。

(2) 保険給付

　民間保険でいう保険金に該当する。つまり保険事故が発生した場合に支給されるものである。雇用保険の場合は「失業等給付」、国民年金では単に「給付」という言葉が用いられているが、それ以外の制度ではみな「保険給付」という言葉で統一されている。

(現金給付と現物給付)

　保険給付は現金でなされるのが通常でありまた原則である。生活のニーズに応えるための給付であるのだから、たとえば食べ物で支給してもいいのかもしれないが、やはり現金の方が支給事務上も受給する側にとっても一番便利である。しかし現金以外の形で支給した方がベターである、つまりその方がより迅速かつ確実である、という場合には現金以外の給付があってもよいだろう。というわけで、たとえば健康保険の療養の給付（要するに治療そのもの）などは現物給付が原則となっている。

（短期給付と長期給付）

　社会保険給付は、その保険事故の性格の差異から短期給付と長期給付とに分類されることがある。この区別は実は非常に相対的であるが、前者の典型例は雇用保険給付、後者は年金保険給付のうちの老齢年金給付である。つまり短期給付とは、その保険事故の性格からして給付期間が比較的短いと考えられる給付である。なお医療保険給付は一応前者とされている。介護保険は後者、また労災保険給付については双方の性格があるといえそうである。

（所得比例給付と定額給付）

　現金給付の場合で、保険給付の金額が、保険事故発生前のその受給者の所得（賃金）額に比例して決まるのか、それとも従前の所得額に一切関係なく決まるのかの違いである。前者の場合、たとえば雇用保険の給付では、同じように失業している人でも、失業前の給料が多い人の方が多額の給付をもらえることになる。年金保険も同様である。ただもちろん、給料の多かった人はそれだけ多く保険料を支払っているわけだが。

　他方で医療保険や介護保険では、保険料は原則として所得比例だが、医療サービスや介護サービスの給付は基本的には所得と関係なくなされる。

（保険給付受給権の保護）

　社会保険の給付は、国民の生存権を確保するためになされる。だとすれば、仮にその受給者に借金があったとしても、簡単にその権利を奪ったりすべき性格のものでないといえる。そこで社会保険の給付については、その受給権の譲渡、担保にすること、差押えが原則として禁止されている。また同じ観点から、多くの給付は非課税である。ただし例外的に年金保険の老齢年金については所得税がかかる。

（給付制限）

　保険制度は、保険事故が自然に発生することを前提に組み立てられている。したがって、民間保険において故意に保険事故を発生させた場合（た

とえば火災保険金欲しさに放火したヤツ）には、保険給付がなされない。社会
保険においても、故意に保険事故を発生させた場合は給付を行わないのが
原則となっている。故意に保険事故を発生させるとはどういう場合か。た
とえば、労災保険給付が欲しくてわざと職場の機械に手を挟むなどという
のはダメだ。遺族厚生年金をもらうために夫を崖から突き落とすのももち
ろんNGだ。

　ただし雇用保険については、故意に「失業」という保険事故を発生させ
た者、つまり正当な理由なく自発的に退職した者でも一定期間（1～3か
月プラス7日）待てば給付を受給できることになっている（7日だけ待てばも
らえる場合さえある）。

　また、故意に直接保険事故を発生させたのではなくても、①故意の犯罪
行為によって保険事故が発生した場合、②重大な過失がある場合、③保険
事故の発生そのものには故意や重過失がなくても、その生活上の障害から
抜け出す努力をしない、あるいは給付欲しさにわざと抜け出さない場合、
にも給付に制限が加えられる。

　　健康保険組合「あなたにはもう療養の給付はできません。担当医が安静
　　　にしていろとあれほど言ったのに毎日飲めや歌えやでドンチャン騒ぎ
　　　とはどういうことですか！？」
　　被保険者（企業戦士）「いえ、あれは病気が治ったら営業の第一線に復帰
　　　する私にとってのリハビリだったのですが……」

　このようなケースは、療養の指示に正当な理由なくして従わないものと
して、健康保険給付の停止事由とされている。もっともこの場合は、常に
給付完全停止ではなく、給付の「一部または全部」を停止しうる、という
規定になっている。

　雇用保険においても、同様の発想から、自分からやめたのではないが、
自己の責めに帰すべき重大理由によって解雇された場合、職業安定所長
が仕事を紹介しているのにもかかわらずその職に就くことを拒んだ場合な
どに給付制限がなされることになっている。

(3) 保険料

　民間保険のようにそれのみで運営しているわけではないとはいえ、社会保険制度もその主たる財源は保険料である。しかし民間保険とは異なり、国庫負担も存在する。国庫負担の大きさは各制度によって異なる。

（労使折半の原則）

　保険料に関して民間保険と大きく異なるのは、保険料を、被保険者（要は従業員、勤め人、労働者、被用者……）だけでなく、その被保険者を雇用する企業（事業主、会社、雇用主、使用者……）も原則負担する点である。そしてその負担は日本では労使折半というのが基本である。つまり、たとえば月給20万円の労働者を雇っており、ある社会保険の保険料が10％、つまり2万円だとすると、労働者の（とりあえず所得税は考えない）実質手取りは18万円。そして企業は、この労働者についてはそれとは別にもう2万円を国庫に納めなければならない。見方を変えれば、企業は20万円の給料で人を雇おうと思ったら、22万円用意しなければならないのだ。そしてそのうち4万円は国が保険料として持っていく。

　なお労使折半原則の例外が労災保険である。この保険料は企業側のみが負担し、労働者側の負担はない。

（給与からの天引き）

　税金の源泉徴収と同様に、保険料は企業が給料から予め控除し、それに企業負担分も併せて国などに納付する。

6. 社会保障の争い方

　雇用保険給付が出ると思っていたのに出なかった。生活保護を受けられると思ったのにダメだった。障害等級2級のはずなのに3級だった。こっちの制度の被保険者のはずなのにあっちの制度に加入させられた──などなど、社会保障の給付などに関して言いがかりをつけたい場合、ではなく不服や不満がある場合にはどこにどうそれをぶつければいいのか。日本年

I. キホンのキホン　　17

「出るとこに出る」場合には？

	健康保険・年金保険	雇用保険	労災保険	介護保険	生活保護
審査請求	社会保険審査官（決定）	雇用保険審査官（決定）	労働者災害補償保険審査官（決定）	介護保険審査会（裁決）	都道府県知事（裁決）
再審査請求	社会保険審査会（裁決）	労働保険審査会（裁決）		──	厚生労働大臣（裁決）
取消訴訟	地裁（→高裁→最高裁）				

金機構の窓口の人を怒鳴り散らす？　いやそれじゃあ金曜日の夜に駅員にからむ酔っ払いと変わらない。ケンカもルールに則ってフェアにやらないと。というわけで、法的な争いはどこに持って行けばいいのか。

　法的な争いなんだから裁判所だろ、と言われればそれまでだが、貸したお金を返してもらえないときの民事訴訟とは少々違うルートに乗る必要がある。社会保障給付を出す出さないを決定するのは国などの行政機関である。行政機関の処分に不服がある場合には、一般の民事訴訟ではなく、処分の取消などを求める行政訴訟を提起する必要がある。

　なお、行政訴訟を提起する前にまず行政機関による行政不服審査（審査請求、再審査請求）を経ることが要求される場合もある。雇用保険、労災保険、介護保険、生活保護については審査請求から始めなければならない。国民年金と厚生年金については、被保険者資格や標準報酬についてはやはり審査請求から始めなければならないが、保険料関係の処分については審査請求なしで取消訴訟を直接提起できる。

Ⅱ. このネタは使えるぞ！

小ネタ① 社会保障の財政的デカさ

「社会保障給付費が、130兆円を超えてどんどん増えているんだってさ」
「すっごい額だな。あれ、国の予算って、いくらだっけ」
「113兆円くらいだよ（2024年度）」
「ええっ、だったら国の予算は、全部社会保障に行っちゃっているの？」

そういうことでは全然ない。国の予算のうちで、社会保障に回っているのは1/3くらいである。国の予算はもちろん社会保障だけではなく、公共事業や防衛費、文教・科学振興費、その他いろいろな施策に使われている。もっともそれらより多いのは、国債の償還費や地方自治体への交付金であり、国が「普通に使っている」予算額の中では社会保障関係がダントツに大きいのは事実である。

それにしても社会保障給付費の130兆円は、国の予算からだけではないとすると、一体どこから来ているのだろうか。そのもっとも大きな財源は年金や医療などの社会保険料である。これらは税金とは別に国民が払っていて、社会保障の重要な財源になっている（→**小ネタ②**）。

普通に言われている110兆円超の国家予算は「一般会計」で、主として税金で集められて（といいながら国債による調達のウェイトが大きいのだが）、それを国が社会保障を含めていろいろな用途に使っている。

しかしそれとは別に「特別会計」というのがあって、年金や医療・労働保険などはそこで収支を合わせるようになっている。いわば別のサイフがあるのだ。国の一般会計というサイフから、その1/3くらいが特別会計という別のサイフに動いていて、それと保険料等をあわせて社会保障の給付総額（130兆円）の財源ということになる。

ただ特別会計という別のサイフは、実は社会保障関係に限らず、財政投融資関係とか、エネルギー関係とか、食料関係とか、他にもたくさんある。

「その特別会計のおカネを全部あわせると、いくらになるの？」

「歳出の合計は、400兆か500兆円くらいかな」

「はあ……そういえば国の借金って、いくらだっけ」

「国債を中心に、1300兆円くらいかな」

「何が多くて何が少ないのか分からなくなってきたよ」

　よく社会保障費用の増加が、国を滅ぼすと言われることがある。しかし特別会計を含めた全体規模の中では、ただちに社会保障支出が単独で国を滅ぼすというものでもない。もし「歳出が歳入を上回るようでは、国が滅ぶ」ということであれば、もうとっくに滅んでいるのである。

小ネタ②　保険か税か

　本書の構成からも明らかなように、日本の社会保障の主要な部分は、被保険者から徴収した保険料を財源として運営される社会保険制度で構成されている。前述した1950年の「社会保障制度に関する勧告」も、国家による生活保障が「国民の自主的責任の観念を害することがあってはならない」として、国民自らが必要な経費を拠出する社会保険制度こそが社会保障の中心たるべきであるとしている。すでに用いた表現を繰り返すならば、「まさかのためのお守り」たる社会保障は、保険料を負担するという自助努力の義務を果たしている人のみを助ける仕組みになっているということだ。

　しかし、社会保険以外の方式による社会保障がおよそ不可能だとか、あるいは憲法に違反するとかいうわけではもちろんない。実際諸外国にはそうでない仕組みを実施しているところもある。たとえばイギリスの国民医療サービス（National Health Service, NHS）は、基本的に全国民に対し無料で医療を提供する仕組みだが、社会保険ではなく一般財源で運営されている。保険料を徴収するのではなく、広く国全体として集めた税金を財源として制度を運営しているのだ。またオーストラリアの老齢年金（Age Pension）も、税財源で運営されている。大陸ヨーロッパは社会保険方式が主流だが、それがグローバル・スタンダード（最近ではちょっと恥ずかしい表現？）だと

は言い切れない。

　また、そもそも日本の社会保険も、「保険」と銘打ってはいるものの、民間保険のように保険料だけで財政を完全に賄っているわけではない。国民年金――これは実は「保険」とは名乗っていないのだが――では基礎年金給付費用の50％、協会管掌健康保険（協会けんぽ）では16.4％、国民健康保険、介護保険についても50％が国庫負担、税財源である（詳しくは第4章～第6章で順次みていく）。つまり、社会保険と言いつつ、その費用の半分は税金から出ているという制度が少なからず存在するのである。

　他方で、たとえばアメリカの公的年金は社会保障税（Social Security Tax）で賄われている。しかしこの税は給料や所得の一定割合賦課され、そして公的年金給付の支給費用にのみ用いられる。「税」と呼ばれているが、実質的には日本の年金保険料と変わらない。ちなみにこれを社会保障目的税、と呼ぶこともできそうだが、目的税は通常拠出と給付が完全に切り離されているものを指すので、アメリカの社会保障税をそう呼ぶのはちょっと苦しい。

　要するに、税財源による国庫負担が給付費用の半分を賄っている社会保険もあれば、「税」によって運営されるが実質的には社会保険という制度もある。社会保障の財源は社会保険であるべきか、それとも税であるべきか、などという単純な対立軸で議論をしてもあまり意味はないということだろう。

　ただ、社会保険方式と税方式、強いて違いを挙げるならば、給付費用を賄うためのお金を集めるのが現行の社会保険方式の場合は厚生労働省（雇用保険、労災保険、介護保険）あるいは同省の管轄する公的機関（年金保険については日本年金機構、医療保険については全国健康保険協会）だが、税方式になった場合は国税庁（あるいは市町村の税務部局）になる、という点だろうか。同じ金額を徴収されるのだから国民からすればどっちでもいい――かとも思うが、いややっぱり税当局の方が取り立ては厳しくて強面の人がやって来そうだ。なお現行法の下でも、社会保険料を滞納すると最終的には税金の滞納と同じ扱いになることになっている。

　読者の皆さんは、「家賃25万円払え」と言われるのと、「家賃20万円と

管理費5万円払え」と言われるのとではどう印象が変わるだろうか。結局負担額は同じなので別になにも変わらない、という人もいるだろうが、多くの方は後者の方がなんとなく負担が軽く感じられたのではないだろうか？　やはり人からお金を頂くときは、いろんな名目に分けて取った方が軋轢が少なくて済むのである。社会保障を全部税方式にして給料の30%を全部所得税で持っていくよりも、税金15%社会保険料15%で取った方が抵抗が少ない。あるいは両方16%ずつ取ってもまだなんとなくごまかせる。どこかでエライ人がそれに気がついたに違いない。そういえば歌舞伎町のあのお店も5,000円ポッキリって言ったのに結局指名料とかサービス料とかドリンク代と別に取られて……それは違う話か。すいません。

小ネタ③　皆保険と社会保障「民営化」論

　皆保険という言葉、どこかで聞いたことがあるだろう。狭義には、雇われている人は健康保険、それ以外の人は国民健康保険により、一定の居住要件を満たすすべての人が保険医療を受けられる仕組みができていることを指す。広義には、医療保険に限らず、日本の現行法下では、すべての人が社会保険にカバーされているという意味でも使われる。医療保険、年金保険、介護保険は、勤め人（被用者）はもちろん、自営業者、失業者、専業主婦（夫）、学生も含め、基本的にはすべての人が適用対象である。病気・ケガ、老齢、要介護というリスクに対する保障は、すべての人について確保されているのである。雇用保険と労災保険はその性格上被用者にしか適用がないが、しかし民間企業に雇われている者は原則としてすべてカバーされている。

　もっとも、あくまでも「皆」保険であり、「一」保険ではない。全員が同じ制度に加入しているわけではないのである。たとえば医療保険については、民間企業の労働者は健康保険、国家公務員は国家公務員共済、地方公務員は地方公務員共済、私立学校教職員は（ちなみにすべての私学ではない）私立学校共済、自営業者などそれら以外は国民健康保険、にそれぞれカバーされている。年金保険についても、いわゆる1階部分についてはす

べての人に共通の国民年金制度がカバーするが、数年前までは、2階部分
については厚生年金、国家公務員共済、地方公務員共済、私学共済と制度
が職種ごとに分立していた。このようなつぎはぎ系？モザイク系？の仕組
みになったのには、歴史的な事情が多分に影響している。簡単に言えば、
一般人を対象とする制度よりも先に公務員の制度ができていたのだ。

　年金については、2015年10月に「被用者年金の一元化」が実施され、
公務員共済と私学共済は厚生年金に統合された。ただ統合後も一部（3階
部分）についてはなお共済組合が制度を運営することになっている。

　すべての人に対し、医療や年金の保障を！　という皆保険が掲げる理念
はまことに立派なものである。しかしその理念は、実は必ずしも社会保険
制度でしか実現できないものではない。たとえば、すべての人に対し民間
の医療保険制度や個人年金制度への加入を義務づけるという形でも、皆保
険、皆年金の目的は達成しうる。言わば社会保障の民営化だ。実際、自動
車損害賠償責任保険（自賠責）制度は、国が実施するのではなく、自動車
運転者が民間の保険会社の商品である責任保険に加入することを義務づけ
るという仕組みである。また諸外国では社会保険の分野でもすでに実際に
その方式が用いられている。たとえばアメリカの労災保険は、自賠責のよ
うに民間の保険会社の保険に加入するという形で実施されている。

　民間にまかせるなんて心配だ、いい加減な運営をされてしまうかもしれ
ない、強制加入と言っても民間保険だと入らない人が続出してしまうので
はないか、もし保険会社が破綻したらどうするんだ——などなど、民営化
にはいろいろと不安もなくはない。ただ、国や公的機関が運営すれば本当
に安心なのか。いやそうでもない、ということは、国民年金加入率の低迷、
かつての社会保険庁の消えた年金問題、厚生年金基金の代行割れ問題など
が証明している。社会保障だから当然に国がやらないと、という考え方は
捨てた方がよいのかもしれない。

Ⅲ. 「労働法の方から来ました」

1. 労働法と社会保障法のビミョーな関係

> フクザワ大学法学部生Ａ「ウチでは労働法と社会保障法を同じ先生が教えてるよ」
>
> オークマ大学法学部生Ｂ「そうなんだ、ウチは違う先生だな。社会保障法は行政法の先生が担当だ」
>
> サンシロ大学法学部生Ｃ「ウチは社会法、っていう科目名で、労働法と社会保障法まとめて同じ1つの講義で扱ってるみたい」
>
> 共通の友人ボアソナ大学生Ｄ「へー、同じ社会保障法でも結構大学によって違うもんなんだね……たとえばさ、5月の連休明けくらいだとなにやってる？　まだ総論的な話とか？」
>
> ABC「出てないからわかんないわ！」

　法律学の界隈では、労働法と社会保障法は「仲間」として扱われることが多い。たとえば日本の大学の法学部では労働法と社会保障法を同じ教員が担当していることも少なくない。このセンセイたちの多くは（偉そうに言えば）教育者であると同時に研究者でもあるわけだが、かなりの比率で日本労働法学会と日本社会保障法学会（ちなみについ数年前までは同じ週末のそれぞれ土日に開かれていた）の両方に入っている。大学によっては労働法と社会保障法をまとめて「社会法」というカテゴリーに位置づけていることもある。

　またどちらに関わる法政策も、主として厚生労働省が所管している。元々は労働法担当の労働省、社会保障法担当の厚生省だったのが、政策としていろいろ共通点とか協力すべき点もある「仲間」なんだから合併しようよ、となったとも言える（実際の理由はそうじゃなさそうだが）。

　というわけで、なんとなく、事実上「仲間」として扱われているのが実態であり、別にそれはそれでよいのだが、そこに何か理論的根拠というか、理屈はあるのか、何か共通の理念の下にあるのだろうか、というのがちょ

っと気になるところである。

　社会保障の中でも、とくに社会保険については、労働法分野との関連性が比較的説明しやすい。前述のように、社会保険の始まりとされるのはドイツのビスマルクが創設した制度である。働けなくなった労働者のための仕組みとして誕生したのだ。そしてフランス、ドイツなどヨーロッパでは、歴史的にも、また現在も、社会保険の保険者は労使で組織した団体、というのが原則である。つまり社会保険は、政府が枠組みを作って上から押しつけるというよりは、労働組合と企業（の団体）が共同で運営する、労働条件的な色合いを持った仕組みであり、その意味で労働法の対象たる労使関係や労働契約関係と連続性がある。

　もっとも、前述のようにビスマルクは労働運動を「ムチ」で弾圧する一方で社会保険という「アメ」で労働者を懐柔したのだから、労働法の出る幕がないようにするために社会保障を整備したともいえる。それが今や労働法の仲良しの？仲間として扱われていると知ったらビスマルクはどう思うのだろう。

　また、労働法との共通点、と言ってもそれはあくまで社会保障の中の社会保険だけの話でしょ、という反論もあるだろう。社会保険以外、すなわち生活保護や社会福祉は、国から国民に対する給付やサービスの提供が問題となる分野であり、労働法というよりはむしろ行政法の領域ともいえる。そのため社会保障法という科目を労働法の教授と行政法の教授が半分くらいずつ担当することにしている大学もある。

　ここまでの話をまとめると、社会保障には社会保険など労働法と関わりの深い分野も確かにあるが、そうでない部分もある。理屈としてはその程度のつながりであり、ただ実際上これまでセットで扱われてきたんでなんとなく仲間ってことで……。

　いやそれだとさすがに怒られそうなので、もうちょっとマシな理論的説明の構築を試みよう。若干苦しいが……結局、人間の生活保障という、現代社会において避けて通れない問題があり、このうち「働いて」生活していけるようにサポートしようというのが労働法であり、短期的あるいは長期的・永久に「働けなくなった」場合の生活をサポートするのが社会保障

Ⅲ．「労働法の方から来ました」　　25

法、ということだろうか。要は上位カテゴリーは「生活保障法」であり、労働法と社会保障法はその中での分類ということになる。医療保険に関しては働きながらでも給付がなされるわけだが、体に何らかの不調があるわけなので部分的に「働けなくなった」（働きづらくなった）状態、と考えることができそうだ。

　もっとも、人間が働くのは雇用という形態だけではない。誰にも雇われずに自分だけで（自営業者として）生活していく場合もある。その意味では、「生活保障」というくくりにもなお苦しい部分はある。雇われて働く人が世の中のマジョリティでありスタンダードであった時代にできた概念ということだろうか。雇われて働く労働者は現在でもマジョリティだが、それだけをスタンダードとして法政策を考えていてはいけない、というのが現在のトレンドである。正規・非正規雇用の格差是正という流れもその一環であろう。労働法と社会保障法の縄張りも、生活保障法という大きな括りも、時代の変化に合わせて常に見直していかなければならないということだ。

2.「労働者」概念の変容と社会保障

　フリーランスＡ「コロナ禍だからっていう理由だけで契約切られちゃいました！」
　労働者Ｂ「同じですよー、私もコロナ理由にクビになっちゃいました！　正当な理由がない解雇なんで裁判しようと思います！」
　Ａ「そうですか！　じゃあ私もしようかな？」
　Ｂ「うーん、いやあなたはやめといた方がいいかも……」

　労働法界隈で現在ホットなテーマの1つが、労働法によって保護される労働者とは誰か？　という問題（労働者性）である。現在のルールは、ものすごく簡単に言えば、「労働者」であれば労働法で保護されるが、そうでなければ、すなわちフリーランスの自営業者であれば保護はない、とい

26　第1章　社会保障ってなんだバカヤロー！

うものである。そして、労働法による保護は手広く手厚い。不当な解雇からの保護、労働災害に対する保障、労働時間や賃金の規制などなど。つまりは、労働者であれば簡単にクビにはならないし、仕事でケガをしても保障があるし、働き過ぎも防げるし最低賃金も確保されるが、自営業者だといつ契約が切られるかわからないし、仕事でケガをしても保障はないし、働き過ぎへの歯止めもないし、時給の最低ラインも定まっていないのである。法的に「労働者」と認めてもらえるかどうかは、当事者にとってはまさに運命の分かれ道となりうる。そう、上記会話のBさんは裁判をすれば解雇が無効とされ仕事に戻れる可能性があるが、Aさんはおそらくそうはいかない。

　そのため、労働者性の有無は、昔から労働法上の重要論点の1つであり、裁判でも頻繁に争われてきた。そして近年、この問題がさらに注目を集めている。その背景にあるのは、労働形態の多様化である。IT技術の進展などにより、労働者なのか自営業者なのか、微妙な形態の新しい就労形態が増大したのである。Uber EATS配達員などのいわゆるギグ・ワーカーが典型だ。形式的には自営業者と位置づけられ、実際にも伝統的なイメージの労働者ほど会社にガッツリ拘束されてはいないが、しかし経済的には会社に従属し会社が決めた仕組みの枠内でほぼ言いなりに働いている、というパターンも多い。

　このように、労働者とは言えない（かもしれない）が、労働者に近い実態で働く人々に労働法の（あるいは労働法的な）保護が全くなくてもよいのか、が重要な政策課題の1つとなってきたのである。要するに上記会話のAさんにも、労働者に近い実態があるなら、たとえば不当に契約を切られないようにするなどの法的保護を与えるべきだ、という考え方である。具体的な対応策としては、①労働者の範囲を広くしてギグ・ワーカーなども保護の対象とする（労働者概念の拡張）、②自営業者に対し別途一定の労働法的な保護を可能にする法令を整備する、③労働者と自営業者の間に「準労働者」的な新たな中間的カテゴリーを設けて保護する（イギリス、イタリアなどのパターン）などが考えられる。2023年5月に成立したフリーランス法（フリーランス・事業者間取引適正化等法。2024年11月施行）は、労働者でな

い者を対象とする法律であるにもかかわらず、育児・介護等と業務の両立、ハラスメント対策、中途解除等の事前予告など労働法的な保護も規定されており（その部分は厚生労働省が所管）、まさに上記②の方向の施策と言える。もっともこれで今後①や③の方向に向かう可能性がなくなったというわけではないだろう。

　さて、ではこの話が社会保障にどう関わるのか。社会保障の中には、「労働者」（あるいは「被用者」）であるかにより適用される制度が変わる分野がある。労働者であれば雇用保険、労災保険の適用があり、医療保険は健康保険の、年金保険では国民年金に加え厚生年金保険の被保険者となるが、労働者でない場合は雇用保険も労災保険も適用されず（ただし労災保険については自営業者の一部は任意に特別加入が可能）、医療保険は国民健康保険の被保険者となり、年金保険は国民年金のみが適用される（任意加入の国民年金基金等はあり）。

　これは、社会保障制度の下でも、労働者かどうかにより得られる恩恵に大きな差があるということを意味する。労働者であれば失業しても雇用保険をもらって食いつなげるし、職場で怪我をしても労災保険から給付が出るが、自営業者の場合は仕事がなくなっても国からの補償はないし、仕事が原因で病気になっても何の給付も出ない。え、医療や年金は、制度は別建てかもしれないけどちゃんと保障があるじゃないかって？　確かにそうだが、しかし実際には保障の中身がだいぶ違うのだ。たとえば健康保険には傷病手当金という、怪我や病気で仕事を休んだ場合の給料相当額を払ってくれる仕組みや、出産手当金という出産費用の補助もあるが、国民健康保険にはどちらもない。また年金も厚生年金なしで国民年金だけだと将来もらえる給付額はかなり少なくなる。

　要するに、社会保障による保護についても、労働法の保護と同様に、「労働者」か否かは重要な運命の分かれ道となるのだ。ということは、労働法と同様に、ギグ・ワーカーなど新しい働き方が増えている現在、社会保障制度における「労働者」「被用者」と自営業者との境界線が現行のままでよいのか、という問題も検討しなければならなくなるのである。つまり、社会保障制度においても、労働法と同様に上記①②③のうちどの方向

28　第1章　社会保障ってなんだバカヤロー！

で対応していくか、という議論が必要になってくるということだ。すでに労災保険制度においては、前述した特別加入が可能な自営業者の範囲を徐々に拡大する方向が打ち出されている。

　もっとも、さらにこの先には、労働者か自営業者かによって社会保障の保護のレベルが変わるという仕組みは本当にそれでよいのか、そもそも労働者が保護され過ぎなのではないか、という論点も待ち構えている。すでに労働法の方では、労働者は自営業者に比べて保護され過ぎではないか、という議論がなされているが、社会保障法においてもこの議論が必要になってくるということであろう。その際には、社会保障は労働法と平仄を合わせるべき（＝あっちが労働者概念をいじるならこっちもそれに右にならえで行く）なのか、それとも社会保障の方ではその制度の趣旨から独自にこの問題を検討すればよい（＝労働法と社会保障法で「労働者」概念が違っても構わないことにする）のか、という問題も考えなければならないだろう。

3. 社会保障か労働条件か

カネに細かい社長「ウチの会社では結構いい金額の家族手当払ってるんだから、児童手当のための拠出金は免除してもらえないかな、二重の負担だよな」
一応いろいろ知ってる人事部長「まあでもウチの社員に限らず、家族手当のない会社の従業員も、さらには自営業者でも児童手当はもらえるわけで、言わば助け合いのための財源なので……」
カネコマ社長「なるほどな、んじゃウチの家族手当廃止すればいいか」

　以下の各章で順番に紹介していくが、社会保障として提供される様々な給付やサービスは、企業が労働者に福利厚生などの「労働条件」として提供しているものとオーバーラップする。たとえば日本企業の多くは未成年の子どもを扶養する労働者に家族手当を支給しているが、これは国の児童手当制度（→第8章I.4.(4)）と性格がかぶっている。もちろん、いろいろ

Ⅲ.「労働法の方から来ました」　29

と違いはあるのだが。またこれまた多くの日本企業が退職金・企業年金制度を実施しているが、これが公的年金（国民年金・厚生年金）と同様に国民の老後を支える役割を果たしていることは言うまでもない。

　その他にも、たとえば企業によっては労災保険給付に独自の上乗せ給付を行ったり、医療費の補助をしたりなどということをしているところもある。またさらに広げれば、日本では住宅手当や家賃補助などは非常に一般的な企業の福利厚生であるが、これもすでに述べたように社会保障の関連制度と位置づけられることがある。

　このように「縄張り」が重なる社会保障と労働条件。ヤクザの世界でも、縄張りが被ったら争いが起きる（知らんけど、Netflix で見まくってしまったヤクザ映画によれば）が、それと同様に、社会保障と企業の労働条件についても、縄張り争いというか摩擦が生じる余地は十分にあるということだ。労働関係の統計でも法定内福利費、法定外福利費という言葉使われるが、これも要は同じような制度が法定内で（社会保障で）実施される場合と法定外で（労働条件として）実施される場合があるということの証拠だろう。

　もっとも、この飲み屋街もこっちによこせ、というようなヤクザの揉めごととは逆で、こちらの縄張り争いは「このシマはそっちでやってくれよ」「いやそっちでやれよ」というパターンになる（要は押し付け合い？）。少子化でここのところ児童手当の充実が図られてきているが、企業負担があまりに増大すると、企業としては本気で上記の会話のカネコマ社長のようなことを考えるかもしれない。実際、かつての児童手当制度創設時には、企業の家族手当制度の廃止が想定されていたと言われているのだ。他の労働条件についても、基本的には同じ構図があてはまる。社会保障を充実させるのはよいが、その財源として企業に負担を求めると、企業側の「二重の負担」への不満が高まり、結果労働者の労働条件が悪化するということが起こるかもしれないのだ。

　ここで開き直って？それでいいじゃん、という立場もありえよう。企業の福利厚生は企業規模によってその手厚さが異なるし、またそもそも被用者でなければその恩恵は受けられないという意味で公平さに欠ける。それならむしろ企業は福利厚生にお金を使わず、労働の対価として労働者に与

えるのは基本的な報酬（賃金）のみとすればよく、それ以外の生活保障に関わる給付やサービスは社会保障制度でカバーすればよいのだ、と。その方向に誘導するような法政策や税制措置を講じるべきなのだと。

　さてどうすべきか、というのは難しい問題だが、要するにここでは、社会保障を充実させろ、という主張と、労働者の労働条件をもっとよくしろ！　という主張は、もしかしたら両立しないのかもしれない、という感覚を持って欲しいということである。

Ⅳ．物好きなアナタに──文献ガイド

○『保険と年金の動向』、『国民の福祉と介護の動向』（厚生労働統計協会、各年版）

　　社会保障の制度は、毎年のように変わってしまい、直近ではどうなっているのか把握しづらい。ほぼ毎年刊行される『厚生労働白書』は、信頼性は高いのだが、図表などでごまかしている、いや簡略化されている部分も多い。そこそこ制度の詳細まで解説されている文献を、という人にはこれが頼りになるのではないか。ただし通読して楽しいというものではないだろうが。

○菅沼隆他編『戦後社会保障の証言』（有斐閣、2018 年）

　　社会保障全般を解説した優れた本はいろいろあるのだが、そういうのを紹介すると「このややわかとかなんとかいう本なんかより、そっちの方が全然いい本じゃないか」という話になりかねないので、少し異なる系統の本を。社会保障全般について、現在の制度が作られた経緯をあけすけに語った官僚たちのインタビューを集めたのがこの本。こんなことまでしゃべっちゃうの、みたいなことも書いてある。いろいろな議論を経て、今こうなっているということがよく分かるし、「別の形でもあり得る」ことも分かる。

○ピーター・クロポトキン（小田透訳）『相互扶助論』（論創社、2024 年）

　　ちょっと毛色の変わった議論を、という人にはこの本を。大方の予想に

反して、助け合いの尊さを褒め称える本ではないし、無政府主義者の政治的プロパガンダでもない。アリや鳥やマーモットの生活の微細に立ち入り、歴史、哲学・思想、諸学問を渉猟したうえで、弱肉強食に対する相互扶助の優位性を説く。もはや奇書に近いというべきだが、一度は手に取るに値する。新訳が出たばかり。

○社会保障法の本（各種）

　この本は「社会保障（法？）」というビミョーなタイトルになっているが、法的な視点に徹して、条文や判例を中心に本格的に「社会保障法」を扱ったものを読んでみたい人にはこの本を！と紹介しようと思ったのだが、1冊に絞るのは難しい。どれか1冊に絞ると、それ以外の本を書いた先生方（同業者！）から、「なんで私のを紹介してくれなかったのか」と絶縁されるおそれがあるからだ。というのは冗談です。

　やはり優れた本が沢山あって、それぞれに特徴があり、簡単には絞れないからだ。ごく最近に出版された社会保障法全般の概説書に限っても、こんなにあるとは思わなかった。

　（以下は出版社名50音順、出版年降順。そうしたら「たまたま」弘文堂が最初に来た。）

　島村暁代『プレップ社会保障法』（弘文堂、2021年）、本沢巳代子他編『トピック社会保障法〔第18版〕』（信山社、2024年）、伊奈川秀和『〈概観〉社会保障法総論・社会保険法〔第3版〕』（信山社、2023年）、菊池馨実編『ブリッジブック社会保障法〔第3版〕』（信山社、2021年）、小島晴洋『ナビゲート社会保障法〔第2版〕』（信山社、2020年）、神尾真知子他『原理で学ぶ社会保障法』（法律文化社、2022年）、河野正輝他編『レクチャー社会保障法〔第3版〕』（法律文化社、2020年）、黒田有志弥他『社会保障法〔第2版〕』（有斐閣ストゥディア）（有斐閣、2023年）、加藤智章他『社会保障法〔第8版〕（有斐閣アルマ）（有斐閣、2023年）、菊池馨実『社会保障法〔第3版〕』（有斐閣、2022年）、西村健一郎他『よくわかる社会保障法〔第2版〕』（有斐閣、2019年）、笠木映里他『社会保障法』（有斐閣、2018年）などなど。

アウトロ──共生か、強制か

　1日の労働ののち、食事に次いでもっともよろこばしい睡眠の時間がやってくる。だが、この睡眠の時間にあっても、〈共生〉は継続する。

　とくに収容所生活の最初の一年、毛布1枚程度の寝具しか渡されなかった私たちは、食灌組（註・食器を共にする相手）どうしで2枚の毛布を共有し、1枚を床に敷き、1枚を上に掛けて、かたく背中を押し付けあってねむるほかなかった。とぼしい体温の消耗を防ぐための、これが唯一つの方法であった。

　いま私に、骨ばった背を押しつけているこの男は、たぶん明日、私の生命のなにがしかをくいちぎろうとするだろう。だが、すくなくともいまは、暗黙の了解のなかで、お互いの生命をあたためあわなければならないのだ。

石原吉郎「ある〈共生〉の経験から」より†

　8年に及ぶシベリア抑留を生き延びて帰国した石原吉郎（詩人・評論家。1915-1977）の文章は、「共生」という美しい言葉をその裏側から突き刺す。

　人間は善意に基づいて助け合うこともあるけれども、そうではなく、生き延びるために助け合わなければならないこともある。助け合いがうまく機能しなければ、生き残れない。

　1つの食器で乏しい食料を分け合うためには、また強制労働のためのまともな工具を確保するためには、そして厳寒の中で睡眠をとるためには、否応なしに「協力する・助け合う」という方法にすがりつくしかない。

　それは「自由な意思」による助け合いといえるのだろうか。それとも「強いられた」助け合いというべきだろうか。おそらくその境界線は、不分明である。

　考えてみれば人間は日常的に、楽しくないことも沢山やっている。通勤・通学だって、家事や身の回りのことだって、ダイエットだって、メールの返信だって、心の底からやりたいからやっているわけでもない。それは「自由

な意思」なのか、「強いられたもの」なのか、厳密に腑分けしようとしても
あまり意味はない。

　この本だって、著者らの学問的な情熱が自発的に結実したものかと言えば、
互いに「そろそろ書かないとまずいよ」「こっちは少し書いたぞ。そっちも
早く書けよ」などと牽制し合ってかろうじて形になったのが実情である。そ
れを「互いに協力」と呼ぶか、「互いに強制」と呼ぶかは紙一重だろう。ダ
ジャレに走れば、「共生」と「強制」の距離は遠くない。

　社会保障は、相互の助け合いを大がかりに制度化したものだといえる。し
かしそれは、自発的な助け合いを制度化したものか、それとも国が作って国
民に強制的に適用しているものなのか。もし強制的なルールを「法」と呼ぶ
ならば、社会保障は法なのか。

　そのいずれなのかを一義的に決められないことを、石原吉郎の文章は語っ
ている。それはとても「あいまい」な存在ともいえる。しかし石原吉郎の体
験を「あいまい」と評する人はいないだろう。どう考えても、生きるか死ぬ
かの話なのだ。

　この本のタイトルが「社会保障（法？）」という「あいまい」なものになっ
ている、あるいはそうせざるを得なかった、もっともシニカルな理由はそこ
にある。

†　石原吉郎『石原吉郎詩文集』（講談社文芸文庫、2005 年）所収

第**2**章
リストラされたら雇用保険

イントロ

　どんな時代でも、仕事を失うことが人生に及ぼすマイナスは小さくない。なにしろ仕事がないと朝ゆっくり起きられるし、いやな上司にネチネチ小言を言われることもないし、残業で疲れ果てた体が酒臭いカオスの満員電車（コロナ禍ほぼ終了で復活！）でダメ押し的にぺちゃんこになることも……っていいことばっかりじゃないか！　いやいやもちろんそんなことはない、なんだかんだありつつもみんなが働いているのは、やっぱり仕事があった方がいいからに違いない。というわけで、そのあった方がいい仕事がリストラなどのためになくなってしまったとき、すなわち失業というリスクをカバーするのが雇用保険制度である。

　ところで、「リストラクチャリング（restructuring）」は本来「構造改革」「組織再編成」を意味するなかなかにカッコイイ横文字フレーズである。ところが日本ではこれが「リストラ」となんだかポップに？圧縮されるとともに、「クビ切り」とか「人員整理」というネガティブな意味とともに定着した。

　はいはい日本人お得意の、横文字を片仮名に直して元の意味骨抜きにしちゃう技ですね、「セクハラ」と同じパターンですね、という冷めた反応で片付けることもできるが、いや実はこれ、日本の雇用のあり方を表しているのかもしれない。解雇は簡単にできないという労働法のルール、そして実際にもめったなことでは解雇しない会社（とくに大企業）。解雇などというけしからんことは、よっぽどのこと、つまりは会社の構造自体を変えるような大きな改革の必要があるときだけ——それが本当によいことかどうかはともかく（解雇ルールが厳しいがゆえに起きていると思われる問題もある→Ⅲ.2.）、「リスト

35

ラ」が「解雇」の意味で使われるようになった背景には、社会に深く根を下ろしたこのような考え方があるのかもしれない。

　というわけで本章では、リストラされてしまったときのセーフティネットとして機能する社会保険制度、雇用保険を扱う。これがあるおかげでリストラされてもとりあえず大丈夫、なんていい制度なんだ……とも言えるが、見方を変えれば、この仕組みによって会社は安心してリストラできるということでもある。極論のようだが、間違いとは言えない。雇用保険制度により会社がリストラ策を講じやすくなり、それが時代の変化に即した産業構造の再編を促し、結果としてそれが経済社会全体に効用をもたらす——これは雇用保険制度の経済的な意義の１つとして一般的になされる説明である。日本の現在の雇用保険制度の主たる目的がリストラ促進であるとはとても言えない（政府も公式にそんなことは言っていないし、だいたい給付額もそれにしては少ない）が、そういう側面もある制度だという認識は持っておくべきであろう。

　なお、雇用保険は（その性格上当然と言えば当然だが）新型コロナの影響をもっとも受けた制度の１つであり、コロナ禍では給付日数に関する特例その他、様々な暫定措置が発動された。その中にはすでに終わったものもあれば、続いているものもある。正式な法改正につながったものもある。本書でもその一部については本文中で触れている（全部触れられなくてすいません）。

I. キホンのキホン

1. 雇用保険の基本的な仕組み

　雇用保険は、ごく大雑把にイメージすれば、労働者が失業した場合に、金銭を支給する仕組みということになろう。失業にもいろいろあって、リストラにより会社をクビになったとか、会社自体が潰れてしまったなどが代表的だが、自分から辞めたという場合もあり、これも雇用保険の対象になる。

　ただ雇用保険法第１条をみると、これがとてもとても長い。「雇用保険は、労働者が失業した場合及び労働者について雇用の継続が困難となる事

由が生じた場合に必要な給付を行うほか、労働者が自ら職業に関する教育訓練を受けた場合に必要な給付を行うことにより、労働者の生活及び雇用の安定を図るとともに、求職活動を容易にする等その就職を促進し、あわせて、労働者の職業の安定に資するため、失業の予防、雇用状態の是正及び雇用機会の増大、労働者の能力の開発及び向上その他労働者の福祉の増進を図ることを目的とする」と、なんだかいろいろ書いてある。

こういう風に条文を書き写していれば、それだけでお手軽に本ができそうな気もするが、実はこの章の内容は、結局のところ、この第1条の条文の内容を「ばらして」「ほぐして」「食べやすくして」提供したようなものだ。

しかしとりあえずは「失業した場合」を中心とした話だということで、ざっくり全体的な仕組みをみていきたい。

2. 被保険者

雇用保険でカバーされるのは労働者だけである。あとでみる公的年金や医療保険とは異なり、自営業者などは対象にならない。

労働者を雇っていると、原則として雇用保険の適用事業所になる。そこで雇われている人は、「被保険者」になる。いわゆるパートタイマーやアルバイトも、一定の基準（週に20時間〔2025年4月からは10時間〕以上の勤務、31日以上の雇用の見込みなど）により対象となる。

ただし給付を受給するためには、離職前の2年間に12か月以上の被保険者期間（解雇や倒産等の場合は離職前の1年間に6か月以上）が必要である。

「今日からお世話になります、新入社員です！　がんばります！」
「じゃ早速、これとこれとこれとこれ頼むよ」
「えーっと、無理です！　会社やめて、雇用保険で暮らします」
「入ったばかりだと、やめてももらえないんだよ。最低でも6か月の被
　保険者期間……」
「えーっと、半年は死ぬ気で頑張ります!!」

I．キホンのキホン　　37

昭和の企業ではよく出社初日に、「根性を試す」という趣旨で、上司が新入社員に難題を課すとか、いきなり徹夜させるとかいうのが自慢話として語られることがあったが、さすがにそういうのはもう古いのだろう。それでもはじめて本格的に仕事に就いてみると、すぐに嫌になっても不思議ではない。

　だが失業給付をもらうためには、少なくとも半年か1年は、職場に腰を落ち着けて働いて、また保険料を納めることが求められる。実際、最長では1年にわたって給付されることもあるわけで、被保険者であった期間よりも長く給付されるというのもおかしな話であろう（ちなみに公的年金では、もっと長い資格期間が求められている。→第6章I.7.(2)）。

　そうなると、たとえば新卒でまったく職につけなかったような人は、より気の毒なケースともいえるものの、被保険者期間がないので、失業給付の対象とはならない（とは言え、利用できる制度がまったくないわけではない。→10.）。

　また公務員も対象となっていない。民間企業のように倒産やリストラによる失業は、一般的にはないだろうという想定である（が、最近は怪しい。→Ⅱ.②）。

3. 保険料

新入社員「給料って、税金やら社会保険料やら、いろいろ天引きされるんですね〜泣」
上司「しかも税金も、年金や健康保険料も、上がる一方だからね。覚悟しとけよ」
新入社員「それでも雇用保険の保険料だけは、あまり上がらなかったり、時には下がったりするって聞いたんですけど」
上司「あーそうだったね。コロナの前まではね」

　雇用保険の保険料は、給料（標準報酬）比例で計算され（1.55%（2024年、

38　第2章　リストラされたら雇用保険

一般の事業))、このうち主たる部分（失業等給付及び育児休業給付にあてられる部分）を従業員と事業主で折半する（0.6＋0.6％で計1.2％）。この点は、他の被用者保険と同様である。

ただしこれとは別に、「雇用保険二事業」（→ **9.**）のための保険料率というものがあって、この部分については事業主だけが負担する（0.35％）。

この雇用保険料、ここしばらく時折保険料率が引き下げられるという社会保険の中では異例の事態が起きていた。ただし新型コロナ登場（ヒーローみたいに言っちゃダメですが）に伴う失業者の急増により、保険料は思いっきり引き上げられた。具体的な引き上げ幅は、2022年4月にまず雇用保険二事業分が0.05％、同年10月に「主たる部分」が0.04％（従業員分・事業主分各0.02％）であった。結局トータルでは2021年度まで0.9％だったものが1.55％になった（1.5倍以上の激アゲ！）。

なお雇用保険料は、労災保険の保険料と一緒に徴収される。根拠となる法律も「労働保険の保険料の徴収等に関する法律」という別の法律だ。効率的に保険料を徴収するために、一元化されている。

4. 保険者、財政構造

雇用保険では、保険者（運営主体）の役目は国が単独で担っている。社会保険なので、保険料が主たる財源だが、一定の公費負担がある（他の社会保険と同様である）。新型コロナ登場までは、失業等給付の4分の1が法律上の原則、しかし実際には暫定措置で40分の1、となっていたが、2022年4月からは40分の1の方を法律上の原則とし、雇用情勢や雇用保険の財政状況が悪化している場合には4分の1とする、ただし別枠で国庫からの繰入れができる仕組みを導入、ということになった。かつては失業率が低かったので例外措置として国庫負担をケチっていたが、コロナ禍でケチる理由がつかなくなり、ならこっちを例外じゃなくて原則にしてこのままケチり続けることにした、ということだろうか。

Ⅰ. キホンのキホン　39

5. 失業の認定

雇用保険の給付種類は多いが、ここではもっとも代表的な、失業した場合の基本手当についてみていく（以下ではこれを「失業給付」と記載する。正式には「失業等給付」の中の「求職者給付」の中の「基本手当」というのだが（雇用保険法10条2項1号）、それではかえって何のことだか分からなくなるので）。

失業という状態の認定は意外に厄介（→Ⅱ.③）で、単に「職がない」というだけではなく、平たくいうと「働いていたのだが、職を失ったので、働こうとしているけれども（また働く能力もあるのだが）職がない」という状態をさす。雇用保険法4条3項では「被保険者が離職し、労働の意思及び能力を有するにもかかわらず、職業に就くことができない状態」としている。

> 新婚女子「結婚した後でも、働く意思と能力があって、それでも働けない場合は、失業給付をもらえるんですよね」
> ハローワーク窓口「もちろんですよ。どうして働けないんですか？」
> 新婚女子「君が外に出て、悪い虫がつくといけないから、働かずに家にいろと夫が言うんです」
> ハローワーク職員1（定年間近）「あの、のろけに来たんですか？」
> ハロワ職員2（若手）「あの、DV相談はここじゃないですよ」

他方、自発的に退職した場合でも給付は支給される。あとでみるように給付期間（所定給付日数）が短くなるし、1〜3か月の間、支給されないことがあるが（雇用保険法33条。ただしその適用は制限される方向）、自分から辞めたらまったくもらえないというわけではない。

保険は偶然のリスクをもとに成り立っていることから、自分で保険事故（保険給付の支払事由のこと。この場合は「失業」）を「わざと」起こしたら、保険給付は行われないのが普通である。

しかし、自発的な退職のようにみえて、実際には退職を「余儀なくされた」ということは少なくない。また自発的な失業でも、離職という事実は

40　　第2章　リストラされたら雇用保険

紛れもなく存在する（あるいはそのような事態に備えて保険料を払ってきたともいえる）。それらのことから、自己都合退職も給付の対象となっている（→7.）。

これらの失業の認定は、公共職業安定所（いわゆるハローワーク）がおこなう（それにしても「ハローワーク」って……コロナ禍でいわれた「Go To トラベル」と一緒で、なんかヘンな名称だ）。

また別途、待期期間（1週間）が設定されていて、すぐには支給されない（雇用保険法21条）。クビになったその足でハローワークに向かっても、早すぎるのだ。

適切な職業紹介を受けて、それに応じない場合も、1か月支給が遅れる（雇用保険法32条）。「働きたくないだけじゃないのか！」というわけだ。

なお不正受給に対しては、支給停止や返還に加えて、支給額の最大2倍の額の納付が命じられる（雇用保険法10条の4・34条）。そう、倍返しだ！（……このネタまだわかってもらえるかな？）

6. 給付水準

失業した場合、求職者給付の基本手当が、離職前の賃金水準の一定割合で一定期間（最長1年）支給される。

これは基本的には失われた収入をカバーするという性格のものだ。医療保険における金銭給付である傷病手当金（→第4章Ⅲ.1.）や、労災保険や公的年金と、基本的には同じような性格のものだといえる。

ただしすでに2.でみたように、一定の資格期間があり、半年ないし1年は、働いて保険料を納める必要がある。

基本手当の額について、雇用保険法16条では、本則として失業前の賃金の100分の50（すなわち半分）とされている。ただし従前の賃金が低ければ、80％までとなり、賃金の額により、滑らかにその割合は調整される。また60歳以上ではその下限は45％になる。倍の賃金なら倍額の給付額になるというわけではない。つまり「高い賃金→高い保険料」の人の分が、「低い賃金→低い保険料」の人の給付に移転しているわけで、いわゆる

Ⅰ. キホンのキホン　41

「所得の再分配」がなされている（ここで「社会保障っぽい！」とつぶやけるようになったら、あなたはもう社会保障オタク）。

失業前の賃金というのは、離職直前6か月の平均で算出する。公的年金のように（→第6章）過去にずっと遡って平均値を出すわけではない。

7. 給付期間

(1) 基本的な考え方

「でもまあ給料の半分もらって好きなことをしてられんなら、悪くないよね。ここはじっくりと納得いくまで自分探しを……」

「遊んでていいわけじゃないよ、自分探しだけじゃなく職探しもしないと！ それに、永遠にもらえるわけじゃないよ。基本的には3か月とか、半年とか」

「そんなに短いのか！ それじゃあ本当の自分の進むべき道は見つけられないな。よし、とりあえず3か月で就職するよ」

「その変わり身の速さなら、進むべき道は無限にあるなきっと……」

雇用保険の基本手当は、失業して収入が途切れたとき、それをカバーするものだが、仕事に就いているのが「ノーマル」だと考えれば、仕事を失ったら、次にまた仕事を見つけられるまでの間をカバーするものだということになる。

逆にいえば、次の仕事が見つかるまでの間、それ以前の生活の水準を落とさずに、安心して仕事を探せるということであり、まさにそういうときのために（あるいはそういう事態に備えて）保険料を払っておくのだと考えることができる。いいかえればまさに「スプリング・ボード」（跳び箱の前に置いてあるヤツだ）というに相応しい役割を果たしている。

ただ「次の仕事が見つかるまで」にすると、仕事が見つからなければ、いくらでも給付される期間が長くなってしまい、無理に仕事を見つけなくても構わないともとられかねない。だから、そこそこの期間上限が設けら

れている。すなわち1年間を上限としつつ、いろいろな要素（離職理由、年齢、被保険者期間等）の組み合わせで、給付される期間（基本手当の支給を受けることができる「所定給付日数」）が決められている。ただしこの給付される期間の長短は、支払ってきた保険料の水準とは関係なく決まる。

(2) 被保険者期間と所定給付日数

　ひと言でいえば、被保険者期間が長いほど給付される期間は長くなる。通常の離職の場合、被保険者期間が1年未満なら、所定給付日数は90日が基本だが、被保険者期間が10年とか20年とか長くなると、150日まで所定給付日数は延びる。さらに倒産や解雇等により失業した場合は、年齢が高いほど所定給付日数が延びる（最長330日）。ただし（ややこしいが）60歳以上になるとまたちょっと短くなる。

　基本的には被保険者期間が長いと、合計では保険料を沢山払っていることになるので、それに見合った給付をするということだといえる（給付期間が長くなれば、給付総額も多くなる）。被保険者期間の長短によって、毎月の基本手当の額は影響を受けないが、給付される期間には反映するのである。

> 「被保険者期間が長いほど、年齢が高いほど、失業したら多く給付がもらえるのか……よし、なるべく年取ってから失業しようっと！　私って合理的ぃ！」

　しかし、給付される期間が長くなっている理由は実はもう1つある。一般的には、被保険者期間が長い人（＝通常は年齢も高い）ほど、世の中の変化についていけず、別の職種への転換は難しいと考えられているからである。なので年を取ってからも、できれば失業しない方がいいだろう。いやもちろん若いときもだが。

　なお、長いといっても給付される期間はせいぜい数か月。これでは次の職を見つけるのは困難ではないかとの疑問もあるかもしれないが（だから保険料を引き上げれば、給付される期間の延長も可能なはずだが）、日本での失業率は（コロナ禍のもとでも！）数％にとどまっており、雇用保険は一定の役割

I. キホンのキホン　43

は果たしているのだろう。

　被保険者期間と年齢、離職事由等に応じた所定給付日数は特例を含めてしばしば変わるので、最新のものは厚生労働省やハローワークのホームページで確認いただければと思う（たとえば新型コロナ対応として、所定給付日数が一部延長されていた）。

(3) 離職事由と所定給付日数

　すでにふれたように、事業の倒産や解雇等による離職者については、所定給付日数が多く設定される（「特定受給資格者」という。このほか「特定理由離職者」というのもある）。

　またそのなかでも高年齢の場合、そして就職困難者（障害者等）の場合は、所定給付日数が多くなる。それぞれ次の職が見つかるまでに、より期間がかかるのではないかという想定である。

　逆にいうと、そうではない通常の離職者、つまり自己都合退職の場合は、相対的に所定給付日数は少なくなっている（90日〜最長でも150日）。

(4) 所定給付日数と再就職

　手当を支給する日数についてはいろいろ区分が設定されているが、原則として最長1年の支給期間のなかで、定められた日数や支給期間が過ぎれば、再就職できなくても給付は打ち切られる。また逆に、給付されている間に再就職すれば、そこで給付は打ち切られる。

　ただそうすると逆に、「再就職先をキープして、期間いっぱいまでもらっておこう」ということを考える輩が出てくる。

　そこで所定給付日数を余して、早く就職した場合には、一定の条件（残り日数が一定以上あることなど）を満たせば、残り期間の手当の一定割合（残り期間に応じて6割ないし7割）が支給される。これを再就職手当（求職者給付とは別の就職促進給付といわれる給付種類のうちの1つ）という。いいかえればこのことで、早く再就職することへのインセンティブとなっている。

8. その他の給付

雇用保険法の給付としては、ここまでみてきた求職者給付の基本手当（また再就職手当）以外にも、いろいろな種類がある。

とくに法律の名称が失業保険法ではなく、より積極的に雇用を確保するという趣旨で1974年から雇用保険法になっていることには意味があり、とりわけ以下のように「（ふたたび）職を得るための給付」や「職を続けるための給付」がある。それぞれ重要だが、簡単にみていきたい。

(1) 教育訓練給付

教育訓練費用の一定部分を給付する（種類等により受講費用の2～8割）。教育産業のCMでよく紹介されている。

> 妻「あなた、なんで急に英会話なんかやってるのよ。仕事で英語なんて
> 　ぜんぜん使わないじゃない」
> 夫「何言ってるんだ、もう終身雇用の時代じゃないんだぞ！　チャレン
> 　ジングなニュースキルで自分のマーケットバリューにポジティブなエ
> 　フェクトをもたらし、これからのキャリアにブレイクスルーを……」
> 妻「カタカナ語多用するヤツマジ薄いわー！　まあ雇用保険から結構経
> 　費の補助出てるみたいだから勝手にすればいいけど……」

個人としてスキルアップ（薄っぺらいカタカナ語……）を図ってもらい、離職した際に、あるいは同じ会社内でもより適職に移ってもらおう！　という意義深い制度なので、今の仕事に関係ない講座を受けてももちろん構わない。ただ英語やパソコン関係を含め、本当にキャリアアップにつながるのか？　というようなものまでかなり幅広く様々な講座が対象となっており、本来の制度趣旨が若干グラついているところがなくもない。そのせいか、これまで制度は（まるで西之島新島のように）拡大されたり縮小されたりを繰り返している。

直近では「人への投資」、リスキリング（職業技能の再習得。なんだかリスキ

I.　キホンのキホン　　45

ーな語感を伴うためか、役所では「リ・スキリング」と表記することも）の流れに沿って拡大基調であり、仕事を休んで職業訓練を受けたときに賃金の一定割合を支給する教育訓練休暇給付金もはじまる（2025年10月〜）。

（2）高年齢雇用継続給付

　「雇用継続給付」という給付種類の1つで、60-65歳未満の被保険者について、賃金が下がっても雇用が維持された場合、賃金の一定率（15%まで。2025年4月以降は10%）が給付される。

　高年齢者雇用安定法の定めにより、現行法下では、60歳定年の企業でも、65歳までの再雇用制度を用意する義務がある。この給付で賃金の一部を補助することで、高齢者を引き続き雇いやすくしようという趣旨の仕組みである……というのが建前だが、実際には以下のようなことも起きうる。

　　人事担当役員「なんだ、アイツ全然仕事できないのに、定年後も再雇用するのか！」
　　人事課長「はい、さすがにクビにするのはちょっとということで……ただ再雇用で嘱託になるので賃金下げられますし、さらに雇用保険から賃金補助が15%でます」
　　役員「なるほど、さらにその分賃金下げていいというお墨付きを国が与えてくれるワケか」

　国からの賃金補助がむしろ労働者の賃金を抑える方向に働いてしまうとしたら大きな問題である。今後いろいろ議論していく必要がありそうだ。

（3）介護休業給付

　これも「雇用継続給付」の1つで、家族のために被保険者が介護休業をとる場合に支給される（従前賃金の67%が通算93日まで給付される。分割して柔軟な取得もできる）。

国民「介護休業が約3か月って、短すぎだよ。介護の実態を分かってないなあ」

役所の窓口（昭和のおじさん）「いや、それは介護体制をコーディネートするための期間ということです。介護保険申請をしたり、ケアプランを作ったり、という意味です。別に自分自身でずっと介護することを想定しているわけではありません」

国民「それにしても育児休業（原則1年）と比べても、えらく短いじゃないか」

窓口の昭和「いやいや、やはり子どもは1年間くらいは自分自身で育てないと」

　窓口のおじさんの本音はともかく、実際には介護はその期間がいつまで続くかがまったく読めないということもあろう。そのなかで「ここぞ」というタイミングで（場合により3回までに分けて）介護休業をとることが想定されているわけである。

(4) 育児休業給付

　被保険者が育児休業をとる際に、雇用保険からの給付によりその間の賃金が補填される。これによって労働者も離職せずにすむし、事業主も雇用し続けやすくなる（最初の半年は賃金の67％、次の半年は50％。原則1年まで（最長2年））。

就活学生「入社後に、毎年のようにどんどん子どもを作れば、ずっと育児休業を取り続けられますよね」

人事部「制度的には可能です。でも、その……」

就活学生「御社はファミリーフレンドリーを売り物にしている会社なんですよね」

人事部「それはそうなんですけど、なんのためにうちの会社に勤めるんですか？」

Ⅰ．キホンのキホン　47

この育児休業給付は、性格としては(2)や(3)の雇用継続給付に近いが、2020年の法改正で、失業等給付とは別の独立的な給付と位置付けられ、保険料率も独自に設定されるようになった（雇用保険料全体で1.55%のうちで、すでに0.4%を占めている（2024年度））。

　給付水準（賃金に対する割合）も徐々に引き上げられてきており、さらに2歳未満の子を養育するために時短勤務をしている場合に賃金の10%が支給されるようになる（2025年〜）。

　父親への給付も充実が図られてきており（→第8章Ⅲ.2.）、とくに被保険者と配偶者双方が14日以上の育児休業を取得する場合は、28日間まで賃金の13%が支給されるようになる（2025年度〜）。もとの育児休業給付67%と、この13%をあわせて賃金の80%となり、「手取り10割」になるという説明がされている。「北欧のような、育児休業時の従前所得の100%保障」という積年の悲願（？）の実現でもあるが、いろいろ組み合わせてほんの一瞬だけそれを実現しているようで、身体測定の時の「つま先立ち」みたいな印象もある。

　これらの雇用継続給付と育児休業給付はいずれも、従業員側には離職を防止し、事業主側には雇用を続けさせる方向に作用するものといえる。

9. 雇用保険二事業

　これらの保険給付とは別に、雇用保険二事業（雇用安定事業、能力開発事業）というものがある。代表的なのが雇用調整助成金で、事業活動縮小時にも解雇をせずに従業員の雇用を維持した場合に支給される。その他にも職業訓練への助成なども二事業として実施されている。

　雇用調整助成金は、コロナ禍で雇用保険臨時特例法により大幅に拡充され、注目を浴びた。コロナで休業を余儀なくされた企業が、解雇をせずに頑張った場合に、その休業手当の助成として利用されたのである。

　そしてすでに保険料のところでもふれたが、雇用保険二事業のための保険料率があって、事業主だけが負担している。それはこの事業の給付が基本的には事業主自身に戻ってくることによる。

「それにしても雇用保険『二事業』って……こういうときって、大体3つくらい並ぶんじゃないの。御三家とか、三大観光地とか、お笑いビッグスリーとかさ」

「鋭いね。実は以前は雇用福祉事業というのもあって、あわせて雇用保険『三事業』としてリストラ対策なんかの事業をやっていたんだけどさ……」

「まさかそのリストラ対策事業自体がリストラされたとか？」

「いやいや、事業の見直しと整理を通じて、廃止や再編が行われたんだよ」

「やっぱリストラじゃん……」

　これらの事業は、保険数理に基づく保険給付とは別枠で、いわば機動的に物事に対処できる点に利点がある（だから新型コロナ対策でも重用された）。しかしその反面でルーズな運用も目立ったことから、行政改革の一環として「見直し・整理・再編」されて、2007年から「二事業」となっている。

10. 求職者支援制度

　ここまでは、勤めていて、職を失った人たちへの対応をみてきた。しかし考えてみれば、1度でも勤める場が得られたから、そこで雇用保険の保険料も払って、離職に備えることができたともいえる。

学生「1度勤めて失業すれば、失業給付をもらえるのに、1度も就職できないぼくらは、もっとタイヘンなんですけど」

先生「だって就職していないんだから、1度も保険料も払っていないでしょうが。それで給付だけもらおうっていうのは図々しいでしょ」

学生「そんなこと言ったって、ぼくら、保険料を払いたくても1度も払うチャンスすらないんですよ」

先生「わかったわかった。ワンチャンあげよう。この本のこの先を読みたまえ」

I. キホンのキホン　49

そういう人たちのために、2011年から求職者支援制度というものができている。これは雇用保険制度を利用できない場合に、一定の場合に生活費の支給を受けながら（職業訓練受講給付金として月10万円）、職業訓練などを受講できるというもので、雇用保険法とは別の法律（職業訓練の実施等による特定求職者の就職の支援に関する法律）によって定められている。

失業給付が終わってしまった場合や、逆に1度も就職できなかったときも含めて雇用保険に加入していなかった場合などに、一定の要件のもとで（といっても収入・資産要件などそこそこ厳しいのだが）この仕組みを利用できる。

この制度のもとでは、生活費の支給があわせて行われることから、安心して職業訓練、スキルアップに集中できる点に意義がある。いいかえれば「その場しのぎ」の仕事に携わって「食いつなぐ」必要がない。

一般にはあまり広く知られていないが、これは画期的な制度だ。学校にたとえるならば、授業に出ると、授業料を免除されるのではなく、逆にお金をもらえるというのだから。もちろんそうすると「お金をもらうために、受講する」という人は出てくるので、運用は厳しい。たとえば訓練実施日にはすべて出席することが求められ、たとえ「やむを得ない理由」があっても（！）8割以上出席しなければならないとか……。

Ⅱ．このネタは使えるぞ！

小ネタ①　「クソ仕事」論

「こんな仕事やってて、意味があるのかなあ」
「お客さんがいて、給料をもらえて、それ以上に何がいるの」
「だけどこの仕事、世の中からなくなっても、誰も困らないよね」
「いや、ほとんどの仕事はそうだよ」

人類学者デヴィッド・グレーバー（1961-2020）のブルシット・ジョブ（bullshit-job、いわゆるクソ（どうでもいい）仕事）論というのが、数年来、世界的に（というほどではないが）話題になって、日本でも知らない人はいない

（というほどではないが）ようになった。

　簡単に言うと、現代社会で多くの人は、自分でも本当は要らないんじゃないかと思っている仕事に従事しているという話である。自分自身の仕事の社会的な意義に、懐疑的だというのだ。

　特筆すべきは、世間的には「高度な・専門的な」仕事に就いている人たちが、自分の仕事をブルシット・ジョブだと思っているという点である。

　たとえばM&Aの専門家、テレマーケター、リーガルコンサルタントなどは、きわめて高度かつ専門的な職種だといえる。しかしそれって一体何の役に立っているのかと考えると、もちろん当該企業にとっては死活問題だろうが、仮にその企業や職種の活動に支障が生じても、社会的には大した問題ではない。

　逆にグレーバーは社会的に意味がある仕事として、「バスの運転手や看護師、あるいは清掃係」を挙げる。仮にそれがある種の単純作業であったり、誰でもできる仕事であったりしたとしても、1日が終わった時には、確実に人々の役に立っているというのだ。エッセンシャルワーカーというのにも重なるかもしれない。

　この章でみてきた雇用保険は全体として、離職しても、とにかく再就職することを志向している。「クソ仕事」でも何でもいいから、とにかく働くのが「よいこと」だと位置づけているのだろう。そうやって皆で経済を回していくこと自体に意味があるという考え方ともいえる。

　しかし、いくら経済を回すためとはいえ、自分も他人も意味がないと思っている仕事に多くの人が邁進するというのも些か滑稽な話ではある。

「それにしても「クソ仕事」っていうのもすごい表現だね。ちょっと人
　前で口に出しづらいというか……」
「著書の日本語訳は、『ブルシット・ジョブ──クソどうでもいい仕事の
　理論』ってタイトルになっているよ（岩波書店、2020年〔酒井隆史他訳〕）。
　訳者としては「シット・ジョブ」（割に合わないクソ仕事）と区別する必
　要があり、訳語を模索したものの、同書の文脈からすると「クソ」仕
　事とか「クソどうでもいい」仕事というと、本来の欺瞞というニュア

II. このネタは使えるぞ！　　51

ンスが失われてしまうとも言っている」

「だけどシットもブルシットも日本人には区別つかないよね」

「だから「半ばやけくそで」原題をそのままカタカナ表記でメインタイ
トルにした、と訳者あとがきに書いてあるよ」

「やけくそ仕事⁉」

　ちなみにグレーバーは2020年に急逝した。他に浩瀚な書物もあるのだ
が、どうもクソ（どうでもいい）仕事論が彼の代表的な「仕事」として後世
に残りそうな気配である。

小ネタ②　公務員と雇用保険

ちょっと仕事に疲れ気味のハロワ職員「公務員は雇用保険の適用がないの
　で何も出ませんよ。役所は倒産したりしませんからね、失業はしない
　ことになってるんです」

元公務員「でも私実際今こうして職がなくて、生活困ってるんですけ
　ど！　ただお国のために40年、ひたすら働いたのに……なので1億
　円ください、1億！　いや2億！」

ハロワ「まあでも、その代わり現役公務員時代は誰にもペコペコせずに
　偉そうにしてたんでしょ？　それで差し引きゼロってことで……」

元「とんでもない！　変な人が窓口にいっぱい来るんで大変でした
　よ！」

ハロワ「……よくわかります！（今まさに実感してます！）」

　公務員には雇用保険制度の適用がない。保険料も天引きされないが、仮
に失業状態になっても雇用保険給付はもらえない。適用除外になっている
のは、身分保障があり、民間のように会社が倒産したりとか急に不況にな
ってリストラされたりなどということがないから、ということのようであ
る。確かに失業給付は出ないのだが、退職手当は支給されるのでそれが雇
用保険の代わりをしていることになっている。勤続年数が短い、あるいは

懲戒免職等により手当が減額されたなどの理由から退職手当が雇用保険の水準に達しない元公務員である失業者については、雇用保険給付と退職手当の差額が「失業者の退職手当」として支給される。つまり雇用保険は出ないが、それと同等の給付相当額が退職手当として支払われるので、仮に元公務員が失業状態となっても生活には困らないようになってるよ、ということだ。

しかし、もうちょっと突っ込んで考えるとやはり色々と疑問が生じてくる。まず、公務員でも自発的に辞めることはある。民間の雇用保険が自発的に辞めた人に対しても給付を行っているのはすでに述べたとおりである。会社都合、いや役所都合で辞めさせられる可能性もある。懲戒免職や、能力不足等を理由とする分限退職は（どれだけ発動されるかは別として）正式な制度として存在する。また、雇用保険法上「解雇等により離職した者」と扱われる、長時間労働やハラスメントがヤバすぎて退職（意訳しました）ということももちろんありうる。また公務員は倒産のリスクがないというなら、民間だって大企業であればそのリスクはそれほど高くないはずだ。しかしそういうリスクが低い人も、高い人と一緒に強制加入させる。それが社会保険制度であったはずである。

また、退職手当でカバーしているから、というのもよく考えるとおかしい。なぜなら、その退職手当は公務員が退職して失業状態にならなかった場合にも支給されるものだからである。民間でも多くの企業には退職金制度があるが、退職後失業状態になった場合はもちろん退職金とは別に雇用保険をもらえる。公務員の退職手当は民間と違ってそもそも失業手当としての役割が主なのだ、ということなのだろうか。

さらに、在職中も、スキルアップのために使える教育訓練給付の受給ができない。公務員はそんなこと考えずに公務に邁進せよということだろうか。この問題、もちろん公務員制度全体の見直しの中で考えるべきことではあろうが、ここだけ切り取ってもいろいろ問題があることがおわかり頂けたであろう。

小ネタ③ 「失業」の意義

やや有名YouTuber「失業したので雇用保険もらいに来ました！」
ハロワ職員（夜はネット三昧）「えっと、でも結構ネットで稼いでらっしゃいますよね？　よくみてるんですよ！」
YouTuber「いやでも確かに会社はクビになったんですよ！　それにネットなんて全然儲からないです、収入ゼロの月だってありますから」

「失業」とは、法律上の定義としては、離職し、労働の意思と能力があるのに、職業に就くことができない状態にあることである（雇用保険法4条3項）。この要件を全部満たすと、失業給付を受けることができる。「職業」とは、どこかの会社に雇われること、すなわち「雇用」はもちろん含むが、それに限られない。会社の役員に就任するとか、YouTube配信のようなフリーランスの自営業を始めた場合も「職業」に就いていることになる。

では、収入がゼロであった場合はどうか。どこかに雇われている場合はさすがにどんなブラック企業のアルバイトでも給料ゼロということはないだろう（あったらすぐ労働基準監督署に連絡を！）が、自営業の場合はありうる話だ。YouTuberにはなってみたものの、誰も動画をみてくれないかもしれない。あるいは、一応お金のもらえる仕事はしたが報酬が支払われるのはちょっと先、ということも自営業では珍しくない。テレビに出ている芸人さんの世界では、報酬支払いは2か月後というのが相場らしい。収入がゼロで生活ができないのだから、「失業」状態にあるとして給付をしてあげてもいいような気もする。

しかし残念ながら？現行法ではこのようなケースで失業給付を受給するのは難しい。裁判例や行政解釈によれば、雇用保険法にいう「職業に就く」とは、「報酬等の経済的利益の取得を法的に期待しうる継続的な地位にある」場合をも含む。つまり、結果として報酬を得られなくても、報酬を得ることを目指して継続的にビジネスをやっている以上それは「職業」であり、失業状態とは言えないのだ。ある裁判例（岡山職業安定所長事件・広

54　第2章　リストラされたら雇用保険

島高岡山支判昭和 63・10・13 労判 528 号 25 頁）は、会社の役員は委任関係であり法律上当然に報酬を伴うものではないし、自営業もそれを開始した時点において収益の見通しが確実なわけではないが、なお職業に就くことに当たると述べている。

　要するに、本当に名目的にただ役員の名前を貸しているだけで全く仕事をせずかつ報酬も全く受けないことが確実というような場合でもない限りは、会社役員でも自営業でも、収入の有無とは関係なく、「職業に就く」を満たすことになる。いまいち人気の出ない YouTuber でも、それで報酬を得ることを目指してせっせとつまらない動画を毎日上げ続け、「YouTuber やってます」と自ら名乗っている限りは、職業に就いていることになるので、雇用保険給付をもらうことはできない。やはり雇用保険制度は、単に所得の喪失をカバーするだけでなく、仕事をする、実際に働く、そのこと自体を助けるための仕組みと位置づけられている、ということだろう――え、そんなのハローワークに内緒にしておけば大丈夫だろうって？　確かにそうだが、それは立派な詐欺である。それにハローワークの職員だって YouTube 見まくってる可能性大いにあるよ、見つかっちゃうよ！

Ⅲ.「労働法の方から来ました」

1. 労働市場の法政策と雇用保険

　とりあえずたとえる教師「労働市場という概念があります。要は労働力を売り買いする場ですね、魚市場とか青果市場をイメージするとわかりやすいかもしれません……」
　ある意味純粋なネット大好き学生「魚や野菜と一緒にするな！　人間は物ではない、奴隷ではない！　けしからん！　ネットで炎上させてやる！」

確かに人間は魚や野菜とは違うのだが、しかし人間がその生身の体と頭を使って働き、それをお金に変えるという仕組みがある以上、労働力を取引する場所、すなわち働き手を探す企業と働く場所を探す個人をマッチングする場として、労働市場という概念を立てるのはそれほどおかしなことではない。経済学においてこの労働市場を主たる考察対象とするのが労働経済学である。また労働法学においても、比較的新しい分類ではあるが、「労働市場の法」というカテゴリーが存在する。ちなみに労働「いちば」ではなく労働「しじょう」である（「いちば」だと本当に怪しげな人身売買のニオイが……）。

　求人誌を見てアルバイトを始める、知り合いの紹介で再就職する、ハローワークに求人票を出す……いずれも、多くの人がごく普通に経験するであろう、労働市場におけるマッチングの1つの局面である。そして雇用保険制度は、この労働市場をうまく機能させるための仕組みという側面を持っている。

　労働市場での雇用保険制度の役割は大きく2つ。第1に、いったん仕事を離れて別の仕事を探す人、すなわち失業者に保険給付を支給しその生活を支えることである。生活に困っているのを助けるため？　もちろんそれもあるが、それだけではない。もしこの給付がなかったらどうなるか。

突然失業し焦りまくる若者「もう給料入らないし、貯金もないから早く就職しないとマズいぞ」

いつの時代もいる悪いオッサン「兄ちゃん兄ちゃん、時給1,000円の肉体作業があるんだけど、やらないか？」

焦る若者「うーん、これまでの経験からすれば、もうちょっと時給のいい仕事もできるよな……」

オッサン「いやまあ無理にとは言わないよ、他にもやりたいヤツはいるからね」

若者「やりますやります！　背に腹は替えられないよ……」

　もっと高度で給料の高い仕事をする能力を持っているのに、切羽詰まっ

て給料の低い仕事に甘んじる。あるいは雇う方に足下を見られて買い叩かれてしまう。しかし当面の生活費が雇用保険から支給されれば、労働者は自分を安売りせずにじっくりと就職活動をすることができ、その結果自分の能力に見合った仕事に就くことができる。労働市場はそうあるべきだ、だから失業者に雇用保険を支給しよう、というのが現行法の考え方なのである。

第2に、失業者の生活保障だけでなく、それ以前にそもそも労働者が失業しないようにすること、つまり失業の防止も雇用保険制度のもう1つの役割である。たとえば前述の教育訓練給付（→Ⅰ.8.(1)）は、労働者や離職者が、自ら費用を負担して厚生労働大臣指定の教育訓練講座を修了した場合、その費用の一部を支給するものである。自ら選んだ教育訓練を受けることで個人の職業能力がアップし、その結果失業しづらくなる、あるいは新しい仕事に就きやすくなる、という効果を狙った仕組みだ。また、雇用保険事業の雇用安定事業として実施されている雇用調整助成金は、景気の悪化で仕事がなくなったが労働者を解雇せずに一時休業という形で対応し休業手当を支払う企業に対し、その支給費用の一部を補助するものである。

この第1と第2の柱は相互に関連している。第2の柱によって労働者の雇用が安定すれば、失業が少なくなり、それによって第1の柱も財政的に安定するというわけだ。いや、話は雇用保険制度の中だけにとどまらない。雇用を基礎として成り立つ、被用者保険制度全体に関わる問題ともいえる。労働市場において雇用が不安定となり、失業が増えれば、保険料を負担する被保険者が減り、被用者保険制度の財政基盤が不安定になってしまう。そうならないように失業を防止し、社会保障制度の中核をなす被用者保険制度を安定させる。それも雇用保険制度の役割なのである。

ただ2012年からの自公政権下では、「日本再興戦略」などでもうたわれたように、従来の「雇用維持型」の労働市場政策から、労働移動支援型政策への転換が図られた。平たく言えば、無理して企業に雇用を維持させるのではなく、円滑な転職活動をサポートしよう、その方が経済も活性化するし、結果的に労働者のためにもなる、という発想である。その流れで解

雇規制緩和の議論なども始まったわけだが、雇用保険事業においても、労働移動支援助成金（リストラした労働者の転職支援を再就職支援会社に委託した場合に支給される）の支給対象が拡大される一方、雇用調整助成金の支給水準等の引き下げがなされた。もっともコロナ禍で雇用調整助成金の支給対象は再び拡大された。アフター・コロナの時代にどのような労働市場政策の方向性が示されるのか、注目である。

2. 辞めたのか、辞めさせられたのか

年功だけで偉くなった人事部長「会社も最近厳しくてね、申し訳ないけどさ、辞めてくれないかなあ」

闘う労働者「いやです！　辞める理由なんかないので、絶対に辞めません。どうしてもっていうなら、クビにしてください」

年功のみ部長「解雇はそんな簡単にできないんだよ……それにさ、クビって正面からなかなか言いづらいだろ、こっちの立場も考えろよ！」

なんとなく感覚として皆がわかっていることだが、日本では労働者をクビにするのは簡単ではない。解雇には客観的・合理的で社会的に相当な理由が必要とされており（労働契約法 16 条）、裁判所での判断もかなり厳格である。リストラによる解雇、すなわち整理解雇はいわゆる 4 要件とか 4 要素と言われる高いハードル（人員削減の必要性、解雇回避努力義務など）をクリアする必要がある。また労働者の能力不足を理由とする解雇も、単に仕事の出来がいまいちだから、だけでは解雇は有効とされない。パフォーマンスを改善するための指導や訓練をちゃんとやったか、他にできる仕事はなかったのか、などの厳しいチェックがなされる。それでも「法律なんかクソ食らえ！　裁判なんか知るか！」と開き直っている会社では大した理由もなく突然クビ、みたいなこともあるだろうが、それも裁判所など出るところに出れば確実にアウトである。もっともこれは無期雇用の正社員限定の話であり、有期雇用の非正社員だとこれほどの保護はない。だからこそ、

58　第 2 章　リストラされたら雇用保険

昨今正規・非正規の格差が問題になっているわけだが。

　とにかく、基本的には正社員限定だが、解雇は難しい。要は雇用が安定しているということであり、それはそれでいいことである。常に雇用の不安に怯えながら働くというのは結構なストレスだ。ただし、やはり世の中いいことばかりではない。いいことがあれば悪いこともだいたいセットだ。解雇が簡単にできない、雇用が安定している、そのことの裏返し、副作用と言える問題も起きている。その１つと言えるのが、パワハラやいじめなどによる違法な退職勧奨である。

　こいつちょっといまいちだなー、という社員がいても、クビにするのは簡単ではない。法律が厳しいから、というのもあるが、そもそもよっぽど悪いことでもしない限り解雇はしない、という前提で人事管理をしているので、解雇をするノウハウもないし、その準備もしていないのだ。それこそまさに法律が厳しいことに起因するのかもしれないが。とにかく、多くの会社は解雇になれていない、だからできないし、したくないし、する気もない、のである。

　ではどうするか。そこで、解雇じゃない形で、退職勧奨、いわゆる「肩たたき」をして「自発的に」辞めてもらえばいいじゃないか、ということになる。これなら解雇ではなく自主退職なので、解雇に関する面倒な規制はかからない。ただ労働者が勝手に辞めるだけだから。

　もちろん、退職勧奨自体は違法ではない。あくまでも「辞めてくれないかなあ」というオファー（退職金の上乗せがセットでついていたりもする）なので、労働者はそれがいやなら「いえ、辞めません」と言えばいいだけの話なのだから。しかし現実には、この退職勧奨が度を超えて行われるということが多々ある。恫喝して辞めさせる、パワハラやいじめで、あるいは「追い出し部屋」に隔離して退職届提出に追い込む……これらはもちろん違法な行為だ。ただし会社側もバカではないので、あまりに露骨なことはしてこない。明らかに度を超えたハラスメントや、騙したり脅したりといういかにもアウトな行為ではなく、ギリギリのところを攻めてくるはずだ。裁判になれば勝てる可能性もあるかもしれない、でも絶対ではない。そんな感じの退職勧奨をされたら、労働者としては結局応じてしまうことも多

Ⅲ.「労働法の方から来ました」　　59

そうだ。

このような状況に配慮して——なのかどうかはわからないが、とにかく雇用保険制度はこのような状況をある程度カバーしている。前述のように、失業給付の日数は退職事由、すなわち辞め方によって変わり、倒産、解雇等による離職の場合にはより有利な給付日数が適用される。そして解雇「等」には、「上司、同僚等からの故意の排斥又は著しい冷遇若しくは嫌がらせを受けたことによって離職した者」「事業主が職場におけるセクシュアルハラスメントの事実を把握していながら、雇用管理上の必要な措置を講じなかったことにより離職した者」「事業主から直接若しくは間接に退職するよう勧奨を受けたことにより離職した者」なども含むとされている（雇用保険法22条・23条参照。ハローワークのウェブサイト上でも明示されている）。

不当なパワハラで会社を辞めざるを得なくなっても大丈夫、雇用保険はちゃんと解雇と同様に扱ってくれますよ！　ということであり、それはそれでよいことかもしれないが、しかし本当は、そういう不当な退職勧奨や追い出し行為がなされないようにすることの方が大事なのは言うまでもない。立法的な解決も考えられるが、とりあえずは労働者が声を上げやすい環境、出るところに出やすい社会にすることが大事だろう。

3. 離職票をめぐるトラブル

ハロワ窓口「雇用保険の申請ですね、では離職票を提出してください」
失業初心者「リ、リショクヒョウ？　それは会社が出すものなんですか？」
窓口「会社経由でもらうものですが、発行の主体自体は公共職業安定所所長、つまりここハローワークになります」
初心者「そっちが自分で発行したものをまたそっち宛に出せって、ずいぶん無駄な手続きするんですね！」

雇用保険給付を受け取るには、会社から離職票という書面をもらう必要

がある。上記の会話にあるように、正確にいうと、この労働者が辞めました、という通知を受けたハローワークが、法定の確認作業を経た上で会社経由で退職者に交付する書面である。会社を辞めた労働者は、この離職票をハローワークに提出して求職の申込みを行うことで、雇用保険給付を受けられるようになる。その意味で大事な書類であることは間違いないが、単なる手続的な書類であることも確かだ。ところが現実には、この離職票の発行をめぐってトラブルが起きたり、そこに記載された事項の解釈が裁判で問題になったりと、手続書類にしてはなかなかのドラマを生み出している。

しばしば起こるのが、会社がこの離職票を交付してくれないというトラブルだ。担当者がルーズだから、ということもあるだろうが、辞めて欲しくなかったのに、あるいは揉めに揉めて退職したために、会社が意地悪をして意図的に離職票を出さない、というケースもあるようだ。オマエなんか、雇用保険給付をもらえないようにしてやる！　という嫌がらせなわけだが、これは場合によっては社会的相当性に欠ける行為として会社の不法行為と評価されうる。実際ある事件では、労働者が退職金の一部放棄を拒否したことなどの不当な理由で速やかに離職票を発行しなかった会社の不法行為責任が認定され、慰謝料請求が認められている（ナガベア事件・長崎地判平成26・9・24LEX/DB25504773）。ちなみに会社からこのような嫌がらせをされている場合には、ハローワークにその事情を話せばやむを得ない理由があるということで、離職票なしでも手続を進めてくれるようである。

解雇や退職をめぐるトラブルで、離職票の記載やその交付の意味が問題となることもある。たとえばある事件では、労働者が離職票に署名押印していたことが、自己都合退職するという意思であったことの証拠となると判断されている（ライオン交通事件・東京地判平成23・3・30労経速2106号25頁）。しかしもちろん、常に離職票の記載どおりの事実認定がなされるわけではない。様々な周辺事情とセットでの総合考慮である。また、解雇を通告された労働者が離職票の交付を求めたり、それを異議なく受け取ったりしていたとしても、それだけで解雇を受け入れ退職に合意したことになるわけではない。それは当面の生活費のためやむを得ずしたことであり、労働者

はなおその後も解雇の効力を争えるという判断をした裁判例も複数ある（千種運送店事件・千葉地判平成4・3・25労判617号57頁、相互タクシー事件・大阪地判昭和33・6・12労民集9巻3号353頁）。

　要するに、離職票の記載ですべてが決まるわけではないが、しかししばしば退職をめぐるトラブルでは主に会社側の主張を根拠付ける証拠として援用されるということである。そしてなぜこのように離職票が分不相応に？活躍してしまっているかを突き詰めると、労働契約の終了、とくに解雇以外の自主退職（ちょっと専門的に言うと、合意解約や辞職）について、労働契約法などに定めが一切ないことに行き着く。諸外国には、自主退職の場合も書面の交付を義務付けるとか、1週間は退職届を撤回できるとか、そういうルールを法律で定めているところもある。しかし日本にはそのような規定がないため、自主退職をめぐる紛争は最終的には裁判所による当事者の意思解釈の問題として処理されることになる。本当は、諸外国の立法例も参考に自主退職に関する手続を法定した方がトラブルの事前防止にもなるし、離職票も本来のポジション？に戻れるのだが。

Ⅳ．物好きなアナタに——文献ガイド

○E・アンデルセン（岡沢憲芙・宮本太郎監訳）『福祉資本主義の3つの世界』（ミネルヴァ書房、2001年）
　　雇用と社会保障の関係を本格的に考えたい人にはこの本を。童話作家のアンデルセンは『マッチ売りの少女』を書きながら、こんな研究もしていた……のではなく、もちろん別人（しかしどちらもデンマーク語では「アナスン」と発音される）。福祉国家の3分類（自由主義型、保守主義型、社会民主主義型）が有名だが、そのベースには労働への見方の違い（いわゆる脱商品化論）がある。

○濱口桂一郎『ジョブ型雇用社会とは何か』（岩波新書、2021年）
　　雇用のあり方に関して、最近しばしばいわれる「ジョブ型・メンバーシップ型」というのが気になる人にはこの本を。この2分類を主唱した論

者が、巷の誤用を糾弾しつつ、改めて丁寧に説明する。とても分かりやすい記述である一方、小見出しからして「上級国民はハローワークを使わない」、「リカレント教育が暇つぶし教室になるわけ」等々、なかなか挑発的。

○市野川容孝他『労働と思想』（堀之内出版、2015年）
　雇用の話になると、すぐにハンナ・アーレントの「仕事と労働の違い」とか、小難しいことを言い出す人がいるが（他人事ではないか）、そういう輩に対抗するならこの本を。ルソー、マルクスからデリダ、ジジェクまで、22人の哲学者や思想家などの小難しい労働論が紹介されているので、これらを押さえておけば、「ハンナ・アーレントだけじゃダメでしょ」と切り返せる。

○林健太郎『所得保障法制成立史論──イギリスにおける「生活保障システム」の形成と法の役割』（信山社、2022年）
　社会保障法的な観点から、雇用の問題を考えてみたいという人にはこの本を。人間は働いて、稼ぐのが当たり前なのだというモデルの裏側に社会保障がひっついていることを、歴史的に解明し、さらに将来を展望する560頁に及ぶ大作。林氏は才能あふれる若手だが、大変忙しいのに、この本の内容にも数々の有益なアドバイスをしてくれた。

○森戸英幸・小西康之『労働法トークライブ』（有斐閣、2020年）
　広く労働法関連の書籍は専門書や教科書はもちろん新書的なものもたくさん出ているが、トークライブ形式（要は対談だが）で現在ホットな労働法上の問題を議論してみようというチャレンジングな本。共著者の1人がお堅い出版社に試しに企画を出してみたら何かの拍子に通ってしまったらしい。なんでもやってみるもんだという一例。

○森戸英幸『いつでもクビ切り社会──「エイジフリー」の罠』（文春新書、2009年）
　これまた共著者の1人がかつて出した新書。タイトルで狙いすぎてリストラ指南書だと思われた。「年齢にかかわらず働ける社会」というのはいい響きだが、そんなにいいことばかりでもないのでは？　と冷めた視点で論じている。残念ながらもう絶版らしい。一時期はAmazonで送料別

Ⅳ．物好きなアナタに　　63

> ゼロ円で売っていた。ゼロ円ってなんだよ！　時代を先取りしすぎたか。

アウトロ──雇用保険の「出る幕」

　「約束の時は来たんだ。君はここを離れなければならない。気の毒
だとは思うが。金を受け取ってくれ。とにかく、君は出て行かなけれ
ばならないんだ」
　「出て行かない方がいいと思います」彼はじっと背中を私に向けた
まま、答えました。
　「そうしなければならないのだ」
　彼は黙ったままでした。
　「バートルビー」私は言いました。「君には給料として十二ドル払わ
なくてはならない計算だが、ここに三十二ドルある。余分の二十ドル
も君のものだ。受け取ってくれるね？」そして私は彼に紙幣を手渡そ
うとしました。
　けれども、彼は動きませんでした。

　　　　　　　　　　　　メルヴィル「書記バートルビー」より†

　不条理文学の先駆けともいわれるメルヴィルの「書記バートルビー」（初出
は 1853 年）では、仕事を一切せずにクビになった書記のバートルビーが、
職場から出て行こうとせず、賃金や退職慰労金の提示も拒み、ついには雇っ
ていた方が追い詰められてビルから出ていく羽目になる。
　この奇怪な話については、多くの解釈がされてきた。しかしメルヴィルに
そういう意図はおよそ無いだろうが、「仕事をせずに、職場にずっといるだ
け」というのは日本の旧来の会社のあり方を想起させる。典型的には「窓際
族」がいて、また上司がいるので帰れない若手がいて（つきあい残業）、さら
に死語に近いが「職場の花・腰かけ OL」なんという言葉もある。日本では、
しばしば従業員は会社に「ただ居る」存在であった。
　資本主義社会において、雇用システムは重要であり、そこに入っていられ

るか、そこから除外されるかは人々の死命を制する。だからそこにかかわる雇用保険（失業保険）も非常に重要なはずだ。

　しかし日本では終身雇用があり、正社員が一方的に解雇されることは稀で、失業率は高くないし、雇用保険はあまり「出る幕」がなく推移してきた。実際、雇用保険のあり方が国民的な関心を引くことはあまりなかったし、保険料は近年引き下げられるくらいだった。

　アメリカ型の経営では株主利益が重視されるが、日本型経営にあってはむしろ従業員が大切で、その意味でも日本は「会社社会」だった。しかしそこは急速に変化しつつある。いわゆる日本型雇用の変貌であり、たとえば転職は当たり前になった（ちなみにこの本の著者らも所属が変わることが多く、それでこの本の執筆も大いに遅れた）。

　だから日本でも、「会社に所属する」というのとは独立した形で、「働く」ということ自体の意味が、はじめて問われるようになったともいえる。

　そのなかで雇用保険はどういう役割を果たすことが期待されるのだろうか。従来型の正規雇用こそ「あるべき姿」で、制度はそれを後押しすべきなのか。それとも雇用の多様化を推進すべきで、そこに制度もあわせていくべきなのか。さらには雇用という労働形態にこだわる必要はどこまであるのだろうか。雇用保険のあり方を考える際には、同時に、雇用のあり方自体について考える必要があるのだろう。

　何もせずに職場に居続けた書記バートルビーは、警察によって浮浪者として刑務所に送られた。働かないことは、やはり罪なのだろうか。

†　メルヴィル（牧野有通訳）『書記バートルビー／漂流船』（光文社古典新訳文庫、2015 年）

Ⅳ. 物好きなアナタに　　65

第3章
職場のケガには労災保険

イントロ

　職場でケガをした。仕事が原因で病気になった。そんなときに頼りになるのが「ロウサイ」だ。そう、なんだかんだ言っても長年連れ添った2人。弱ったとき、困ったときこそ老いた妻が頼りだ……ってそれは「老妻」だ。いやもちろん老妻は捨てがたい、じゃなくて老妻の「魅力」（これを入れ忘れたら怒られるぞ！）も捨てがたいのだが、それは金婚式あたりで「老夫」（形だけのギリギリ男女共同参画すいません）の魅力とともに勝手にいや存分に語ってもらうことにして、とりあえずこれから説明する「ロウサイ」は、労働者災害補償保険法に基づいて実施されている、労災保険制度のことである。

　ということで生身の人間じゃない方のロウサイ、なんとなく耳にしたことがある人も多いのではないだろうか。そういえば、巷には労災病院とかいうのもあったりするよね（ちなみに労災事故にあった人しか診察してくれないわけではないようだ）。労働による災害、要は職場でのケガや病気に対する補償を主たる役割とする社会保険制度である。

　待てよ、会社でのケガや病気の補償？　自分は会社員だけど、風邪引いたとか花粉症堪えられないとかのときは保険証持って医者行くよな、あれって労災保険じゃなくて確か健康保険だよな？　あれとは違うよね？──その通り、それは別の制度だ。会社員の健康保険、それから自営業者などそれ以外の人の国民健康保険、これらの医療保険制度については次の第4章で詳しく説明していくが、さてこれら一般の医療保険と労災保険はどう違うのだろう。そもそもなんで両方必要なのか、どちらが先にできたのか、場合によっては両方もらえちゃったりするのか、得な方を選んだりしていいのか──そのあたりの素朴な疑問に答えつつ、以下では労災保険制度の全体像をできるだけ

わかりやすく解き明かしていこう。

I. キホンのキホン

1. 労災保険と健康保険

　労災保険は、仕事上のケガや病気などに際して給付を行う仕組みであり、正式名称は「労働者災害補償保険」という。長い名称だが、労働者の災害を補償する保険制度、という意味だ。法律としては労働者災害補償保険法で規定されている。この補償という言葉には、「保障」とは違って、損失を穴埋めするというニュアンスがある（→Ⅱ.①）。この労災保険は、雇用保険とともに「労働保険」としてひと括りにされる。すなわち全国民が対象というわけではなく、基本的に雇用されている人だけが対象である。

　　治療費が心配な労働者「仕事で指切っちゃったんで医者行ったんですけ
　　　ど、保険証出したのに健康保険は使えないって言われたんです……お
　　　かしくないですか？」

　しかし安心して欲しい。決して治療してもらえないわけではない。仕事を原因とする、つまり「業務上」の病気や怪我の場合は労災保険、それ以外の「業務外」の場合が健康保険、というキレイな線引きがなされているのだ。それぞれの「縄張り」ははっきり分かれているので、両方とも使えるということはない。仕事で指を切ったのは通常は業務上の怪我であるから、健康保険の保険証を使う場面ではない。そこは労災保険の「縄張り」となる。

　　細かいことを聞きたがる学生「健康保険が先にあって、あとから労災保険
　　　が分かれてきたんですか。それとも労災保険が先にあって、健康保険
　　　があとからできたんですか」
　　それくらいならなんとか答える教授「いい質問だ。労災保険や健康保険の

68　　第3章　職場のケガには労災保険

起源であるドイツのビスマルクの時代を振り返れば、ほぼ同時ではあるのだが、最初に出された労災保険の法案が当時の帝国議会で紛糾して、議会の改選後、結果として健康保険の方が……」

学生「あー、なんか、もういいです。日本ではどうなんですか」

待ってましたの教授「いい質問だ。1947 年の労災保険法に先立って健康保険法は制定されていたのだが、実はそれ以前から工場法や鉱業法では労働者への扶助責任を定めていて、また健康保険も適用されない日雇労働者については労働者災害扶助法が……」

　いろいろ経緯はあるが、いずれにせよ現在は病気やケガに対して日本ではこの労災保険と、第 4 章でみる医療保険の二刀流（最近この表現を無理に使いたがる）で対処している。

　労災保険と健康保険の違いは何か。細かい違いは本章と次章で確認して欲しいが、ひと言で言えば、労災保険の方が給付が非常に手厚く、その他の点でも労働者に有利にできている。だからこそ労災と認定されるかどうかが非常に重要な「運命の分かれ道」であり、しばしば紛争の元となる（→7.）。

　たとえば（というには極端な例だが）労働者が不幸にして自殺した場合、健康保険からはせいぜい埋葬料がでるくらいである（民間の生命保険でも、免責事由に該当して何も支払われないことが多い）。しかしこれが会社の過重な労働やパワハラにより自殺した、つまり仕事が原因の「業務上」の死亡であると認定されれば、労災保険から少なからぬ金額の遺族補償年金などが給付される。

　ここで改めて労災保険法の目的規定（1 条）をみてみよう。「労働者災害補償保険は、業務上の事由又は通勤による労働者の負傷、疾病、障害、死亡等に対して迅速かつ公正な保護をするため、必要な保険給付を行い、あわせて、業務上の事由又は通勤により負傷し、又は疾病にかかつた労働者の社会復帰の促進、当該労働者及びその遺族の援護、労働者の安全及び衛生の確保等を図り、もつて労働者の福祉の増進に寄与することを目的とする。」と書いてある。

Ⅰ．キホンのキホン　　69

例によって長ったらしいが、「業務上」というキーワードがしっかり入っている。また、これから説明していくが、それと「あわせて」労災保険制度は他にもいろいろなことをやっている。

2. 労災保険が対象とする業務災害リスクとは

労災保険の前提としてあるのは、事業主から従業員に対する災害の補償責任である。これは、労働者を雇う事業主は、それによって利潤を上げている以上、その労働者の仕事に伴う病気やケガに対して責任を負うべきだ、という考え方に基づく。労働者が会社のために危険な作業をして業務災害に遭ったということであれば、そういう作業を命じた会社がその治療費等を負担するのは当然だ、という意味合いだ。これを社会保険の仕組みにしたのが労災保険ということになる。

もっともこれは、必ずしも事業主が「悪い」という意味ではない。たとえば鉱山が崩れて炭鉱労働者が事故に遭ったという場合でも、それは自然や地形の状態にも関わり、事業主としてもどうにも防ぎようがない事故だったかもしれない。

　労働組合「落盤事故で仲間が埋まってしまった！　どうしてくれるんだ！　事故を防止する義務が会社にはあるはずだ！」
　経営者「できるだけのことはしていたつもりですが、落盤事故がいつどこで起きるか、正確に予測するのはなかなか難しいので……」

それでもそのような労働者のおかげで会社は成り立っているわけだし、また法的な過失は証明できないまでも、事故対策や健康管理など何か対応が取れるとしたら、それは事業主側であったといえるし、せめて事後的な金銭的補償くらいは会社にしてほしいところである。そこで、これを（過失がなくても）事業主側の補償責任と構成するという方法が浮上する。

これを受けて、さらにそのような事業主の潜在的な補償リスクを保険によってカバーする仕組みとして、労災保険が作られている。だから労災の

保険料は、事業主がその全額を負担している（→ 4.(1)）。

3. 対象（事業主、労働者）と保険者、財源

　労災保険では、基本的にすべての事業主、従業員が対象となる。労働者であれば、パートタイマーや外国人なども対象となる。他の社会保険では「被保険者」という概念が用いられているが、労災保険では「労働者」だ。補償責任の「対象」ではあるが、保険料を負担しないためでもある。なお公務員は別の法律（国家公務員災害補償法、地方公務員災害補償法）でカバーされている。

　また自営業者や中小事業主なども、一部は特別加入という形で任意加入できるようになっている。ただこの範囲については、労働形態の多様化に伴い、フリーランスなどへの拡大が進んでいる（→Ⅲ.2.）。

　労災保険の保険者は国であるが、具体的な事務や労災認定は労働基準監督署が行う。

4. 保険料

　労災保険の保険料は、「賃金×労災保険料率」で算定される。すでにふれたように、雇用保険と一括して徴収される。ただ他の社会保険（→第1章Ⅰ.4.）とは異なる特徴がある。以下では3つを挙げる。

(1) 保険料がすべて事業主負担である

　この点は、他の多くの社会保険が従業員も保険料を負担しているのと大きく異なる。労災保険が企業の補償責任を共同化・保険化したものだと考えれば、その保険料は潜在的な加害者（＝企業）が出すのが当たり前で、被害者（＝労働者）がそれを負担するのはおかしい、とは言えるだろう。たとえば「あなたを殴っちゃったときに、その治療費を賠償するための保険に入るので、あなたも保険料を出してくださいよ」といわれて納得する人はいないということだ。

Ⅰ. キホンのキホン　71

ただしこの点については、「従業員負担があろうがなかろうが、結局同じことではないか」との議論がある。

事業主「労災の保険料は全部、会社が払ってるんだから、ありがたく思ってほしいなあ」

労働組合「労使折半でもいいですよ。その分、給料増やしてくれるなら」

事業主「それじゃ一緒じゃないか。そういうのを全部含めて、人件費をいくら出すかをまず決めているんだから」

労働組合「だったらそもそもこちらがありがたく思う必要もないじゃないか」

(2) 保険料率が、業種によって細かく分けられている

これも他の社会保険ではみられない特徴であり、労災保険では危険度が高い業種、業務災害が起こりやすい業種では、保険料率を高く設定している。そうでないと不公平になってしまうからである。具体的には54の業種で、0.25～8.8% に細かく分けられている（2024年度）。

(3) 事故の発生率により、以後の保険料率が上下する

これはメリット制といって、やはり社会保険では労災保険だけの独自の仕組みである。すなわち事故が多く発生すると、保険料が上がり、逆であれば保険料が下がる。過去3年の実績をもとに、40% の範囲で料率が上下する（実際の計算はチョー複雑である）。

このような仕組みにしておけば、事業主が「別に事故が起きてもいいや。どうせ保険がおりるから」などと考えたりしないし、逆に事故を起こさないように努力する（安全対策や健康管理を重視する）ことが期待できる。何しろ保険料の負担は、もっぱら事業主だからである。もっとも、法の建前としては、メリット制はインセンティブやサンクションではなく、あくまで保険財政の均衡を保つための仕組みという表現になっている（労働保険の保険料の徴収等に関する法律12条2項参照）。

ただこの仕組みは、別の問題を引き起こす可能性がある。労災保険の対象となる業務災害が発覚すると、保険料が上がってしまうので、悪どい企業が本来労災のはずの事故を労災保険ではなく医療保険の方で処理させようとするのだ。これがいわゆる「労災かくし」である。

社長「これ、たぶん労災事故なんだけど、だまっていてくれない？」
従業員「労災認定されると、来年の保険料が上がるからでしょ？　それって労災かくしですよ！」
社長「いや、そうじゃなくて、実は、そもそも労災の保険料を払っていなくて」
従業員「雇っていること自体を隠してたのか…」

5. 労災保険の保険給付

業務災害と認定された場合には、いろいろな種類の給付がなされる。すでに述べたように、これらは健康保険に比べ非常に手厚い。

(1) 療養補償給付

代表的なのが療養補償給付である。文字どおり仕事による病気やケガの治療費等をカバーするものだ。労災保険法13条では「療養の給付」ないし「療養の費用の支給」としている。

仕組みは医療保険（→第4章）とほぼ同様だが、給付内容に大きな違いがある。すなわち治療費が全額カバーされ、窓口負担がない（通勤災害では200円だけを負担）。なお労災指定病院でない医療機関ではいったん費用を支払う必要があるが、あとで全額償還される。

学生「大変だ、突然教室の天井が落ちてきて、みんな天井の下敷きに！　……あっ先生、大丈夫ですか」
先生「いたたた。でも僕は労災だから負担ゼロ。君らは3割負担」

I. キホンのキホン　　73

これだけでも大きな違いだといえる（老朽化した校舎を放置した大学が別途損害賠償責任を負うかもだが）。たとえば同じように階段で転んで大ケガをしたとしても、それが仕事や通勤とも関係ない場面であれば、医療機関で3割負担となるのに対して、仕事中の転倒であれば、労災保険が適用されて、負担なく医療機関にかかれるのである。なのでどうせ転ぶなら職場で……ではもちろんない、転ばないのが一番！

（2）休業補償給付

業務災害の療養のため会社を休まざるを得なくなり、賃金を得られなくなったときには、従前（過去3か月）の賃金（1日あたりの平均賃金である給付基礎日額）の約8割（本則上は6割だが6.でみるように特別支給金として2割上乗せ）が、休業4日目から支給される。

（3）障害補償給付・傷病補償年金・遺族補償給付・介護補償給付

障害補償給付（年金・一時金）は、傷病が直ったが、障害が残った場合に支給される。障害が残る分、治癒した後も、得られる収入にいわば制約がかかるので、その補償と考えることができる。それぞれ障害の程度に応じて年金や一時金が支給される。

傷病補償年金は、1年半経過しても傷病が直らず、かつ障害の程度が重い場合に年金として支給される。障害の程度が軽い場合には引き続き休業補償給付が支給される。

業務災害により死亡してしまった場合は、遺族補償給付（年金・一時金）が給付される。大きなケガなどであれば、多くの治療費がかかるところ、死んでしまうとそのような費用はむしろ発生しないともいえるが、「だったらゼロね」というのもおかしな話で、逆に収入は永遠に失われるわけなので、それらを勘案して遺族への給付が行われる（遺族の数に応じて、給付基礎日額の153〜245日分など）。

さらに介護補償給付もある。これは業務災害により要介護状態になったときの給付である。

役所「ほら、労災保険にはいろいろ給付があって、手厚いでしょう。業務と関係なく死んだときなどには、こういうの何も出ませんよ」

国民「でも業務が理由で死んだときは、会社に損害賠償を求めるのが筋じゃないですかね」

役所「裁判を起こすのも大変だし、会社の故意だ過失だを証明するのも大変です。そもそも労災保険は、会社に故意とか過失がなくても出るんですよ！　業務上でさえあれば」

国民「なるほど、裁判なんかしないで簡単にお金がもらえる方がいいですね」

　しかしそれほど簡単というわけではない。あとで詳しく（→**7.**）みていくことになる。

　なお休業補償や年金については、支給額に賃金スライドが適用される（スライド制については公的年金のところ（→第6章**I.10.**）で詳しく取り上げる）。

(4)　2次健診等給付

　これは、定期健診での診断に応じて行う2次診断や保健指導の給付であり、将来の業務災害を予防する役割を果たす。

(5)　複数就業者給付

　複数の会社で雇用されていた労働者（複数事業労働者）が複数の業務を原因とする災害（複数業務要因災害）にあった場合の保険給付である。これからは副業・兼業も全然OKでしょ！　新時代のトレンドはマルチジョブホルダーだよね！　という社会的・政治的トレンドに乗って（押されて？）2020年改正で導入された。

　複数の会社で働けと国が（一応）後押ししているのに、複数の業務を原因とする災害（たとえば毎日A社で8時間、B社で8時間、合計16時間労働の結果過労でダウンした場合など）が労災にならないのはおかしい、というのが改正の趣旨である。要するに「合わせ技一本」の労災認定ができるようになったということである。

I.　キホンのキホン　　75

なお複数就業者給付の中身は基本的に上記(1)から(4)と同じだが、制度としては別建てになっている。

6. その他の給付

以上の保険給付とはさらに別に、労災保険制度は社会復帰促進等事業と呼ばれるものを実施している（労災保険法29条）。これは雇用保険の雇用保険二事業と類した形で、事故があった際の給付に限らず、幅広い関連事業を行うもので、リハビリ等の社会復帰を促進する事業、労災病院の設置運営、健康診断の助成などが行われている。

とりわけ重要なものとして、特別支給金がある。これは業務災害に際して給付に実質的な上乗せを行うものとなっている。たとえば休業補償給付では、すでにふれたように、従前の平均賃金の60％に加えて20％がこの事業によって上乗せされる。

国民「60％に20％を加えるって……最初から80％って言えばいいのに。こんなことだから分かりづらいんですよ」
政府「いや、60％の方は、労災保険の給付そのもので、保険数理に基づいて厳密に給付されるものなのです」
国民「じゃ、あとの20％は適当っていうこと？」
政府「そんなことはありません。フレクシブルにというか、フリーハンドというか」

実際、雇用保険二事業や、かつての児童手当（→第8章 I. 4.(4)）特別会計などもそうだったが、この手の保険制度そのもの以外の諸事業は、機動的に政策対応できる一方、「お手盛り」的な運営になりがちである、といえなくもないと思わないでもない（歯切れ悪し）。

76　第3章　職場のケガには労災保険

7. 業務災害の労災認定

このように労災保険の給付は手厚いので、事故や病気に際して、それが労災保険の対象となるか、つまり業務災害として認められるかどうかは大きな運命の分かれ道となる。しばしば労災認定を争って、裁判まで提起されるのは、そのためでもある。

(1) ケガの場合

「業務上」のケガかどうかの判定は、なかなか難しい。一般的には、業務遂行性（事業主の支配・管理下で起きたこと）と、業務起因性（業務に内在するリスクが顕在化したと言えること）が実務的な要件とされているが、微妙な判定となるので、きわめて多くの事例がある。

まず「業務遂行性」については、要はケガの発生が「仕事中」のことであったかどうかということである。会社の懇親会や接待ゴルフの際の事故など、仕事とプライベートの中間的な時間に事故が起きた場合に難しい判断となる。

また「業務起因性」については、その仕事をすることに伴う本質的なリスクが現実化してしまった、ということである。たとえば工場で機械を扱う仕事。この機械を使うということは、指を挟むなどケガをするリスクを伴う。そして実際に指を挟む事故が起きてしまった。この仕事をしていなければ、指を挟むことはなかったのに。この場合は業務起因性があるということになる。逆に言えば、仕事をしていようがいまいがその事故のリスクは変わらない、と言えるのであれば業務起因性は否定される。

(2) 病気の場合

病気に関しては、業務起因性だけで判断するのが基本である。ただ、仕事がその病気の原因であることの特定は難しい。たとえば「重労働していた人が、腰痛になった」という事実関係は明らかだとしても、ではその腰痛の原因が仕事である、という因果関係までいち労働者が証明するのは厳しい。

I. キホンのキホン　77

そこで実務上は、いわゆる職業病にあたるようなものは、業務内容とセットでリスト化されており、それに当たる場合には原則として業務上の病気であると判断することになっている。たとえば、「重量物を取り扱う業務」に従事する労働者が「腰痛」になったら「業務上」、あるいは「紫外線にさらされる業務」の労働者が「皮膚疾患」になったら「業務上」などのように。

しかしすべての病気がリストに入っているわけではない。そのような病気の場合は基本的には業務上であることの立証は労働者側の負担となる。

8. 通勤災害

労災保険制度は、業務上の災害だけでなく、業務をするための通勤の途中で起きたケガや病気もカバーしている。自動車で出勤中に事故に巻き込まれた、自転車で駅に向かっていたら転んだ、満員電車で押しつぶされてケガをした。そんな場合でも労災保険給付が出る。通勤災害の場合の各給付の名称は、「療養給付」、「休業給付」のように業務災害の給付の呼称から「補償」を除いたものとなっている。

保険給付の対象となる通勤災害とは、「労働者の通勤による負傷、疾病、障害又は死亡」である。「通勤」とは、労働者が、就業に関し、住居と就業の場所との間の往復「など」の移動を、合理的な経路及び方法により行うことだ。「など」には、たとえば就業場所が2か所ある場合のその間の移動や、単身赴任者が週末に赴任先のアパートから自宅に帰る際の移動等も含まれる。

もちろん、通勤途中ならどんな場合でも給付が出るわけではない。まず、「合理的な経路」でなければならない。基本的には自宅と会社との最短ルートから外れたらアウトだ。

Aが自宅、Cが会社だとしよう。Bの飲み屋で一杯やるために最短ルートを外れた時点でもう「合理的経路」から逸脱したことになるので、それ以降に転んでケガをしてももう通勤災害にはならない。最短ルートを外れて飲み屋に行く途中のY地点で転んだ場合はもちろんダメだが、一杯

78　第3章　職場のケガには労災保険

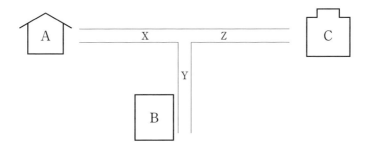

やって最短ルートに復活したあとZ地点で転んだ場合でも通勤災害とは認められない。他方で、飲み屋に行く気満々で歩いていたとしても、X地点で転んだのであればまだ「合理的経路」から外れていないので通勤災害となる。どうせ転ぶなら早めに転ぼう。

しかし最短ルートから外れるのは何も飲み屋やパチンコ屋に寄るときばかりではない。夕食のおかずや日用品の買い出しにスーパーに寄ることもあるし、病院に行くことだってある。そういう日々の生活上不可欠な行為のために「寄り道」した場合も「合理的経路」からの逸脱としてしまうのはちょっとかわいそうだ。と言うわけで、そのような「日常生活上必要な行為」のための「寄り道」の場合には、用事を済ませたのち、最短ルートに復帰してから以降の災害も通勤災害と認められることになっている。上記の図で言えば、Bのスーパーで買い物をするために最短ルートから外れている間、たとえばY地点で転んでも通勤災害とはならない（買い物前でも後でも）。その点は飲み屋に寄った場合と同じだ。しかし買い物後にZ地点で転んだ場合には、最短ルート復帰後なので通勤災害となる。

要するに飲み屋のケースとの違いは、Z地点で転んだ場合に労災保険給付が出るか否かだ。結局教訓としては、①飲み屋に寄った場合はZ地点でよろけても必死に踏ん張るべきだが、スーパーの帰りなら重力に身を任せるのもアリかもしれない、②Y地点でよろけた場合は寄り道の理由が飲み屋だろうとスーパーだろうと歯を食いしばって踏ん張ろう、万が一転んでしまったら這いつくばってでも交差点まで戻ろう……ってダメダメ、そりゃ労災保険詐欺で犯罪だ！

I. キホンのキホン 79

「合理的」でなければならないのは通勤経路だけではない。通勤の方法も「合理的」でなければならない。逆立ちで通勤してたら転んだとかもダメ。飲酒運転ももちろんダメだ。

労働者「出勤途中にガードレールを飛び越えられなくてケガをしましたので、労災を申請します」
労基署「ガードレールを飛び越えようとしてる時点で『合理的な経路及び方法』とはいえません！」
労働者「でも今度会社の運動会で障害物競走がありまして、その練習も兼ねてたんですが……」

なお通勤災害は正確に言えば「業務上」の災害ではなく「業務外」の災害だが、やはり健康保険給付との「二重取り」はできない。通勤災害として労災保険給付が出る場合には健康保険は出ないことになっている。

9. うつ病、過労死、自殺等の労災認定

労災保険の業務認定に関して、今日的に深刻で、争いや報道も多いのは、重労働に伴う過労死や自殺であり、またうつ病などの精神疾患である。これらが複合的に問題となるケースも多い。

これらの問題が厄介なのは、同じ職場や環境でも、人によってその帰結が異なる点にある。つまり同じような「厳しい仕事」であっても、スイスイとこなす人、また要領よく逃げる人などもいるし、逆に深刻に受け止めて、とことん残業したり、心を病む人もいる。さらにもっと軽い仕事であっても、うまくいかずに思い悩む人もいる。

同様に、同じ「上司の叱責」であっても、「いじめ・憎悪」と受け止める人から、やたらポジティブに「励まし・期待のあらわれ」と受け止める人まで、反応はさまざまである。

加えて仕事以外の要因も人の行動には影響をもたらす。たとえばプライベートでも悩みがあるときに、仕事もうまくいかないと、不測の事態を生

じやすい。

そもそも仕事の内容は人によって違うので、比較自体も難しい。さらに心筋梗塞などは、仕事のストレスによっても引き起こされるが、仕事とまったく関係なく発生することもしばしばある。

そこでとくに過労死や精神疾患の労災認定に関しては、実務的には膨大な類例から判定の手がかりとなる認定基準やフローチャートが公表されている。たとえば、脳梗塞などで倒れる前の1か月間に100時間、あるいは2か月〜6か月間に月平均80時間の時間外労働がある場合には、業務と発症との関連性が強いと評価され、原則業務上の災害と認定されることになっている。

ただこれらの労災認定については、単に金銭的な救済というよりは、過重労働をはじめとして、企業側の問題を明らかにするという側面がある。そのことからすると、単に救済のために認定の範囲を広げればいいというわけでもなく、難しい面がある。

この問題は大事なので、後でもう少しページを使って詳しく説明することにしよう（→Ⅱ. ②）。

Ⅱ. このネタは使えるぞ！

小ネタ① 補償と賠償の違い、ついでに保障や保証

労災保険の正式名称は労働者災害「補償」保険だが、これは同じ「ホショー」でも、社会保障をはじめとする一般的な保障（security：保護するという意味）とは異なり、Ⅰ. 2. でも見たように、事業主の補償責任に由来する。

「だけど補償って、賠償とどう違うのかな」
「それ、法学者が大好きなネタだよ。悪いことをしたら、賠償。悪くないんだけど、損害を与えたら補償。むしろそれがいいことだったとしてもね。」

Ⅱ. このネタは使えるぞ！　81

「たとえば人を殴ったら、悪いことだから賠償だよね。じゃ補償は？」
「ダムを作るために、収用地の村がダムの底に沈む。ダムを作るのは、
　悪いことじゃなく、むしろ社会的には必要で、いいことだ。だから村
　人に補償。英語だと compensate：穴埋めをするという意味ね」
「そういう公共事業って、環境破壊だし、今では悪いことじゃないの？
　SDGs 的に」

　賠償の典型は民法 709 条の不法行為で、それは「悪いこと」をした場合
なので、事後的に被害者からの賠償請求が認められる。他方、補償につい
てはあらかじめどういう場合が対象になるかを（法律で）決めておくこと
になる。つねに補償されるわけではなく、憲法 29 条 3 項の解釈論では、
「特別の犠牲」があるときに補償される。
　私たちは自由をいろいろ制約されながら生きている。たとえば年少者は
深夜労働できない（それは必要な規制だ）が、そのとき「働けないから収入
が得られない。補償してくれ」といっても無理である。
　新型コロナ対策で、営業自粛が求められたとき（2020 年）、「だったら補
償を」とよくいわれた。営業自粛は必要なことだが、店に損害を与えるか
ら、その穴埋めに補償をというロジックだった。
　労災保険も、賠償ではなく、補償のための仕組みである。たとえば鉱山
の採掘は、危険を伴う仕事だが、社会的には必要だった。そこで鉱山が崩
れて事故になったら、別に会社自体が悪いことをしたわけではないとして
も、被害者に特段の犠牲が生じているので、補償をする。
　そこまでは筋は通っているのだが、今日の労災保険では、とくに過労死
や過労自殺等に関して、労災認定されるかどうかが、当該企業が「悪い」
かどうかの指標となっている（少なくとも社会的には！）。いわば補償をめぐ
って、再び「ねじれ」が生じているところがある。

「だったら同じホショーでも、保証っていうのは？」
「あれは保証人とか品質保証みたいに、責任を持つという意味だ。英語
　では guarantee」

82　　第 3 章　職場のケガには労災保険

「ふーん。だったら歩哨っていうのは？」

「それは戦場での見張り！　までも一応味方の安全を守ってるという意味では社会保障的な……いや違うか……」

「和尚は……」

「それはお坊さん！　てかもうホショーでもない！　もはや何も守ってない！」

「いえいえ、あなたの心を守っていますよ……」

小ネタ②　過労死・過労自殺問題の難しさ

遺族「父は長時間労働が原因で脳梗塞を発症して倒れたんです、これは労災です、過労死です！」

労基署「確かに労働時間短くはないですが、しかしお父様はヘビースモーカーで、毎日浴びるほどお酒を飲み、体重100キロを超える巨漢だったんですよね？　帰宅後は朝までオンラインゲームで毎日寝不足。しかもお父様のお父様もお母様も脳梗塞をやられたことがある……」

過労死問題は難しい。長時間労働と過度のストレスで死んだ、と言われると本当にかわいそうだし、労災として認めてあげたい、と思うのが素直な感情だ。しかしなんでもかんでも言われたとおりに認めるわけにもいかない。どんなケースでも、当たり前のことだが、死亡した原因が仕事である、ということは証明されなければならない。

すでに説明したように（→I.7.(2)）、いわゆる職業病の場合には、業務内容とセットでリスト化することで被災労働者側の立証の負担を軽減するという手法が用いられている。では過労死の場合もそれでいけるのか？

しかし残念ながら答えはNOである。過労死過労死というが、そういう病名があるわけではない。一般に過労死といわれるのは、仕事が原因で脳出血、くも膜下出血、脳梗塞、心筋梗塞などの脳・心臓疾患を発症したケースである。そしてこれらの病名は、先に紹介した「職業病リスト」では次のように書かれている。

① 「長期間にわたる長時間の業務その他血管病変等を著しく増悪させる業務」をしている人が……

② 「脳出血、くも膜下出血、脳梗塞、高血圧性脳症、心筋梗塞、狭心症、心停止（心臓性突然死を含む。）若しくは解離性大動脈瘤又はこれらの疾病に付随する疾病」になったら……

　①に従事している人が②になったら労災と推定してくれるのだからいいじゃないか、という気もするが、「紫外線にさらされる業務」などと違って①はより一般的な表現になっている。自分の業務が①であること、すなわち「長期間にわたる長時間の業務その他血管病変等を著しく増悪させる業務」であったことの立証は被災した労働者側がしなければならないのだ。そしてそれは、自分の仕事が「紫外線にさらされる」かどうかの立証ほど簡単ではない。

　なんだよ冷たいなー、もうちょっとラクに認定できるような要件にしてあげればいいじゃないか、と思うかもしれないが、話はそう簡単でもない。そもそも日本人の３分の１は、過労気味であろうとなかろうと、これらの脳・心臓疾患で死ぬことになっている。そしてその発症には、過労だけでなく、加齢、肥満、飲酒、喫煙など様々な原因が複合的に寄与しうる。「この作業をしていたら、かなりの確率で脳梗塞で倒れる」なんていう切り分けはハナから無理なのだ。

　結局「この脳出血は仕事が原因である」という立証をする責任は、基本的には労働者あるいは遺族の側が負うということにならざるを得ない。そして、脳・心臓疾患に関する実際の労災認定は、厚生労働省の出している通達に基づいてなされている。それによれば、ある脳・心臓疾患が以下のような経過で発症した場合には、「業務に起因することの明らかな疾病」として、労災認定がなされることになる。

① 動脈硬化等による「基礎的病態」（血管病変、動脈瘤、心筋変性等。いわゆる「基礎疾患」）が、

② 「業務による明らかな過重負荷」（通達では時間外労働が発症前１か月間

に100時間超、または発症前2〜6か月間に月平均80時間超が原則的な目安）
により、

③　「その自然経過を超えて著しく増悪」した場合

　たとえば、基礎疾患として脳動脈瘤があったとする。これは別に過労で
なくても、年を取るにつれて徐々に悪くなる。しかし仕事が（月100時間残
業とかで）精神的あるいは肉体的にあまりにしんどいため、その脳動脈瘤
の悪化度合いが通常よりも激しくなってしまった。こういう場合は業務起
因性あり、ということになる。あくまでこれは行政上の、つまりは労働基
準監督署での認定基準だが、裁判所の取消訴訟でも大筋ではこのような基
準を用いた判断がされている。

　しかしよく考えてみると、「仕事がしんどかったので、基礎疾患が通常
の場合よりも激しく悪化した」かどうかを判断するなんて、常人のなせる
ワザではない。医学的な判断であることはもちろんだが、医学的にだって
おそらくそんなに簡単に白黒つけられる問題でもないはずだ。だから通達
が100時間とか数字の目安を挙げているわけだが、それはそれで硬直的判
断にもなりうる。というわけで、労災認定がされてもされなくても、どち
らの結論が出ても、みんなが100％納得する、ということにはなかなかな
らないのだ。

　いわゆる過労自殺、仕事による過度のストレスからうつ病となり自殺す
るというようなケースについてもやはり難しい問題が起こりうる。自らの
意思で命を絶っているのだから、それは本来なら「業務上」とか仕事が原
因とかいう筋合いのものではない。しかしうつ病などの精神疾患は、自殺
したいという気持ち（自殺念慮）を高めてしまうことがある。この場合は
「自らの意思」とも言い難い。

　そこで、業務による心理的負荷が原因で、あるいは業務上のケガや病気
の後遺症としてうつ病などを発症し、自殺してしまったような場合は、労
災として認定する——現在労働基準監督署や裁判所で採用されているこの
ような枠組みは、基本的には妥当なものといえるだろう。ただこの場合も、
過労死の場合と同様、認定はなかなか難しそうだ。うつ病の原因が業務で

あることや、そのうつ病によって「自らの意思」をうんぬんできるレベルを超えた自殺念慮が生じていたことなどが立証されなければならない。

　すでに説明したように、労災保険の給付は、「業務上」のあるいは「通勤による」ケガや病気であれば支給される。「業務上」のあるいは「通勤による」ものでなければなにも出ない。そう、労災保険の給付は、基本的には100％出るかまったく出ないかのどっちかなのだ。オール・オア・ナッシングなのである。しかし過労死や過労自殺のように、業務だけでなくそれ以外の要因──喫煙、肥満、加齢、あるいは本人の意思など──も複合的に作用して死亡という結果が生じたケースでは、給付の半額を支給、というようなことができる仕組みにしてもよいのかもしれない。

小ネタ③　本妻か内縁か、それが問題だ

　妻「夫が労災で亡くなったので、遺族補償給付をもらいに来ました」
　労基署「えーっと、○○さんですね……あれ、すでに手続きがされていますね。もしかしてこれは……」
　妻「あらイヤだ、私すっかりボケちゃって、1回ここに来たのすっかり忘れてたのかしら？」
　労基署「そうだといいんですが……いやよくないんですけど……」

　労災保険の遺族補償給付は、業務が原因であるいは通勤によって労働者が死亡した場合に、その労働者に扶養されていた配偶者に支給される。夫が労災で死亡したら、その夫に扶養されていた妻に給付がなされるわけだ。ところで、妻というと普通は戸籍上の妻のことだが、世の中にはいわゆる内縁関係の夫婦も存在する。同居して一緒に生活し、近所の人たちもみんなあそこの「ご夫婦」と思っているが、実は籍は入っていない。それが内縁関係だ。

　そして実は労災保険の遺族補償給付は、戸籍上の妻だけでなく、内縁の妻にも支給されることになっている（厚生年金や国民年金の遺族年金についても同様の規定が置かれている）。籍の入っていない内縁関係であっても、夫婦と

しての実態があり、夫（内縁ですが）に実際に扶養されていた、つまり夫の稼ぎで生活していたのであれば、労災保険の給付を支給してあげよう。そういう趣旨の制度だ。なかなか粋なはからいとも言えそうだ。

　ところが、この粋なはからいがかえってややこしい問題を生じさせることになってしまった。それがいわゆる重婚的内縁のケースである。重婚的内縁とは、内縁の妻と戸籍上の妻の双方が存在しているというパターンだ。

　籍が入ったまま本妻の元を去った夫は、とある女性と知り合い、同居を始める。気がつけばその暮らしが10年近く続き、近所の誰もがみな当然に「正式な」夫婦と思っていた。しかし実際には籍の入っていない、いやそもそも入れようのない、内縁関係であった。そしてある日、夫が労災で死亡する。妻（内縁ですが）は悲しみに暮れつつも遺族補償給付の申請手続きのために労働基準監督署へ向かう。内縁の妻でももらえると法律にちゃんと書いてあるんだから、と。しかし驚いたことに、そこにはまったく同じその遺族補償給付を、自分の夫の死亡によって支給される給付の申請をしに来た別の女性がいるではないか！　そう、それが夫（内縁ですが）の本妻であった……

　なんだか安っぽい2時間ドラマみたいだが、こういうことが実際に、たまには起きるのである。法律には、「妻（婚姻の届出をしていないが、事実上婚姻関係と同様の事情にあつた者を含む。以下同じ。）」が、遺族補償給付の受給資格者であると書かれているだけで、本妻と内縁が両方でてきたらどうしなさいとまでは書いていない（ジャンケンしなさいとか書いてあったらそれはそれで面白かったが）。そらそうだ、両方が一緒に出てくるなんて想定外なのだから。まさに事実は小説よりも、ではなく法律よりも奇なりだ。と言ってもちろん、制度の趣旨からして、たとえ死亡した労働者が本妻も内縁の妻も両方とも扶養していたとしても、両方に給付を支給するというわけにもいかないだろう。さてどうしよう。

　なかなかの難問だが、実はこういうケースはそれなりの頻度で発生するようだ。労災保険だけではなく、厚生年金や公務員の共済年金などの事件も含めてだが、そこそこの数の判例がすでにある。また行政としての解釈基準も出されている。その判断基準は、簡単にいえば、本妻との婚姻がも

Ⅱ．このネタは使えるぞ！　　87

はや修復の余地がないまでに形骸化しており、かつ内縁の妻の方に事実上の婚姻関係が成立していれば、内縁の妻でも遺族としての給付を受けられる、というものである。

このような基準の下で実際に内縁の妻が給付を受け取ることを認めた裁判例もあるし、本妻との婚姻関係は形骸化しているとまでは言えないとしてその逆の結論を下したものもある。婚姻が「形骸化」していたかどうかは、別居の期間、本妻あるいはその子どもたちとの行き来の有無・程度、死亡した労働者に対する本妻の経済的依存の程度などから総合的に判断されている。

労災保険の遺族補償給付は、実際に誰かを扶養していた労働者が死亡した場合に、その扶養を「肩代わり」する性格を持っている。内縁の妻とはいえ実際に扶養されていたのであれば、給付をもらえないのはかわいそうだ。ただこれに対しては「オマエは不倫を正当化するのか」という保守派からの？批判もあるだろう。というわけで、別にそういう意見に配慮したわけでもないだろうが、本妻との婚姻の形骸化、という条件の下で内縁の妻に受給資格を認める、というのが現時点での「落としどころ」になっている。

ちなみに、本妻と内縁の妻、という例でずっと説明してきたが、もちろん戸籍上の夫（本夫とは言わないか）と内縁の夫というケースでも問題状況は同じだ。ただ裁判例として出てきているのはみな男性が主人公？の重婚的内縁である。女性が主役というケースはないようだ。ただ今は男女共同参画の時代だ。そのうちそういう事件も出てくるに違いない、って別に期待しているワケではないのだが……

Ⅲ．「労働法の方から来ました」

1. 労災か否か、運命の分かれ道

「課長大変です、社内監査で、労災で休職中の山田の机を調べたんです

88　第3章　職場のケガには労災保険

が、横領の証拠が出てきました！」
「なんだと！　それはけしからん！　クビだクビ！　今すぐ懲戒解雇
　だ！」
「それが……顧問弁護士に相談したところ、解雇はできないと」
「なんだと！　そんな弁護士はクビだクビ！」

　社長が怒るのも無理もない。会社の金を横領していたというのに解雇が
できないなんて。しかしここはやっぱり弁護士が正しいのである。
　本文でも説明したように、同じ種類のケガや病気でも、それが「労災」、
すなわち業務上の災害なのかともそれ以外（私傷病）なのかにより、
その後の取扱いに大きな差が生じる。労災だと給付内容が手厚く、医療機
関窓口での自己負担もない、という本文中ですでに触れた点ももちろん大
きいが、労働法の観点から最も重要なのは、そのケガや病気（のため働けな
いということ）を理由とする解雇の取扱いいかんである。
　第1章でも説明したように、日本の会社で労働者を解雇するのは簡単で
はない。とは言え、ケガや病気のため会社に来れない、全然仕事ができな
い、他にやらせる仕事も全くない、というような状況であれば話は別だ。
裁判になってもそのような労働者の解雇は有効と判断されることになるだ
ろう。しかし、そのケガや病気が労災である場合には話が違ってくる。労
災による療養のための休業期間及びその後30日間については、労働基準
法により解雇が絶対的に禁止されているのだ（19条）。労災で休業中の労
働者は原則として解雇できないのである。
　当たり前と言えば当たり前のルールともいえる。会社のために働いて、
その結果ケガや病気になったのだ。それで仕事ができなくなったからと言
ってじゃあクビです、はさすがにひどい。クビにはならないので、安心し
て治療に専念してください、ということだろう。
　しかしまだ疑問は残る。確かに労災で休職しているのに、仕事ができな
い原因が労災なのに解雇はひどい。しかし冒頭の会話の山田（敬称略）が
解雇されそうになっているのは、会社の金の横領が発覚したからである。
懲戒解雇になって当然の悪行だ。労災で休んでいるからと言って、その悪

Ⅲ．「労働法の方から来ました」　　89

さの度合いが下がるわけではもちろんない。それなのに解雇できないなんてておかしいのでは?

　おかしい気もするのだが、現在の法律では、冒頭の会話の弁護士が言うことが正しい。労働基準法は、労災での休業期間中の解雇を、その理由のいかんを問わず禁止している。労災と全く関係のない理由であっても、解雇自体が絶対的にできないのだ。他に解雇の理由があるかもしれないが、それはそれとして、労災の治療中なんだから、それが治ってからにしてください、ということなのだろう。会社としては、労災が治って会社に戻ってくるのを待って解雇するしかないということになる。

　なおこのルールには例外があり、3年経っても労災によるケガや病気が治らない場合には、平均賃金の1200日分!の金銭(打切補償という)を払えば解雇できることになっている(労基法19条1項ただし書・81条)。なので永久に絶対に解雇できないというわけではないが、会社側からすれば結構な時間的・金銭的負担である。

　ちなみに、このルール絡みで実際によく起きる紛争は、うつ病などメンタル不調で長期休職中の労働者が休職期間満了で解雇されたり退職扱いとされたというようなパターンである。労働者側は、うつ病は長時間労働や上司のパワハラを原因とする労災なのだからそもそも解雇にも退職扱いにもできない、と主張するのである。言いがかりレベルの主張にとどまることもあるが、深刻ないじめやハラスメントが認定されるケースもたまにはある。

2. 特別加入制度の拡大

労基署「自営業だと労災は出ませんよ」

仕事でケガした零細自営業者「おかしいじゃないか!　会社勤めで安定してるヤツには国から保険が出て、オレみたいな不安定な自営には何もないなんてさ!」

労基署「なるほど、ちょっと説得力あるな……っていや、でもそういう

制度なんですよ。特別加入っていうのはあるんですけどね」

自営業者「わかったよじゃあ今から入るよ！　当日入会でもすぐ割引き
　　してくれんだろ？」

労基署「コストコじゃないんだから……」

　働いてお金を稼いでいるのは労働者だけではない。世間にはどこにも所
属せずフリーで働く自営業者も数多く存在する。こんなフリーの立場で働
く人が、仕事が原因でケガや病気になった場合に何か補償はあるのだろう
か。労働者であれば労災保険制度でカバーされるわけだが、同じような補
償の仕組みは存在するのか。

　自営業、フリー、つまりは「会社」に依存せず独自にビジネスをやって
いるわけだから、仮に仕事でケガをしてもそれは自己責任だろ、という気
もする。国民健康保険（→第4章）も使えるわけだし、自分で民間の保険
に入って備えることもできる。

　もっとも、自営と言ってもピンキリだ。年収ウン千万稼ぐ成金社長もい
るが、大した稼ぎもなく、しかもフリーと言いつつ立場が弱く特定の発注
先の言いなりに安い報酬でこき使われているという人もいる。こういう人
は労働者ではないかもしれないが労働者に近い働き方をしているのだから、
労災保険の保護があってもいいのでは？　ということで用意されているの
が労災保険の特別加入制度である。文字どおり、一定の要件を満たす自営
業者は、保険料を自ら負担する形で労災保険制度に任意で加入することが
できるのだ。

　具体的には、一定の要件を満たす中小事業主や「一人親方」（たとえば個
人タクシー運転手、大工、とび職人）などが特別加入可能な職種となっている。
そして近年、いわゆるギグワーカーなどの多様な働き方の広がりを背景に、
この特別加入の対象が拡大傾向にある。2021年4月からは芸能関係（タレ
ント、スタッフ）、アニメーター、柔道整復師など、同年9月からは自転車
を使用して貨物運送事業を行う者（要は Uber EATS などの配達員。これまでは
バイク、自動車限定であった）や IT フリーランス、2022年4月からはマッサ
ージ師や鍼灸師など、同年7月からは歯科技工士も特別加入が可能となっ

た。今後も拡大されていくであろう。

　自営業者でも労災の保護が受けられるようになるのならいいことじゃないか、という気もするが、議論すべき点もある。特別加入は任意加入、つまり入りたくない人は入らなくてよい仕組みであるので、

　　アニメーターＡ「仕事はメリハリつけて健康的にやってるからケガや病
　　　　気の心配は全然ないし、そもそもまだ若いから労災保険に特別加入す
　　　　る必要なんてないです！　だいたい保険料もったいないし」
　　アニメーターＢ「激務続きで疲労は溜まるし体のあちこち痛いし、そも
　　　　そももう年だし、特別加入しておこうかな？」

というように各自の選択が可能となる。つまりは労災のリスクが高いと思う人は加入し、低いと思う人は入らない。特別加入の保険料に見合ったメリットがあると思う人は加入するし、コスパが悪いと思った人は入らない。しかし社会保険とは本来、こういう「逆選択」ができないもののはずだ（→第１章Ⅰ.4.(2)）。入りたい人もそうでない人も、リスクが高い（と思ってる）人も低い（かもしれない）人も、強制的加入させ、みんなで助け合う。それが社会保険であったはず。特別加入を拡大することによって、この社会保険の原則から外れるカテゴリーの加入者がどんどん増えてしまうがそれでよいのか？　そんなに拡大する必要があるなら、むしろ強制加入の仕組みで対応するのが筋なのではという気もする。

　さらには、労働者ではないが、労働者に近い働き方をしているカテゴリーの人だから労災で保護してあげよう、というのが特別加入制度の趣旨だが、その人たちは実はそもそも「労働者」の要件を満たす人たちかもしれないという問題もある。

　　純朴な配達員たち「今度労災に特別加入することができるようになった
　　　　らしいよ、ありがたいなあ！　これで安心してデリバリーの仕事でき
　　　　るよ」
　　悪徳プラットフォームカンパニー「これでもう配達員は労働者ではないこ

92　　第３章　職場のケガには労災保険

とで確定ってことだな！　保険も用意しなくていいわけだ、だって国
の労災に特別加入できるんだから……」

　そう、結局この話、突き詰めていくと、国が労災保険で保護すべき対象
とは？　「労働者」だけでいいのか？　そもそも自営だけど労働者に近い
というのも労働者なのでは？　という今まさにホットな議論とオーバーラ
ップするのだ（→第1章Ⅲ. 2.）。

3.　損害賠償との調整

極悪社長「職場の安全管理ってコストかかるよな、適当でいいんじゃな
　　　　い？　仮に誰かケガしても労災出るんだからさ」
良識派人事部長「メリット制なんで保険料が上がってしまいますが……」
社長「労災隠ししちゃえばいいだろ！　健康保険で治療させろ！」
部長「どうせバレるのではないかと……あと、会社が民事で訴えられる
　　　可能性もありますし」
社長「なんでだよ?!　なんのために労災の保険料払ってんのかわかんね
　　　えじゃねえか！」

　労災保険では、仕事が原因でケガや病気になった場合には、会社に落ち
度（法律的に言えば故意・過失）がなくても保険給付がなされる。それこそが
労災保険のメリットなわけだが、他方で、会社に故意・過失のある業務上
の災害というのももちろんある。というかその方が多いだろう。その場合、
業務上だから当然国から労災保険が出るわけだが、会社に損害賠償請求を
することはできないのだろうか。故意・過失があるのだから、できてよい
気もする。
　結論から言うと、できる。ただそうすると、ある労災事故について、労
働者は労災保険から給付をもらい、かつ会社からも損害賠償を取れるとい
うことになる。それだと二重取り、言葉は悪いが焼け太り、もらい過ぎで

Ⅲ.「労働法の方から来ました」　93

はないのか？　労災で 100 万円の損害を受けたとしても、労災保険で 100
万円、会社から 100 万円で併せて 200 万円、やった 100 万円儲かった！
では確かにおかしい気もする。

　しかもこの労災、会社から集めた保険料で運営されているのだ。つまり
会社の立場からみると、なんだよ保険料取られてるのに、労災の損害賠償
も払わされるのかよ、二重払いじゃん！　なんのために保険料払ってんだ
よ、ということになる。自動車保険と比べてみればよくわかる。自動車事
故を過失で起こしてしまったとしても、保険でカバーされれば損害賠償を
払う必要はないのだ。ということで、この二重取り、二重の負担を防ぐた
めに、国によっては、労災についてはすべて労災保険制度の縄張りとしま
す、損害賠償は一切できません、という制度にしているところもある。

　しかし日本の場合はそういう制度にはなっていない。労災についても、
別途損害賠償請求が可能である。ただ二重取り・二重の負担となるのはや
はりおかしいので、労災保険給付と民事損害賠償を調整するルールが実施
されている。これをひと言で説明するなら、「同じ費目については金額を
調整する」である。たとえば、労災によるケガの治療費。これに 100 万円
かかったとしよう。会社の故意・過失によるケガなら、本来は会社に 100
万円の損害賠償請求ができるはずである。しかし労災なので労災保険から
療養補償給付として 100 万円出た。この場合はもう労災保険で全損害がカ
バーされたので、もう別途損害賠償請求はできない。仮に労災保険が 80
万円しか出なかったら、残りの 20 万円についてだけ損害賠償請求が可能
となる。これが金額調整のルールである。

　ただしこの金額調整は、「同じ費目」についてのみ行われる。

　被災労働者「何度も労基署に言われてたのに、会社は全然安全管理に本
　　気に取り組んでくれなかったですよね？　その結果のケガですよ。慰
　　謝料 100 万円を請求します」
　開き直る会社「でも労災保険出たんでしょ？　100 万もらったって聞い
　　てるよ、もうそれで足りてるじゃん！」
　労働者「それは治療費とか休業損害の分だよ！」

94　　第 3 章　職場のケガには労災保険

労災保険給付には慰謝料に相当する給付はない。したがって労災保険からいくら給付をもらおうとも、会社に請求できる慰謝料の額は変わらない。「費目」が違うからである。これに対し、治療費、休業損害、稼得能力の喪失などについては労災保険に対応する（＝同じ費目の）給付が存在する（順に、療養補償給付、休業補償給付、障害補償給付）ので、前述のような金額調整が行われる。

　以上、ずいぶんややこしいルールだなあ、と思ったかもしれない。これでもだいぶざっくり説明したのだが……海外の例のように、労災保険が出る場合にはもう一切損害賠償請求できない、という割り切ったルールにしてしまえばよかったのかもしれないが、そこは日本人の生真面目さ細かさなのか（知らんけど）、金額できちんと調整しよう、ということになったようだ。

　なおここまで説明した調整のルールは、業務上のケガや病気について会社に故意や過失がある場合（使用者行為災害という）についてのものである。外回りの営業中に第三者の車にひかれてケガをした、というような労災（第三者行為災害）のケースでも被災労働者の「二重取り」にならないように同様の調整がなされ、労災保険の分だけ損害賠償額が減額される。しかしこのケースでは、使用者行為災害の場合とは異なり、第三者は労災保険料を払っているわけではないので、そのままだと不当にトクしてしまう。それはおかしいので、その分は国が被災労働者に代わって第三者に損害賠償請求を行うことになっている。

Ⅳ．物好きなアナタに──文献ガイド

○「脳・心臓疾患の労災認定」（厚生労働省ホームページ内）
○「精神障害の労災認定」（厚生労働省ホームページ内）
　　過労死や過労自殺の労災認定について、深く知りたい人は、まずこれを。過労死や過労自殺・うつ病などにかかる労災認定基準は、実務的には詳細にマニュアル化されている。上のものがいわゆる過労死、下のものが過労自殺を含めたメンタルのケースを扱う。しかしⅡ．②でも詳しく触れられ

ている通り、これらの判断過程を見ると、依然として複雑怪奇といわざるを得ない。最後は「総合判断」となることも多く、個々のケースでの支給の可否は、やはり申請してみないとワカンナイ。

○ P.S. アティア（望月礼二郎訳）『法の迷走・損害賠償─非難文化の温床』（木鐸社、1999 年）
　労災保険の法律的な位置づけを考えてみたい人には、この本を。労災保険は、法律的には民法と労働法と社会保障法の 3 つの接点にあたっているのだが、それらの諸相を豊富な事例をもとに解明する。原著のタイトルは「ダメージ・ロッタリー」。すなわち賠償金がもらえるかどうかは「くじ」みたいなものだというシニカルなもの。しかし本文でもみた通り、日本でも、事故の際に労災の給付が実際にもらえるかどうかは「くじ」的な性格を免れているわけではない。

○ジャック・ドンズロ（真島一郎訳）『社会的なものの発明──政治的熱情の凋落をめぐる試論』（インスクリプト、2020 年）
　労災保険を社会保障の歴史の中で考えたい人には、この本を。労災保険を社会保障の起源とみる見方は結構あるのだが、それをフランスの歴史の中で検証している。ただこの本では、労働法は社会保障のためにできたというユニークな見方も披歴される。社会保険は、同質なリスクの人を並べないと保険数理的に成り立たないので、その「労働の標準規格」を作るために労働法が出てきたという見立てである。労働法は、実は社会保障（社会保険）のためにあるのだ、といったら労働法学者は怒るだろうか。

○春日武彦・埜崎健治編著『「職場うつ」からの再生』（金剛出版、2013 年）
　うつ病の生涯有病率は 1 割から 2 割といわれるので、読者にも無縁ではないだろう。うつ病になった場合、労災保険が適用されるかどうかは本文に書いたが、仮に労災の給付がもらえても、死んでしまったり、うつから回復できなかったら、その損失は大きすぎる。そういううつ病やそれと「遠くない」ところにいる人には、この本を。変わり者の精神科医（第 8 章でも 1 冊紹介している）と、多職種の専門家と実務家によるコラボ。コラムでは「正しい医者選びの方法」から「カウンセリングの副作用」まで、ものすごく率直に書かれていて、きっと「再生」に役に立つページがある。

アウトロ——労災事故のセンター

　地の底の遠い遠い所から透きとおるような陰気な声が震え起って、斜坑の上り口まで這上って来た。

　「……ほとけ……さまあああ……イイ……ヨオオオイイ……旧坑口ぞおおお……イイイ……ヨオオオ……イイ……イイ……」

　それはズット以前から、この炭坑地方に残っている奇妙な風習であった。

　坑内で死んだ者があると、その死骸は決してその場で僧侶や遺族の手に渡さない。そこに駆け付けた仲間の者の数人が担架やトロッコに舁き載せて、忙わしなく行ったり来たりする炭車の間を縫いながらユックリユックリした足取りで坑口まで運び出して来るのであるが、その途中で、曲り角や要所要所の前を通過すると、そのたんびに側に付いている連中の中の一人が、出来るだけ高い声で、ハッキリとその場所の名前を呼んで、死人に云い聞かせてゆく。

　炭坑の中で死んだ者はそこに魂を残すものである。いつまでもそこに仕事をしかけたまま倒れているつもりで、自分の身体が外に運び出された事を知らないでいる。

　……そんな事の無いように運び出されて行く道筋を、死骸によっく云い聞かせて、後に思いを残させないようにする……

夢野久作「斜坑」より†

　読むと頭がおかしくなるといわれる『ドグラ・マグラ』をはじめ、多くの奇書を送り出した夢野久作（1889-1936）による中編小説の不気味な出だしだが、こういう炭鉱での落盤事故が、労災保険の典型的な対象である。

　保険の給付事由（傷病や失業）を保険事故という。ただ年金であれば、一定年齢への到達や生存が「保険事故」になるので、事故という語感とは少し異なる。その意味では保険事故が通常の意味での「事故」にあたるのが労災保険だろう。工事現場での落盤や爆発、港湾や運送での事故等々が、労災事故の典型、いわばセンターポジションである。

Ⅳ．物好きなアナタに　　97

しかし時代は変わった。石炭産業は衰退し、かつての事故を契機とした大規模な労働争議（三池炭鉱争議等）も忘れられた。

いまや労災保険で問題となるのは、超現代的な事柄ばかりである。フリーランスへの適用、リモートワークの取り扱い、コロナ感染での労災認定、メンタル疾患への対応、リハビリテーションの充実等々。夢野久作的な、おどろおどろしい世界は過去のものになったのだ。

なーんてことは、ない。全然ない。

かつて炭鉱で酷使された労働者たちは、いまはブラック企業と呼ばれる暗闇で酷使されている。上司や部下や顧客から、指示や督促やクレームが突き刺さる。建設現場では、過去の亡霊のようにアスベストが降りかかる。心が折れたもの同士が、さらにネット上で傷つけあう。

事柄の本質は、少しも変わっていない。それどころかかつては炭鉱に集まっていた心身を痛める事柄が、いまや社会全体に、さらにネット空間にまで拡散している。

労災認定を求めて争う人たちは、保険給付が、あるいはお金が欲しいのではない。せめて労災認定を勝ち取ることで、斃れた者たちの魂を鎮めようとしているのだ。自分が死んだことに気づかずに、まだ働き続けている者たちの魂に呼びかけながら、トロッコに載せて運んでいるのだ。

そんな場面や光景が、いつも労災保険の「どまんなか」にある。

† 夢野久作『夢野久作全集4』（ちくま文庫、1992年）所収

第 **4** 章
何はなくとも医療保険

イントロ

　病気や怪我で病院に行くときに必要なのが保険証だ。ズボンを履くのは忘れてもいいが保険証は忘れてはいけない、でないと窓口での支払額が増えてしまう。ただズボンを忘れるとサクッと通報されて病院にたどり着けなさそうなのでやはりズボンも履いて行った方がよいとは思うが……まあとにかく、非常に大事な保険証。将来的にはこれが（運転免許証とともに？）マイナンバーと合体？して消滅？するらしい。そのうち全部スマホで使えるようになるに違いない。これでもう、保険証どこだっけ？　と慌てて探す必要はなくなるわけだ。いつものようにただスマホだけ持っていけばいいのだ——あれ、スマホどこだっけ？

　ところで、筆者もまあまあ長く生きているので、ここで保険証の歴史を振り返ってみよう。これがなかなか感慨深い。ウン十年前の健康保険証は三つ折りのペラペラ紙で、家族全員の名前が書いてあった。そう、家族で1枚だったのである。なので修学旅行とか部活の合宿とか、子どもが単独行動するときは保険証のコピーを持っていくことになっていた——たぶん本当はコピーじゃダメなはずだがそれで OK だったのだ。いい時代だったなあ。みんなお酒飲んで車運転してたっけ。ってそれは嘘です。

　それがいつしか紙からプラスチックのカードになり、家族で1枚ではなく1人1枚ずつの個人別になった。これでもう何かあるたびに保険証をコピーする必要はなくなったが、しかしこれにより家族の一体感が失われたと一部保守派からは激しい批判——はとくになかったはずである。便利になってよかったよかった！

　このように保険証の形は時代とともに変わってきた（そしてついに形もなく

99

なる……）のだが、それが保険料を払っている加入者（あるいはその被扶養者）の証であり、それによって医療給付を受けられる、という医療保険の仕組み自体は昔から変わっていない。そして、ちゃんと統計を取ったわけではないが、社会保障制度の中でおそらく普通の人に最も馴染みがあるのが医療保険制度であろう。年金とか介護とか言われてもある程度年を取らないとピンと来ない、失業も労災も生活保護もそうそうみんなが経験することではない。しかし医療保険は、生きているかぎり誰もが少なくともちょっとはお世話になる。労働者でも自営業者でも、金持ちでもそうでない人でも、とりあえずこれがあればひと安心だ。

　というわけで本章では、この医療保険を扱う。制度は誰もが知っているが、その仕組みをきちんと知っている人はそれほど多くないかもしれない——なにしろ結構ややこしい制度なので。以下、できるだけ（やや）わかりやすく説明していこう。

I. キホンのキホン

1. 医療保険の仕組み

　医療保険は、あらかじめ保険料を健康保険組合などの保険者（保険の運営主体）に払っておいて、病気やケガになった場合には、医療サービスの給付が受けられるという仕組みであり、代表的な社会保険である。

　たとえば健康保険法 63 条では、「被保険者の疾病又は負傷に関しては、次に掲げる療養の給付を行う」としており、診察、薬剤又は治療材料の支給、処置、手術その他の治療、その他（居宅における療養上の管理及びその療養に伴う世話その他の看護、病院又は診療所への入院及びその療養に伴う世話その他の看護）が療養の給付として挙げられている。

　「疾病又は負傷」は、平たく言えば病気とケガで、2 つあわせて傷病のリスクといわれる。この病気やケガに対して、診察や処置・手術その他の治療がされるというわけで、これを「現物給付」という。年金のような金銭の給付ではなく、現物の医療サービスが保険給付として提供されるとい

100　　第 4 章　何はなくとも医療保険

うことだ。

「そんなの当たり前じゃないか」と思われそうだが、民間保険会社の医療保険や特約では、入院や手術に際して金銭が給付される。保険給付として現物サービスを提供するには、以下でみるような、そこそこ複雑な仕組みが必要になる（なお業務上の傷病は、第3章でみた労災保険の守備範囲になる）。

2. 保険診療──保険が効く範囲

よく「保険が効く・効かない」という言い方がされる。つまりあらゆる医療サービスが、医療保険の対象となる（すなわち原則3割負担ですむ）わけではない。たとえば漢方薬には通常保険は効かないとか、金歯には保険は効かないとか、画期的な治療方法が見つかったけれどもまだ保険適用になっていないとか、割と話題になる。これが金銭給付であれば、何に使われるか（たとえば治療以外に使っても）分からないわけだが、現物給付なので、その給付の範囲を「医療保険の給付としてふさわしいもの」に限ることができるわけだ。

何が保険の対象となるかは、療養担当規則という省令（略してリョータンキソクと呼ばれる）で定められていて、またあとで述べる診療報酬点数表（告示）において、その値段がついている。医療の観点から有用なものだけが、保険の対象となっている。

患者「新聞に出ていた例の新薬、確実に悪性細胞を死滅させるらしいじゃないですか。ぜひ私に使ってくださいよ」
医者「いやー、あの薬は保険適用されていないんだよ」
患者「そんなバカな。そんなに効果があるのに、なんで保険適用にならないんですか」
医者「確かに悪性細胞は死滅するんだけど、患者自体もかなりの確率で死滅してしまうらしいんだよね～」

こういうシリアスなテーマでブラックジョークを書くと、いま病気と闘

っておられる方などから苦情が殺到しそうだが、しかし抗がん剤に関しては、「ガンは消えたが患者は死んだ」という言い方もある。

微妙なものも多く、外国では使える薬や治療法が日本では認可されていないなんてこともある。もっとも部分部分を比べるといろいろ広狭があるのだが、日本は全体としては、保険診療で行える範囲は狭いわけではないといわれている。

他方、治療法や薬の種類だけでなく、その量的な制約もある。

病院（作業療法士）「すみません、リハビリ訓練は保険適用でして、半年
　まででしかできないんですよ」
患者「なんで？　ずっと訓練を続けた方が、よくなるに決まってるじゃ
　ないか」
病院「いやー、半年以上やっても、医学的には意味がないということで、
　そう決まってるんですよ」
患者「そうじゃなくて、どうせ保険財政が苦しいから、半年までに限っ
　ているんだろう」

著名な免疫学者、多田富雄（1934-2010）の経験に基づく実話である。病院で「薬はこの分量しか出せないんですよ」といわれたことのある人もいるだろう。

3. 混合診療の禁止、保険外併用療養費制度

(1) 混合診療の禁止

保険診療に関して、厄介な問題は「混合診療禁止の原則」といわれるものだ。これは一連の診療行為の中で、保険が適用されるものと、適用されない保険外のものとが混じっていると、診療行為全体に対して保険が効かなくなるというものである。

たとえば日本では承認されていない治療法や薬剤を用いると、その部分が保険が効かないのは当然として、同時にそれ以外の部分すべて（検査費

用、診断費用、入院費用等々）につき、保険が効かなくなる。

　いいかえれば安全性、公平性の観点から、あくまで「一連の診療」に対して、保険が効く（まとめて医療保険の対象となる）ということである。ここは議論が多いところだが、保険診療のなかに「高いもの」や「危険なもの」が入り込んでくるのを禁止しているものとされる。

　もし「保険診療ではこれしかできませんが、もう少しお金を出せば、もっといい治療もできますよ」というのを認めてしまうと、とくにお金がない人は厳しい判断を迫られるし、お金がある人は気にせず払えるかもしれないが、何しろ保険外ということは、科学的な根拠がないものも含めて「何でもあり」なので、ちょっと危うい。医学の知識もなく、財産状態もさまざまな国民に対しては、あくまで保険診療の「パッケージ」として提供しなければならないというのが混合診療禁止の考え方だといえるだろう。

　言い方を変えれば、保険診療の「つまみ食い」は許されないということだ（→Ⅱ.②）。

(2) 保険外併用療養費制度

　ただ実際には、以下の仕組みで、保険診療以外との組み合わせが可能である。

　すなわち、あらかじめ決められた一定の内容については混合診療禁止の例外として、「その部分だけは、全額自己負担」、つまり「それ以外の部分は保険適用」という形が可能であり、これを保険外併用療養費制度と呼んでいる（健康保険法86条など。保険適用される部分の費用が支給（償還）される形で定められている。かつては特定療養費制度といっていた）。

　具体的には2つのタイプがあり、1つは入院時の個室の利用（いわゆる差額ベッド）などのアメニティ要素、もう1つは特定の先進医療がその対象になる。これらについては、保険が効く部分については保険者がその費用の7割を負担し、患者が残り3割と、保険外の部分（の全額）を負担する。

　このうち後者の特定の先進医療等は法律では「評価療養」といわれる。何が特定の先進医療にあたるかについては、リストの内容が刻々変わるのだが、現在は、たとえば陽子線や重粒子線によるがん治療、再生医療や遺

伝子検査等々がこれにあたる（2024 年時点で 80 種類）。それぞれの療養の内容ごとに、実施できる医療機関が定められている。

医者「ここで最新の治療法も行いたいのですが、これは「評価療養」なので、保険が効かなくて、その部分は自己負担になっちゃいますけどいいですか」
患者「え、なんで保険が効かないんですか。てか評価療養って何ですか。評価が定まっていないっていう意味⁉　ちょっと危ないってことでしょ」
医者「そんなこと言ってませんよ。「評価療養」というのは、健康保険法 63 条に書いてあるように、「給付の対象とすべきものであるか否かについて、適正な医療の効率的な提供を図る観点から評価を行うことが必要な療養」です！」
患者「だから評価が定まっていないから評価中ってことですよね……」

それでも、その先進医療の効果と安全性が確認されれば、保険診療に「格上げ」される。
加えて患者側からの申し出により、この保険外併用療養費制度の対象とするかどうか審査される仕組みも設けられている（「患者申出療養」という）。
また前者のアメニティ部分については、法律では「選定療養」といわれる。入院時の個室（差額ベッド）と、いわゆる金歯が代表例だが、時間外診療や、紹介状がないときの大病院の受診などもこれに入る。これらは保険診療に「格上げ」されることは予定されていない。

病院「ご入院ですと、特別室は、1 日 1 万円です。」
患者「あの、差額のかからない普通の相部屋でいいんですけど」
病院「差額のかからない部屋は、いま満床なんです。あ、1 日 3 万円とか 10 万円の超特別室もありますよ」
患者「そんなあ」

そういう運用はダメだという通知が出ているのだが、必ずしも笑い話ではない。こういう感じで保険診療外の負担というのは、とかく膨張しやすいのである。

4. 窓口負担（患者一部負担）

医療保険の対象となる場合、かかった医療費の原則3割を、患者が病院の窓口で払う。窓口負担と呼ばれ、健康保険法74条等では「一部負担金」とされているが、こういうのがない時代もあった。

　　──病院の待合室にて
「ヒマ山さんは、今日は病院に来てないねえ。どうしたのかねえ」
「きっと病気で、来られないんだよ。あはははは」
「それって医療関係で、いちばんベタなジョーク！」
「あっそう……だったらヒマ山さん、もう死んじゃったから病院に来て
　ないんじゃないの。あはははは」
「そっちは医療関係で、いちばん言っちゃいけないブラックジョーク！」

前半は誰もが聞いたことがある有名なジョークだろう。しかしこの話が喧伝されたのは、昔、老人医療が無料だった頃（1970年代）のことなのだ。ヒマな高齢者が病気でもないのに、いくら通ってもタダなので、病院に集まって談笑していると言われた（病院の「老人サロン」化）。

その後、いろいろ経緯はあったが小泉内閣時代のいわゆる三方一両損改革（すべての当事者が損をするという意味でこう呼ばれた）を経て、今では原則3割負担となっている（ただし高齢者は所得により1割〜3割。6歳未満は2割。さらに自治体による助成がある）。

たとえば風邪をこじらせて病院に行って、念のためレントゲンを撮ったり、クスリをもらったりして、帰りに窓口で3,000円を払ったとすると、逆算して医療費としては全部で10,000円かかっていたことになる。

認知心理学によれば、「2割の確率であなたは死にます」といわれると

I. キホンのキホン　105

落ち込むが、「8割の確率で生き延びます」といわれると元気が出るといわれたりする。

それになぞらえれば、

病院窓口「かかった医療費の3割が自己負担です」
患者「たっけー」
病院窓口「でもかかった医療費の7割引きなんですよ」
患者「やったー。健康保険、ありがたいねえ」

となるだろうか。

ただこういう一部負担の仕組みは、どうしても「なければならない」ものではない。財政事情とともに、過剰な受診を抑止する趣旨だといわれるが、逆に必要な受診をためらわせるおそれもある。そもそもたまたま病気になった人への「しわ寄せ」ともいえ、せっかく保険の仕組みで、病気になった人とそうでない人との公平性を実現したのではなかったのかという疑問もある。

しかもこういう窓口負担の仕組みだと、何度も病院にかかったり、長期で入院したりしていると、3割負担が重なって、合計では大きな額に及ぶこともある。それに対処する仕組みを次にみてみたい。

5. 高額療養費制度

そこで高額療養費という仕組みがあり、窓口負担は月単位（暦月）で、一定の限度額で頭打ちになり、これを超えた分は、あとで払い戻されることになっている。たとえば健康保険法115条は「療養の給付について支払われた一部負担金の額……が著しく高額であるときは……高額療養費を支給する」としている。高額療養「費」というと、患者側が払わなければならないようなイメージがあるが、いったんは窓口で一部負担（3割）を払うが、あとで払い戻してくれるという意味である（事前の手続きにより、窓口での支払い段階で額を頭打ちにすることもできる）。

106　第4章　何はなくとも医療保険

この頭打ちになる「一定の限度額」がいくらなのかが実際的には重要だが、所得区分や年齢（69歳までの現役世代と70歳以上の高齢者）によって、とても細かく分かれている。現役世代の一般区分では約8万円である。

病院窓口「今月は7万円です。あと少しで高額療養費制度が適用になったんですけど」
患者「なんか、損した気分」
病院窓口「あ、すみません、計算違いでした。10万円でした。高額療養費制度が適用されて、実際の負担は8万円と少しになります。」
患者「約2万円も戻ってくるのか！すごく得した気分」

これまた認知心理学の教科書に出てきそうな話ではある。
細かくはさらにいろいろ仕組みがあり、1つには自己負担の限度額は、一定額で完全に頭打ちになるわけではなく、かかった医療費により少しずつ上がる（多くの場合、一定額を超えた分の1％ずつ上がる）。また家族内での合算、介護費用との合算、「多数該当」（同じ病気で何度もかかると、自己負担の限度額が下がる）などの仕組みがある。
なお判定は暦月単位（1日から末日まで）で行われるので、合計では同じ額でも、1つの月に集中して医療費がかかった方が、高額療養費制度は適用されやすくなる。逆に複数の月に分散して受診して、それぞれの月内では限度額内に収まってしまうと、高額療養費制度が適用されなくなる。

医者「なんでもっと早く病院に来なかったんですか」
患者「だって、月が替わってから受診を始めたほうが、1つの月に医療費を集中できて、高額療養費制度が適用されると思って……」
医者「そりゃそうなんだけど、病状の方が、もう手の施しようが……」

いずれにせよ高額療養費制度は、大きな病気をしたときに、結局のところ、いくら負担することになるのかを決めるという点で、重要なものだ。

I．キホンのキホン　107

6. 診療報酬——医療の値段の決まり方

(1) 原則として出来高払い

　日本での医療保険のもとでの医療行為の値段は、診療報酬の点数という形で、いわば公定価格が決められている。1点が10円で計算されるようになっていて、たとえば注射が1本18点（つまり180円）とか、レントゲンが1枚100点（つまり1,000円）とか、この胃の手術は30000点（つまり30万円）とか、そういう形である。実際には検査も処置も手術も、種類によって非常に細かく決められている。

　診療（療養の給付）がされると、保険者（たとえば健康保険組合や自治体）から、その費用の7割の金額が医療機関に対して給付される。残りの3割は、すでにみたように患者が窓口で支払う。

　このような医療サービスの値段の決め方・金額の払い方を「出来高払い」と呼ぶ。1つ1つの診療行為にきっちり値段がついているのだから、まじめで透明性の高い方法だといえる。診療報酬点数表という一覧は、分厚い百科辞典みたいになっている（インターネットでも見られる）。

　ところがこの出来高払いについては、批判がある。それはこの方法だと、診療行為を重ねれば重ねるほど、医療機関への実入りが増えるため、過剰な検査や診療行為が行われがちだからである。

　患者「今日はありがとうございました。」
　ずる医者「あ、悪いけど、昨日も一昨日も来たことにしてくれない？」
　患者「そんなことして、診療報酬を3日分もらうつもりですか」
　ずる医者「だから一昨日の分は、君にキックバックするからさあ～」

　時にはまったく診療もしていないのに、診療したことにして、保険者に診療報酬を不正請求したという事例もある。そういう不正がカルテやレセプトで見抜かれると、事件として報じられたりする。

(2) それ以外の方法

　そこで診療報酬の決め方としては、別の方法も考えられる。たとえば一定の病気であれば、診療報酬は大体いくらと決めておいたり、あるいは患者のタイプによって1人あたりいくらとか、入院1日あたりいくらとか、あるいは医者ひとり1年間につきいくら（サブスクだ！）とか、いろいろな決め方が考えられる。これらは定額払い、包括払いなどと呼ばれる。

　ただ、それはそれで問題がある。

　　普通の医者「この患者さんだと、診療報酬は10万円だな。だったらま
　　　あ10万円の範囲内で、できるだけのことをやろう」
　　神医者「赤字だけど、10万円以上かかっても、やれることは全部やっ
　　　て、最善を尽くそう」
　　ふまじめな医者「10万円を決してオーバーしないように、まあ少し下回
　　　るくらいで、なんか適当にやっとこう」
　　悪徳医者「何にもやらなくても10万円もらえるのかな」

　とくに金額の制約により、自由に治療できないということもあり得る。ちょっと金額が足りなくて、命を救えませんでした、では笑い話ではすまない。

　というわけで、診療報酬の支払い方法は一長一短であり、結局は領域ごとにうまく組み合わせていくしかない。日本で実際には、急性期医療はあくまで出来高払いが基本であり、慢性疾患や（後期）高齢者医療の領域、入院時などでは、定額払い・包括払いの形が取られることが多くなっている。これらの領域では、必ずしも「やればやっただけ意味がある」とは限らず、むしろ無駄なこともあるので、一定の額にしておく合理性がある。

　なお診療報酬とは別に、医薬品も、同様の仕組みで公定価格が決められている。これを薬価基準といって、1万5000種類くらいの薬があるので、これまた分厚い百科辞典みたいになっている（これもインターネットでも見られる）。

病院窓口「薬は処方箋が出てますから、どこかの薬局で求めて下さい」

患者「面倒だなあ。病院で薬も出してくれればいいじゃないか」

窓口①（まじめ）「薬についての専門的な観点から、医薬分業を推進しているんですよ」

窓口②（ぶっちゃけ）「病院は、薬価差益で儲けるなって役所に言われてるんですよ」

　病院としては、公定の薬価よりも安く薬を仕入れることができれば、その差額は収入になる（薬価差益といわれる）。それが可能なら、薬を出せば出すほど儲かるということになる。しかし処方箋方式だと、そういう「お手盛り」の意味がなくなる（病院が直接儲からない）こともあり、推進されている。もっとも窓口①（まじめ）のいうような医薬分業の観点も、薬の飲み合わせによる弊害や副作用チェックなど、単なるタテマエにはとどまらない意味がある。

7. 保険料

(1) 勤め人の場合

　医療保険は、その名の通り保険制度なので、加入者（保険の被保険者）はあらかじめ保険料を払っておく必要がある（保険者を含めた医療保険の体系は**9.**で説明する）。サラリーマン（勤め人）の場合、保険料は給料からの天引きで、給料に一定の乗率をかけて算出される。いわゆる応能負担であり、給料が高いと、多くの保険料を払うことになる。

　たとえば給料（標準報酬）が 20 万円で、保険料率が 10％なら、保険料は 2 万円となる（実際の料率は保険者によって異なる）。これを労使が半分ずつ（この例では 1 万円ずつ）負担するのが一般的である（労使折半）。ただし保険料の対象となる標準報酬には上限がある（現在の協会管掌健康保険では 135.5 万円以上を 139 万円とする区切りまで）。

「係長になったぞ！　給料もアップだ！」

「昇格＆昇給おめでとう！　でも給料が上がる分、健康保険の保険料も
　上がるんじゃないの？」

「そうなんだよ。別に係長になったからって、病院に行くことが増える
　わけでもないのになあ」

「いやいや係長になると、きっと仕事が忙しくて、ストレスも多くて、
　病院通いは増えるよ」

　健康保険が適用される事業所に使用されている人は、原則として被保険
者となるが、適用が除外されていたパートやアルバイトなどの短期間労働
者への適用範囲も拡大されてきている（2024年10月以降では従業員数51人以
上、週の所定労働時間20時間以上、所定内賃金8.8万円以上などを満たすと対象とな
る）。

　他方、勤め人の妻や子どもなどの「被扶養者」は、保険料を払う必要が
ない。これは公的年金の第3号被保険者問題（→第6章I.12.）と同じで、
不公平といえば不公平なのだが、年金と違って、積極的に何かもらえるわ
けではないためか、あまり議論になっていない。

(2) 自営業者等の場合

　これに対して自営業者等が加入する国民健康保険の保険料については、
もう少し複雑な決め方をしている。すなわちフローの所得はなくても、ス
トック（資産）のある人も少なくないので、市町村によって、フローの所
得だけでなく、保有している資産に応じた額や、家族の人数に応じた額、
世帯ごとにかかる額を組み合わせて、保険料が算定されている（国民健康
保険法施行令29条の7）。

　また、国民健康保険の保険料は、税金の形で取ることがある（国民健康
保険法76条）。そこではあくまで保険料を税金という名目で——すなわち
「国民健康保険税という名前」で、取っている。だからこの税金というの
は、次に述べる公費（国庫等）の負担や、いわゆる税財源、税方式という
場合の税金とは異なる。健康保険や介護保険、公的年金でも、こういう形
での「転用」はない。

I. キホンのキホン　111

市役所職員「市役所です。滞納している国民健康保険の保険料、払って
　　下さい」

市民「保険は嫌いだよっ。オレは病気なんてしないし」

市役所職員「市役所です。国民健康保険税を納めて下さい。脱税になり
　　ますよ」

市民「払います。すぐ払いますよっ」

　どうも税金という名前にしたほうが、皆がちゃんと払ってくれそうだか
らという意識戦略の面も強いようである。

　なお保険料を滞納すると、保険給付が差し止められたり、給付の際に滞
納している保険料の分を引かれたりする（国民健康保険法63条の2）。ずっと
保険料を払わずにいて、病気になってから、あわてて保険料を払い始めて
も、そうは問屋が卸さないのだ。

(3) 子ども・子育て支援金制度への徴収・納付

　保険料に関しては、「子ども・子育て支援金」にもふれておきたい。
2024年にその費用を医療保険で集める（2026年〜）という法改正が成立し
たからだ（子ども・子育て支援自体については→第8章 I.4.）。

　医療保険で少子化対策の費用を集めるのはおかしいという指摘は多い。
しかしたとえば健康保険法では、以前から高齢者への支援に加え、介護納
付金なども含めた費用に充てるために保険料を徴収するとされており
(155条)、これに子ども・子育て支援納付金の費用が加わる構図ではある。

　もっとも介護納付金は、第5章でみる介護保険法に基づくもので（150
条〜）、それに応じた介護保険料率が決められて、それを払うことが介護
保険の給付を受ける要件になる（68条）。しかし子ども・子育て支援金に
ついては、子ども・子育て支援法を見ても、健康保険者等から納付金を徴
収する旨が書かれているだけで（71条の3）、加入者がそれを払うことに
（あるいは払わないことに）どういう法的効果があるのかはよく分からない。

　喩えは悪すぎるが、これでは医療保険側は振り込め詐欺の「受け子」み
たいな役割だ。とにかく相手からカネを受け取ってこいと言われて、カネ

112　　第4章　何はなくとも医療保険

を受け取って、それを別の組織に渡す。国民の方も「カネを渡さないと大変な事になるぞ（日本が？）」と言われて、よく分からないままにカネを渡す。

　そういうやり方が間違っているとは言わないまでも、医療保険でもこういう「受け子」的な仕事ばかりやっていると、誰が誰に何をやらせているのか、本来の仕事は何なのか、分からなくなってしまいそうでもある。

　だから子ども・子育て支援法の方も、どうしても必要なら「受け子」なんぞを使わずに、堂々と国民に「カネをよこせ」といった方がよかったのではないか？　という説明は割と分かりやすいと思うのだが、政府にぶん殴られるかな……。

8.　現金給付──傷病手当金等

　医療保険では現物給付（療養の給付）が基本なのだが、それ以外に現金での給付もいくつかある。その代表が傷病手当金である（略して「ショーテ」などと呼ばれるが、「傷む」という字なので、わざと「イタデ」と読む人もいる）。

　たとえば健康保険法 99 条では、「被保険者が療養のため労務に服することができないときは、その労務に服することができなくなった日から起算して 3 日を経過した日から労務に服することができない期間、傷病手当金として、1 日につき、標準報酬日額の 3 分の 2 に相当する金額を支給する」としている。この傷病手当金の支給期間は「1 年 6 カ月を超えないものとする」とされている（→Ⅲ.1.）

　ほかに現金給付として、出産育児一時金（50 万円）、出産手当金（出産前 6 週、出産後 8 週。従前賃金の 2/3。育児休業とは別）がある（別途、出産費用についての保険適用が検討されている）。

　また埋葬料（または埋葬費）というのもあって、埋葬を行う人に支給される（必要性は分かるが、これも「医療」なのだろうか…）。

Ⅰ．キホンのキホン　　113

9. 医療保険の体系——保険者の種類

(1) 国保（コクホ）と健保（ケンポ）

「国民年金って、国民全員が加入するっていう意味だよね」

「そうだよ。わかりやすいだろう」

「そうすると、国民健康保険も、国民全員が加入するっていう意味だよね？」

「違うよ。わかりにくいだろう」

　こんなことだから、わかりやすく説明するのは難しい。年金とちょっと違っている。ただ、実は同じ「からくり」があることを、ややわかりやすく説明してみたい。

　これまで断片的にふれてきたが、日本では勤め人（サラリーマン）は健康保険制度に、それ以外の自営業者などは国民健康保険に加入する。国民健康保険は、略して国保（コクホ）と呼ばれて、自治体（かつては市町村単位だったが、現在では都道府県が運営の中心になった）ごとに運営されている（あわせて国民健康保険組合といわれる同業者団体も保険者になっている）。

　他方、勤め人の健康保険については、大きな会社などでは独自の保険集団を形成していて、これを健康保険組合という。中小企業などでは、都道府県ごとに、全国健康保険協会という保険者のもとで、協会管掌健康保険として運営されている（かつては「政府管掌健康保険」として運営されていた。なおこの協会管掌健康保険は、正式には「全国健康保険協会管掌健康保険」というのだが、いかにも長いし、その14文字のなかに「健康保険」が2回も出てきてマトリョーシカ状態なので、「協会けんぽ」という略称が割と広く用いられている）。あわせて健保（ケンポ）グループと呼ばれる。

　このように日本の医療保険制度の体系は、国民健康保険と健保グループ（健康保険組合、協会管掌健康保険）、すなわち「コクホとケンポ」の二本立てになっている。

　ところで正確に言うと、勤め人は健保に加入するが、農業・自営業者等

の「それ以外の全員」が、国保に振り分けられている。これは法律的に、国民健康保険法5条が「市町村の区域に住所を有する者は、国民健康保険の被保険者とする」と定めて、6条で「ただし健康保険制度などに加入している人は除く」としているため、結果的に「健保などに加入している人以外の全部」を国保が引き受けることになっているのだ。

(2) 国保の抱える問題

　だから健康保険に加入している勤め人も、退職すれば「それ以外の全部」の方に振り分けられ、国保の方に移ってくる。で、結果として今日、国保の加入者の半分以上は高齢者になっている。高齢者は、収入も現役世代より少ないことが多いが、医療費は当然かかりがちなので、自然体では国保の方が、圧倒的に保険財政が厳しくなる。

　したがって各保険者の財政状況としては、大企業中心の健康保険組合は、比較的良好であり、ついで中小企業の協会管掌健康保険（協会けんぽ）、そして国保はかなり厳しいということになる。「非常に苦しいコクホと、それと比べれば余裕があるケンポ」という図式である。これは構造的に仕方がないことで、国保が悪いとか、努力を怠っているという問題ではない。

(3) 公費負担

　そのため、そのようなフトコロ事情に応じて、保険財政に対して公費（国庫等）による支援が行われている。具体的には、いちばん苦しい国保については、その給付費の約半分を公費が負担している。つまり保険料だけでは、給付の半分しか賄えていないことになる。

　同様に、協会管掌健康保険でも、一定割合（法律では2割まで）を公費で負担している（政令により給付費等の16.4%）。これに対して健康保険組合については、給付費への公費負担は行われていない。

(4) 高齢者医療

　「そういえば医療保険と年金は同じ「からくり」だっていう話はどうな

I. キホンのキホン　115

ったの？」

「２頁も前の話を忘れてなかったか。年金では、国民年金の方が財政的
　に苦しくなったので、１階部分の基礎年金を国民共通にすることで、
　国民年金を救済したのだ」

「でも医療保険では、そうしてないんでしょ」

「医療保険の方では、高齢者医療の部分を国民共通にすることで、国保
　を救済したのだ」

　高齢者医療については、今見たように、自然体ではもっぱら国保が抱え
ることになってしまって「もたない」ので、長い議論があったが、2008
年に「後期高齢者医療制度」がつくられた。これはそういう事情から、後
期高齢者（75歳以上）を「切り離して」独立的な制度をつくって運営する
ものである。

　この「後期高齢者」という区分自体は以前からWHO（世界保健機関）が
使っていたのだが、なんとも「高齢者の中でもどん詰まり」「もうすぐ死
にます」みたいなニュアンスがあり、反感を買った。だから制度ができる
ときには政府は「長寿医療制度」と言い換えたりする一方、世間からは
「姥捨て山保険」などと散々批判されたが、今では「後期高齢者医療制度」
で定着している。「高齢者の医療の確保に関する法律」でも前期高齢者・
後期高齢者という言葉が正式に使われている。

　年金については１階部分を括りだして国民共通の制度にすることで、国
民年金の財政を救ったわけだが、医療保険では高齢者部分を括りだして国
民共通の制度とすることで、国保の財政を救おうとしたわけである。アニ
メファンに怒られそうだが、「千と千尋の神隠し」になぞらえていうと、
「コクホとケンポの老人隠し」みたいな話である。別に「隠した」わけで
はないのだが、厄介な部分を括りだして、別の新しい制度に封じ込めたと
もいえるわけで、「姥捨て山保険」という批判も的を射た面はあった。

　具体的には、高齢者自身にも保険料を、原則として「年金からの天引
き」により負担してもらって（所得割と均等割により算定される）、それで保険
財政の約１割を賄う一方、保険財政の約半分は税金により、残りの約４割

116　　第４章　何はなくとも医療保険

は現役の健康保険などから支援を続けて運営されている。窓口負担は所得により1～3割である（2022年10月から、中所得者の負担割合が2割に引き上げられた）。

他方、前期高齢者（65歳～74歳）については、それ以前にあった「老人保健制度」に類した形で、既存の保険者間（国保と健保）で財政調整を行いながら引き続き（各被保険者は従来の保険集団に属しながら）運営されている。

高齢者はどうしても医療費が多くかかるので、今後とも対応が難しい領域であろう。それでも次の第5章でみる介護保険の創設は、高齢者の世話を大幅に医療が担っていた体制からの、1つの大きな転換ではあった。

Ⅱ. このネタは使えるぞ！

小ネタ①　高齢者医療が医療費高騰の「犯人」か

マスコミ「国民医療費の増加が止まりません。特に65歳以上の高齢者の医療費の増加が深刻です。どうするんですか」

大臣「それはまずいですね。高齢者の医療費をただちに半分に圧縮しましょう」

マスコミ「半分に⁉　そんなのどうやって実現するんですか」

大臣「えーと、高齢者の定義を75歳以上にすればいいんじゃないの」

日本の国民医療費（保険診療による傷病の治療に要した費用）は総額45兆円を超えて、ますます増加を続けている。超高齢社会の中で、このままだと国の財政を圧迫して深刻な問題だといわれている。

とりわけ65歳以上の高齢者医療費が全体の約6割という大きなウェイトを占めていて、急速に伸び続けている。右肩上がりのグラフなどを見ると、これはまずいと反射的に思ってしまう。その中でも75歳以上の医療費は、全体の約4割を占めていて、この大臣の言う通りに75歳以上に限っても、高齢者医療費は半分にまではならない。

ただ、そもそもの医療費総額の水準について、そこまでよくないことか

どうかは議論の余地がある。というのは国民経済の中での位置づけとしては、日本でのGDP比率（1割弱）は、先進諸国の中でもとくに高いわけではないからである。

　とりわけ高齢者医療費の増加については「目の敵」にされている感があるが、日本全体の中で高齢者が増えているのだから、医療費も多くかかるのが当然ではある。高齢になると、病気がちになるのは避けられない。高齢者がいること自体、また高齢者人口が増えていること自体を批判しても仕方ない。

　社会保障費全体もそうなのだが、とかく額が多いというだけで、国民の負担が重くなるといって目の敵にするのは、一種の思考停止だろう。たとえば日本の中で、都道府県別では東京都が医療費総額はもっとも多く（2番目は大阪府）、今も増え続けているが、人が多いのだから当たり前であり、東京都や大阪府に特化して医療費を抑えるべきだという話はないだろう。

　あるいは日本人の中では、がんの患者数とがんによる死亡者数は増えてきているが、がん対策に力を入れようという声こそあるが、がんに費やされる医療費を減らすべきだという主張は聞いたことがない。

　しかも1人当たりの医療費が、若年より高齢者が高いのは仕方ないとして、日本人全体の1人当たりの医療費は伸びている中で、高齢者1人当たりの医療費の伸び率が、突出しているわけでもない。

　それでもとりわけ高齢者の中でも、いわゆる終末期医療で費用がかかっているといわれがちで、「スパゲッティ症候群」（たくさん管をつなぐ状態を指す）、「無駄な延命治療」などという言い方がよくされる。

「もう回復しない病気なら、放っておくべきだと思うよ」
「余命何年といわれてから、歴史に残る仕事をした人もたくさんいるけど」
「だけど、せめて無駄な延命治療はやめた方がいいでしょ。もう死ぬと分かっているんだったら、無理に寿命を延ばすべきじゃないよ」
「だいたいの医療は、いずれ死ぬと分かっている人間の寿命を無理に延ばすためにやっているんじゃないの？」

実際に終末期に医療費がかかるのは当然だとして（高齢者に限らず、死ぬ前にはそりゃ医療費はかかる）、その医療費のウェイトが突出して大きいわけではなく、定量的にも死亡直前1か月に要する医療費は全体の数％と言われている。その中でも言葉通りの終末期はもっと短いはずだ。

　また、そういう場面に立ち会えばわかるように、最近の医療機関は「単なる延命」には消極的だし、むしろ重篤になると、「どういう死に方を望むか」、「延命治療を望むか」を本人や家族がしつこく訊かれるという風ですらある。

　「無駄な延命治療」をどう減らすかというよりは、そういう延命治療をめぐる「議論の方が無駄」である可能性も小さくないというべきだろう。

小ネタ②　混合診療——最大の法政策的論点だが

　医療保険に関する最大の論点の1つは「混合診療禁止」の原則である。Ⅰ.3.でも触れたように、「一連の診療」のなかで保険診療と保険外診療を混ぜてはダメで、もし1つでも保険外の診療が混じっていると、全体に保険が効かなくなってしまう。

　これはシンプルに腑に落ちない。たとえば10のプロセス（検査・診療・治療・手術・投薬…）のうち、1つのプロセスだけが保険が効かないのであれば、その部分だけは自己負担（10割）して、残りの9つのプロセスは保険を適用（3割負担）すればいいじゃないかと思える。政府の説明は、「患者の負担が不当に拡大するおそれ」と「科学的根拠のない特殊な医療の実施を助長するおそれ」ということなのだが、だからといって何も全部を保険適用外にしなくてもいいんじゃないかと思える。実際、海外で多くの患者を救っている薬が使えなかったりすると、その人には深刻である。

　しかもこんな大事なことが、法律にははっきりと書いておらず、そのいわば裏側に位置する保険外併用療養費については延々と書いてある（健康保険法86条ほか）あたりが、ますます怪しい。もうどちらが原則で、どちらが例外か分からないところもある。

　ただ、ここであえて別の説明を試みれば、ひとつには上記ではたとえば

Ⅱ. このネタは使えるぞ！　119

「10のプロセスのうち、1つが保険外なら」という設例を出したが、もし混合診療が全面解禁となれば、10のプロセスのうち、1つと言わず、2つでも、5つでも、9つでも保険外で構わないことになる。

たとえば検査も保険外で精度の高い特別のMRI検査、手術も保険外でロボットを駆使した特別の手術、麻酔も副作用の少ない特別の方法を用いて、投薬も海外から特別の薬を取り寄せて、なんていうのも「あり」になる。もちろん禁止されていない医療行為であれば、もともと保険外でも「あり」なのだが、それが保険診療のつもりで臨んだ一連のパッケージの中にちょいちょい入ってくると、結果として当初の想定とは内容的にも、価格的にも全然違ったものになりかねない。

患者の負担は際限なくなることに加えて、結果として元の保険診療とは似て非なるものになっているのに、入院などの共通部分については保険財政からおカネが出ていくというのも、なんとなくおかしい。やはり医療は一連のプロセスを「パッケージ」とみて、保険を適用するのだと考えるのが合理的だろう。

それともうひとつ、現在、混合診療禁止の例外である保険外併用療養費制度が適用される「先進医療」のうち一定の（少なからぬ）部分は、複数の療養を「併用」するタイプのものである。

ここでいう「併用」というのは、同じ併用でも保険診療と保険外診療の併用ではなく、多くの場合、それ自体は保険診療として認められている複数の療養の「併用」なのである。たとえばがん治療で、白金の化合物と、別の何かというように2つの薬を併用するタイプの治療である。

医者「こっちの薬とあっちの薬、どちらの薬を使おうかなあ」
患者「少しでも効く可能性があるんだったら、両方やって下さいよ」
医者「そういう併用は、先進医療にあたるから、うちの病院ではできないんだよね。こっちの薬とあっちの薬、どっちがいい？」
患者「こっちの病院じゃなくて、あっちの病院に行けばよかった……」

ここでのポイントは、やはり10のプロセスのうち、独立的に1つか2

120　　第4章　何はなくとも医療保険

つの保険外のプロセスを加えてよいかではなく、10のプロセスのなかで、
「これとこれを混ぜて（併用して）よいか」なのである。その混ぜ方によっ
ては、危険性を伴うということでもあろう。最近でも2種類の肺がん治療
薬を併用する臨床試験が（そのこととの因果関係を否定できない死亡者が多いた
め）中止された例がある。

　医療とはそういうもので（それは介護との違いでもあろう）、保険を適用し
ようとする以上は、一連の診療のなかで、何と何とは一緒にやってよいか、
一緒にやってはいけないかが問題となるのだろう。混合診療禁止の原則は、
安全性の観点からそのラインを守る役割を担っているように思われる。

小ネタ③　民間医療保険は必要か

　医療費の高騰とか、国の財政難が喧伝されると、公的な医療保険だけで
大丈夫なのかと不安になる。「公的年金だけでは不安だから私的年金も」
という話とパラレルに、民間医療保険も必要かという話である。実際、テ
レビでは有名タレントたちが民間医療保険商品をしきりに宣伝している。

　しかし公的医療保険も結構複雑だったが、民間の医療保険商品も非常に
複雑だ。単独の商品に加えて特約として提供されるケースが多く、さらに
入院保障、手術保障、通院保障、疾病自体の保障などいろいろある。

保険会社のセールスマン「大きな病気をして、窓口の3割負担が重なる
　　と、なかなか大変ですよ。ぜひわが社の医療保険を」
ひねくれ顧客「いやいや、ちゃんとこの本で勉強したんだから。公的な
　　医療保険では高額療養費制度のおかげで窓口負担に上限があるから大
　　丈夫なんだよ」
セールスマン「最近は保険が効かない高度な先進医療もあるんですよ」
ひねくれ顧客「はいはい、それもこの本で勉強したよ。その先進医療っ
　　て、種類と実施できる医療機関も限られていて、しかもその対象はし
　　ょっちゅう変わるんでしょ」
セールスマン「入院すると、保険外で差別ベッド代などもかかります

Ⅱ. このネタは使えるぞ！　　121

よ」

　ひねくれ顧客「相部屋で結構。病室の仲間と楽しくやるから」

　もちろん通常の３割負担だけでも家計に響くのは確かなのだが、あまり
医療費負担をあおりすぎるのは考えものである。しかも医療費抑制の観点
から、入院日数は短縮化が図られる傾向にあり、日帰り入院（手術）など
も増えている。

　セールスマン「重くない病気も広くカバーする商品もありますよ。この
　　　商品は、たった１日の入院でも5,000円の給付金が出ます」

　ひねくれ顧客「でも請求のための書類が面倒なんでしょ」

　セールスマン「簡単な請求書と医療機関の診断書があればOKです！」

　しかし病院で診断書をもらうのに、5,000円以上かかったりする。とく
に保険請求用の診断書は高かったりする。

　セールスマン「それでしたらがん保険を。日本人の２人に１人はがんに
　　　なり、３人に１人はがんで死にますから、もらえる確率、かなり高い
　　　ですよ」

　ひねくれ顧客「がんにならなかったら、よほどアンラッキーってこ
　　　と!?」

　結局のところ、公的な医療保険と異なり、民間医療保険商品では対象と
なる病気をセグメント（区分）するため、せっかく保険料を払っても、給
付を受けられない可能性がどうしても残る。加入した商品が対象としてい
る事柄が起きなければ、保険料は「掛け捨て」になってしまう。

　セールスマン「健康祝金つきの商品もありますよ。つまり病気になって
　　　も、ならなくても給付をもらえるという画期的な商品です」

　ひねくれ顧客「え、そうなの？　だったらそれにしようかなあ。でもそ

122　　第４章　何はなくとも医療保険

れだったら定期預金と一緒じゃないの？」

セールスマン「いや、事務手数料などもかかりますので、定期預金みたいに利息は付かないのですが。それと途中で死んじゃうと、やや割損にはなります」

「掛け捨てにならない」という謳い文句は、日本人にはなかなか魅力的に響くのだが、「健康でも病気でも給付される」とすれば、当然それだけ保険料は高くなる。「小さな病気で保険請求すると、健康祝金をもらえなくなっちゃうなあ」みたいな話も出てくる。

ひねくれ顧客「わかったわかった。あなたの熱意に負けたよ。もうその総合医療保険というのに入ろう」

セールスマン「ありがとうございます。えっと……でも調べたところ、お客様は数年前に1度手術をされていますので、この保険にはご加入いただけません。残念でした」

ひねくれ顧客「こんなに長時間、いろいろ説明を聞かされたのに〜」

最後のくだりはまことに遺憾ながら、身内の実話である。リスクのある金融商品と同様に、慎重な勧誘・販売を望みたい（もっとも逆に「△△でも入れる保険」が標榜されている場合も、料率や商品内容で注意を要することが多い）。

Ⅲ．「労働法の方から来ました」

1. 病気で会社を休んだらどうなる？──療養中の労働者の処遇問題

「課長、ご心配おかけしましたが、明日会社に復帰します！」

「おお、そうか、休職期間満了前に復帰できてよかったね！　でもホントに大丈夫？　心の病は難しいからね、無理はしてないよね？」

「はい、正直ちょっとまだしんどいので、明日1日出たらまた明後日か

ら休職しようかと思ってます！」

　労働者が怪我や病気をして、会社を休まざるを得なくなったとしよう。
治療費は健康保険の適用により3割負担で済むわけだが、会社を休むこと
で労働法上はどのような問題が生じるのだろう。ざっと整理してみよう。
なお以下の説明は仕事とは関係のない怪我や病気（私傷病）の場合につい
てである。業務上の怪我や病気（労災）の場合は全然話が変わってくる
（→第3章）。

　まずは、会社をどう休むか。風邪を引いて出勤が無理だ、怪我をして病
院に行かなければ、となった場合は、数日間で済む話であれば有給休暇を
取得するのがおそらく世間での通常のパターンだろう。有給休暇なのだか
ら当たり前だが給料もフルに支給される。

　労働からいったん解放するから休息したり遊んだりしてまた充電して仕
事に戻ってきてね！　というのが本来の有給休暇の趣旨であり、その意味
では病気療養のために使うというのはやや邪道ともいえるのだが、日本で
はそもそも病気休暇が法定化されていない（海外にはされているところもある）。
病気休暇制度を任意に実施する企業もそれなりにある（厚生労働省の令和5
年就労条件総合調査では21.9％の企業が制度化している）が、1日か2日の療養
のために取得する人はそれほど多くないだろう。法定の制度でない以上、
病気休暇取得者を人事上不利益に取り扱ったとしても必ずしも違法ではな
いことも暗に影響しているのかもしれない。

　ちなみに日本の有給休暇消化率はだいたい6割弱である。この背景には、
もっと取りたいのにブラック上司の有形無形の圧力で取れない、というゆ
ゆしき状況もあるのかもしれないが、未消化の年次有給休暇のうち数日は
万が一何かで体調を崩したときのために（＝病気休暇代わりに）残しておく、
という合理的な選択の結果が反映しているのかもしれない（しかし意外に元
気だったりするから結局有給が余ってしまうのだが）。

　では療養期間がもっと長期にわたってしまった場合はどうか。もう有給
も残っていない、ということになると、欠勤するということになりそうで
ある。この欠勤が長く続けば、もう仕事ができないのだからしょうがない、

124　　第4章　何はなくとも医療保険

解雇だ、ということになりそうだが、私傷病の療養が長引いた場合に利用できる病気休職制度を有する企業も結構あるので、解雇の前にまず休職制度の利用が問題になることが多い。やや古いが、ある調査（労働政策研究・研修機構「メンタルヘルス、私傷病などの治療と職業生活の両立支援に関する調査」(2013 年)）では実に 9 割以上の企業が病気休職の制度を実施している（規定はないが慣行によるものも含む）。休職の上限期間は 6 か月から 1 年未満が多い (22.3%) が、3 年超も 26.1% ある。

　このような休職制度があれば、病気で仕事に出られなくなったとしてもすぐに解雇されることはない。6 か月とか 1 年とか、場合によってはもっと長く、雇用を維持したまま病気療養できることになる。そうそう、説明が遅くなったが、冒頭の会話のようなケース。不正のニオイがしないでもないが、休職の回数に制限がなければ適法な「作戦」である。そういうことができないように、休職は同じ病気では 1 回しかできない、というような制限を設けている企業も多いのだが。実際には病気休職からの復帰にあたっては会社の産業医や労働者の主治医が健康状態のチェックをするはずである。

　ではこの間の賃金はどうか。病気休職中も賃金を一定割合支給するという企業もあるが、多くの場合賃金は支給されない（前掲の調査では 74.8% が無給である）。雇用はつないでもらえるが賃金は出ないのか、まあ働いていないんだからしょうがないよな、さて生活費どうしよう……と心配になってくるが、ご安心ください！　ここで登場するのが健康保険制度の傷病手当金である。本文中でも触れたように（→ I.8.）、業務外の怪我や病気の療養のため「労務に服することができないとき」に支給される。金額はざっくり言えば通常の月給の 3 分の 2、支給開始時点から 1 年 6 か月が支給期間の上限となっている。

　要するに賃金は出ないが傷病手当金がその肩代わりをしてくれるわけだ。病気のためとはいえ仕事をしていないのにそれなりのお金がもらえるというのは誠にありがたい。それでも全額じゃなくて 3 分の 2 でしょ、と思うかもしれないが、非課税で社会保険料もかからないので体感としては 8 割支給くらいの重みはある。もちろん元をたどれば自分（と他の大勢の被保険

者）の払った保険料が財源なのだからそんなにありがたがらなくてもよいのかもだが。

　他方で、自営業者等が対象の国民健康保険には傷病手当金に相当する制度は基本的に存在しない（各自治体が条例で任意に実施することは可能。最近ではコロナ対策の一環として実際に実施されている）。ここでも労働者か否かで格差があるといえる。また、医療保険財政が厳しい中、給料の補塡まで医療保険がやらなくてはいけないのかという疑問もなくはない。もっとも、協会けんぽの令和４年度事業年報によれば、傷病手当金が健康保険組合の保険給付費に占める割合はわずか4.8％である。ちょっとくらい切り詰められたとしても焼け石に水だ。だからというわけでもないだろうが、最近の改正ではむしろ制度の適用範囲が拡大されている。2022年１月から、１年６か月という支給期間の絶対的な上限が緩和され、この１年半の間に（一時的に仕事に復帰し給料が出たため）傷病手当金が支給されない期間があった場合には、その期間を除いて１年半をカウントすることになった。

　実は傷病手当金は、若い層については精神疾患での利用が多いが、高齢者についてはがん治療での利用が多い。そして支給期間上限を緩和した上記の改正は、がん治療のために入退院を繰り返したりがんが再発したりした場合にも傷病手当金をより柔軟に利用できるようにするという目的の下に行われたものである（平成30年３月閣議決定「がん対策推進基本計画」（第３期）参照）。がん患者が増加し、しかし医療の進歩で働けるがん患者も増えている状況において、がん治療と仕事との両立を図れるようにすべきだということのようである。

　６か月なり１年なりの休職期間が満了してもなお病気が治らなくて仕事に来られない、という場合には、今度こそ本当に、もう仕事ができないのだからしょうがない、解雇あるいは休職期間満了による退職だ、ということになる。休職規程も通常そのように定めている。ただし裁判所では、いわゆる総合職的で職種の限定がない場合には、本当に「仕事ができない」のかどうかは極めて厳格かつ慎重に判断される。たとえば、元々現場監督をやっていた人ががんに罹患し現場には出るのはきつくなったが、体の負担の軽い事務作業ならまだできるという場合には、企業はまずその異動の

可能性を検討すべきであるとされるであろう（片山組事件・最判平成 10・4・9 労判 736 号 15 頁参照）。

　確かに現場監督をやっていたが、総合職なのでたまたまそのとき現場監督をやっていただけ。もしがんになったときに事務職だったら仕事を継続できて解雇もされなかったのに、たまたま現場監督のときにがんになったからと言ってクビというのはおかしい、不公平だ、というロジックである。総合職である以上、健康なときは基本的には会社の言うなりに異動に応じなければならない。そういう労働契約だ。その代わり、いわばその裏返しとして、病気になってしまった場合には、会社はその病気でもできる仕事がないか探してそこへの異動を検討しなければいけない、というバランスなのだろう。

　以上、労働者が私傷病で働けなくなったときの法的問題をざっと整理してみた。ざっくり言えば、病気だからと言ってそんなに簡単には解雇されないし、傷病手当金で所得保障もある程度はなされるということだ。だから病気になっても安心、よかったね！　……というのもおかしな話だ、もちろん病気にならないのが一番である。それからより大事なことは、ここで説明した話は、まず自営業者だと蚊帳の外であるし、労働者でも休職制度のない企業（中小零細ほど多い）に勤めている場合や、総合職でない場合には関係がないということである。嫌な言い方をすれば、長時間労働で転勤も異動も会社の言いなりの「社畜」的な労働者にだけ与えられるちょっとしたお慈悲です、ということかもしれない。

2.　「労働者」としての医師（その1）──労働時間管理

　医者「えー、精密検査の結果が出ましたのでこれからご説明しますね。ご家族もいらしてますね？」

　心配性の患者「家族を呼ぶなんて、やっぱり私相当悪いんですね、覚悟はしてましたが……それでいったいなんの病気なんでしょうか？」

　医者「いえいえ、医学の進歩はめざましいですから、そんな心配しなく

てもいいんですよ」

患者「そんな最先端の医学でないと対応できないような病気なんですね、
　　覚悟はしてましたが……それでいったい……」

医者「あなたの病気は……おっと、終業時刻だ、続きはまた明日」

　実際にこんな対応をされたら、ガチギレの患者さんが即SNSにアップしそうだが、お医者さんだって勤務医なら労働者だ。労働者なら終業時刻に帰っても文句を言われる筋合いもないはずだ。しかしなぜこのケースだとお医者さんの方がヒドいとみんな思うのか。それはやはり、医は仁術、ではないが、医療現場での労働は普通の職場でのそれと違う、特殊なものだとみんなが思っているからであり、また実際にそうだからであろう。

　コロナ禍ではびこった「とりあえず医療従事者に感謝って言っとけばいいだろ」的な風潮はどうなのよと正直思ってしまうが、医師（及びそれを支える皆さん）の仕事の社会的重要性は誰も否定はできない。何しろ人間の命がかかっているのだ。自分や家族が病気のときなどはとくにそのありがたさを感じてしまう。コロナ禍じゃなくても感謝しないとなのだが。この章のテーマである医療保険制度も、一定水準以上の能力を備えたお医者さんやスタッフがきちんと仕事をしてくれなければ機能しない。

　しかしその命に関わる仕事をしているお医者さんも、紛れもなくひとりの人間であり、開業医を除き多くの場合病院等で雇われた労働者である。雇い主たる病院は、医師たる労働者を原則1日8時間、週40時間以上働かせてはいけない（労働基準法32条）、働かせたい場合には36協定という労使間の協定を締結し残業代（割増賃金）もきちんと支払う（同36条、37条）、などの規制を守らなければならない。守らなければ刑罰が科される可能性もある。

　ところで周知のとおり、2018年の「働き方改革」により、労働時間の規制が強化された。それまでは、前述の36協定が締結されている職場であれば、残業させてよい時間（正確に言えば時間外・休日労働）に法律上の上限はなかった（大臣告示の「目安時間」はあったが）。しかし2019年（中小企業は2020年）4月からは、時間外労働は原則として1か月につき45時間及び

128　　第4章　何はなくとも医療保険

1年につき360時間まで、例外的にも年720時間まで、などの絶対的な上限が法律で定められた。この上限はたとえ36協定を結んでも絶対に超えられないものであり、超えたら罰則の可能性もある。

ということはお医者さんにもこの上限が適用される……のが筋だが、そうはならなかった。医師は特別扱いとなったのだ。働き方改革では、医師については上記の上限規制は適用せず、2024年4月から適用する別の新しい規制のあり方について議論することが決まった。その後厚生労働省が設置した「医師の働き方改革に関する検討会」での議論が2019年3月にまとまり、一般の勤務医については時間外労働と休日労働を併せて年960時間・月100時間、地域医療の中核病院での勤務や研修医などの場合は年1860時間・月100時間という、例外的とはいえ通常の労働者よりもかなり高い上限時間を設定するということで話がまとまった。

なんでお医者さんだけ働き方改革の蚊帳の外で、残業時間の上限もやたら高いの?! 労働者でも医者の生命身体は守らなくていいってこと? 使用者たる病院経営者が上級国民だからお目こぼししてるのか? それとも何か政治的な理由でも? オトナの事情まではわからないが、「働き方改革実行計画」では、診療業務が持つ、他の一般的な業務とは異なる特殊性がその理由とされている。その特殊性とは、医師の応召義務である。

応召義務とは、医師は正当な事由がなければ診察治療の求めを拒否できない、とする医師法19条1項の規定である。つまり医者は患者が診てくれと言ったら原則診なければいけない。まあそらそうだ、命を預かる仕事なのだから、徹夜で手術をしないと患者が死んじゃうというのであれば、労働時間など気にせず頑張ってもらわないと困る（というか、多くの医師は言われなくてもそうするだろう……ちなみに冒頭の会話のケースももちろん誇張した架空のものですよ、念のため。ってこういう断り入れるのってカッコ悪いよね。入れるけど）。医師がこういう法的な義務を負っている以上、通常の労働者と同じような労働時間規制の下に置くわけにいかないのだ、というロジックであり、一定の説得力はある。

この応召義務は、明治時代には罰則付きの規定であった。現在ではもう罰則はないが、その時代からの名残もあるのか、現代においても医師の世

Ⅲ．「労働法の方から来ました」　129

界の職業倫理として根づいており、国民の側もそれを当然のものと受け入れているという実態がある。確かに言われてみれば、私たち一般国民の側も、お医者さんは労働時間がどうした残業がどうしたなどというケチくさいことは言わず、病気が治るまで、必要なら何時間でもかけて一生懸命治療してくれるはずだ、となんとなく思っている。もしどこか具合が悪くても病院に行けば必ず治療はしてもらえる、医療は常にアクセスできる状態になっているはずだ、と多くの国民は思っているのだ。国民皆保険がさらにその敷居を低くしている面もあるだろう。

　ただ、その結果として、医療現場で長時間労働が常態化してしまっているのもまた事実である。当直明けでも夕方まで連続勤務するなんてのはごく当たり前のことであり、統計でも医師はどの職種より労働時間が長い。ただでさえ命を扱う精神的ストレスの高い仕事なのに、それに加えて長時間労働ではたまったものではない。ワークライフバランスの問題から女性医師が育たないという問題も指摘されている。

　そもそも応召義務も、医者に際限なく働けと要求するものではない。現に条文にも、正当な事由があれば診療拒否できると書いてあるのだ。使用者たる病院が適切に医師を配置すればそんなに無茶なことも起きないはずだし、本来はそうすべきなのだ。応召義務だけで医師の特別扱いを正当化するのは苦しいし、むしろ応召義務は悪い意味での錦の御旗となって、医師の過重労働を助長してきたのかもしれない。

　とは言え、急に一般労働者と同じにしろということになると現場も混乱するので、当面は上記のようなかなり高い上限規制で特別扱いをすることになったというわけである。しかしこれで終わりにせず、医療現場の状況に即して、今後もありうべき労働時間規制のあり方を考えていくべきだろう。もちろん、医師の数自体を増やすなど、他の方策も併せて検討されるべきだ。医師会は反対するかもしれないが……

3. 「労働者」としての医師（その2）──研修医問題

患者「あのー先生、あちらにいらっしゃるのは研修医の先生ですよね？
　　　それなら私研修医の先生に診てもらいたいんですけど」

医者「えっ！　これまでの私の治療になにか不満でも?!」

患者「いえいえ全然そんなことないです！　ただまだ修行中の先生なら
　　　単価が安いのかなと……」

医者「そんなことはありませんよ、同じ値段です」

患者「あともっと丁寧にきちんと診てくれるのかなと……」

医者「……それは否定できないかも！」

　コロナワクチンの予防接種には、注射が打てる人なら誰でもいい、ということでいろんな人が動員された。お医者さんはもちろん、歯医者さん、そして覚醒剤で捕まったあの芸能人……は注射名人かもしれないけど呼ばれなかったか。筆者も職域接種とかいうヤツで打ってもらったのだが、そのときの注射者？は若造、いや失礼非常に若い男性であった。こいついやこの先生まだ研修医なのかな、などと思いながらチクッとしてもらった。

　研修医も医師国家試験に合格した正式な医者ではある。しかししょせん見習いの新人、修行中の身だ。今後一人前になっていくためには、先輩医師の指導の下で臨床経験をどんどん積んでいく必要がある。なんの道でもそうだろうが、修行期間というのはなかなかタフなものだ。プロとしての技術を「体で覚える」ために、ただがむしゃらに働く。修行中だから給料なんてもらえなくたっていい、技術を教えてもらえるんだからむしろこっちが払ってもいいくらいだ。労働時間？　そんなの気にしてチマチマ修行してたら一流になれないよ！　という感じだろうか。

　研修医の世界は、かつてはまさにこんな感じであったようだ。毎日朝7時半から夜10時まで指導医の指導を受けつつ診療や医療事務に従事、遅い日は午前0時を回ることもあり、たまにある休診日にもほとんど出勤、その他に長時間の手術立会いに宿直もこなす、しかしこれに対する報酬は

Ⅲ.「労働法の方から来ました」　131

「奨学金」として月6万円プラス宿直1回につき1万円のみ——これは裁判で事実認定された、1998年に実際にあったケースである（関西医科大学研修医（未払賃金）事件・最判平成17・6・3民集59巻5号938頁）。すべての研修医がこのような待遇であったわけではないが、出身大学の医局でほぼただ働きに近い状態でこき使われる、というのがごく当たり前であった。

　これだけ働いて月6万円はさすがにどんなブラックバイトでもかなわないレベルだ。もちろん最低賃金法違反の低賃金である。しかし、その辺のうさんくさい会社ならともかく、ちゃんとした大学が雇ってるのになんでこんな低い金額なのだろうか。裁判での病院側の主張にその答えがある。研修医は、自らの意思によって将来医師として独り立ちするための教育研修スケジュールを実践している者に過ぎない。指導医は指導、助言をするだけであり、指揮命令をしているわけではない。午後7時以降の在院も自発的意思に基づいて同期医師との意見交換や実技の練習などをしているに過ぎず、残業をさせられていたわけではない。夜間の手術の見学も強制されていたわけではない——要するに、研修医は労働者として働いていたわけではなく、見習い医師としての修行を自発的にやっていただけだというのが病院側のスタンスであった。6万円も、賃金でないのであれば最低賃金法の問題とはならない。

　しかし最高裁判所はこの主張を退け、以下のように判示して研修医の労働者性を認めた。臨床研修は確かに教育的な側面を有しているが、指導医の指導の下で医療行為に従事することが予定されており、それは病院のために労務を遂行するという側面を不可避的に有する。この研修医も、決められた時間及び場所において、指導医の指示の下病院が患者に提供する医療行為等に従事しており、それに対して（名目は奨学金だが）金員が支払われ、源泉徴収も行われていた。従ってこの研修医は労働基準法及び最低賃金法にいう「労働者」に該当する。

　この判断により、月6万円と最低賃金との差額がこの研修医の遺族に支払われた……え、遺族？　そう、実はこの研修医は研修期間中の1998年8月、自宅で突然死してしまったのである。そしてこの死亡については、遺族が病院に損害賠償を請求した別の裁判において、病院が上記のような

研修実態を放置し、研修医に対する健康管理を実施しなかったなどの安全
配慮義務違反を原因とするものであるとする、原告勝訴の判断がなされて
いる（関西医科大学研修医（過労死損害賠償）事件・大阪高判平成16・7・15労判
879号22頁）。

　もっとも、裁判所は、上記過労死事件の判決文の中で次のようにも述べ
ている。研修プログラムは拘束時間が長く、肉体的・精神的負担も大きく、
かなりの過労状態を招来するものであったが、「不眠不休といえるほど著
しく過重なものであったとはいい難」いと。ではなぜ病院は敗訴したの
か？　それは、突然死した研修医がブルガダ症候群という基礎疾患を有し
ており、病院も健康診断を実施するなどして研修医の健康管理に配慮して
いればこれを事前に発見し治療を施すこともできたのに、それを怠ってい
たからである。新人医師の研修プログラムとしてはそれほど酷い内容とは
言えない、ただ正面から労働者として扱い、その健康状態に十分配慮した
上で報酬をちゃんと払えばよかったのだ、ということなのかもしれない。

　しかしそれでも、将来のある若い医師が命を落としたという事実のイン
パクトは小さくなかった。この事件は研修医の過労死事件としてマスコミ
でも大きく報道され、それがその後の研修医制度の見直しにもつながって
いく。

　実は、かつての研修医制度（臨床研修）は努力義務に過ぎなかった。し
かし2000年の法改正により、医学部卒業後2年間の臨床研修が義務化さ
れた（本格施行は2004年度から）。研修プログラムが統一的に整理され、研修
先病院を本人の希望に基づき出身大学に関係なくコンピューターのマッチ
ングにより決定する仕組みが導入された。臨床研修がこのように法定の制
度となったこともあり、現行の臨床研修制度の下での研修医は労働者とし
て処遇されることになっている（厚生労働省「医師臨床研修指導ガイドライン」
参照）。

　研修医の法律上の位置づけはこれで一応明確になった。病院側としては
不満があるかもしれないがお上も労働者と扱えと言ってるし、実態もそう
なのだからまあしょうがない。ただ他方で研修医が、プロの医師になるた
めの修行中の身である、現場でガンガン経験を積むべき期間である、とい

Ⅲ．「労働法の方から来ました」　　133

うポジションにいることには変わりがない。さてそこをどう折り合い付けるか。

　上記ガイドラインは、「研鑽として（＝労働ではない時間として）認められるためには、研修医の自由意思で、労働から離れることが保障されている（自らの判断で終了することができる）状態で行われていることが条件として、個別具体的に判断される」としている。労働法的には全く隙のない説明だ。ちゃんと専門家のチェックが入っているのだと思われる。要するに、早朝の資料読み込みも夜中の手術の見学も、病院や指導医の命令ではなく本人の自由意思でやるのであればいいよ、ということだが、どこまでが自由意思かというのもなかなかに微妙な判断である。

　ガイドラインもこれだけでは足りないと思ったのか、これに続けてさらに以下のように述べている。「労働時間とは、使用者の指揮命令下に置かれている時間のことをいい、使用者の明示又は黙示の指示により労働者が業務に従事する時間は労働時間に当たることに留意する必要がある。ここでいう「黙示の指示」とは、使用者の明示の指示はなくとも、「業務」並びに「業務に必要な準備行為」及び「業務終了後の業務に関連した後処理」を事業場内で行う時間は、労働時間に該当する場合があることを意味しており、研修医の場合は特にその線引きが難しい」——これまた最高裁判例等も踏まえた実に丁寧で正確な記述なのだが、結局結論は「研修医の場合は特にその線引きが難しい」なので、マジメな指導医の先生ほど途方に暮れていそうだ。まあ実際の現場では阿吽の呼吸で、多くの研修医が「自発的に」研鑽を積んでいるとは思うが……

Ⅳ．物好きなアナタに——文献ガイド

○池上直己『医療と介護　３つのベクトル』（日経文庫、2021 年）
　医療保険及び医療全体について、分かりやすく書いたものをという人にはこの本を。介護問題もあわせて扱っている。医療をめぐる複雑な事柄を、とにかく平明に、分かりやすく解説している。医師・看護師の給与の比較とか、大学医局と病院の関係とか、人間が死ぬときの３つの曲線パター

ンなんかも書いてあって、「分かりやすすぎる」くらいである。

○二木立『医療経済・政策学の探究』(勁草書房、2018年)
　二木氏は医療政策の第一人者なのだが、膨大な著作があるのでとても全部は読み切れないという人にはこの本を。いわば二木氏のグレーテストヒッツ集であり、医療費増加要因の分析、終末期医療費の俗論批判、保健・医療・福祉複合体論をはじめ、重要な論稿をカバーしている。ところがこの本が出たあとも、二木氏は次々に著作を叩き出していて、やっぱり追いつかない。

○河上正二『消費者法特別講義　医事法』(信山社、2022年)
　医療全般を法律面から解説したものを、という人には民法学者によるこの本を。ユニークなのは書名で、これでは何の本だか戸惑ってしまうが、医療といえば、とかく医者側の専門的な視点でみるのが客観的で「正しい」と思いがちなところ、あえて「患者＝消費者」の立場から見ることを宣言したものだ。検討の深め方もユニークな箇所が随所にみられる。

○ミシェル・フーコー「医学の危機あるいは反医学の危機？」『フーコー・コレクション4　権力・監禁』(ちくま学芸文庫、2006年)所収
　ちょっと深い内容のものを、という人には「知の巨人」ミシェル・フーコーが近代医療や病院という仕組みがいかに形成されたかを解明したこの講演録を。18世紀半ば以前、医者は病気を「治せる」ことは多くなかった。フーコーは「当時のひとは死ぬために病院に入ったのです」とまでいっている。考えてみれば、ホスピス（緩和病棟）とホスピタルは同じ語源なのだ。

アウトロ──コロナ禍ビフォーアフター

　仙崎港のはるか沖合にとまって上陸を待っていた船は、まる二日後、突然、逆戻りをはじめた。
　どうも何とも解せない話であったが、船内の噂によれば、一昨日、

入港早々、腹痛をおこして発熱した井上カナという半後家が、疑似コ
レラと判定されたためらしかった。

　内心、私の精神はいらいらして、人格はますます下落して行くばか
りのところへ、また一人コレラ患者が発生した。こんどは三十六歳に
なる男性だった。半日ばかり患って黒こげになって死んで行くと、ま
た次の患者が発生した。こんどは四十一歳になる男性で、この男性も
あっという間に黒こげになって死んで行った。

　八月二十三日、やっとの思いで上陸が許可された。指を折って数え
てみれば、葫蘆島で乗船してから三十二日目にあたっていたが、その
間に十一人の男女がコレラで死亡していたのである。

木山捷平「コレラ船」より†

　新型コロナウィルス感染拡大（2020年）を機として、アルベール・カミュ
の『ペスト』がずいぶん売れたそうだが、かなり長い小説なので、最後まで
読み通した人は少ないのではないか。しかしこの私小説作家・木山捷平
（1904-1968）の短編小説なら30頁ほどですぐ読めるうえに、感染症の本質
を伝えてくれる。もちろん日本での騒ぎの端緒となったクルーズ船のことも
想起されるだろう。
　ちなみにコレラは歴史的に何度も大流行した感染症で、感染すると急速に
脱水症状が進んで死亡する。コレラにせよ新型コロナにせよ典型的な感染症
で、要するに「外」からの細菌やウィルスとの闘いになる。結核をはじめ、
感染症は長らく医療の最大のターゲットだった。
　しかし今日の医療政策では、慢性疾患への対策に重点が置かれて、いいか
えれば「内」との闘いに重点が置かれてきた。そこではなるべく長く健康で
いられることが理想とされ、PPK（ピンピンコロリ）などといって、ずっと健
康で活動していて、急に亡くなるのがむしろ望ましいと言われたりもする。
　新型コロナウィルスは、それらを再考する機縁になったのではないか。そ
れは「外」からくる感染症の恐ろしさ自体とあわせて、直前まで元気だった

人が突然亡くなるということの恐ろしさである。PPK を称揚していた人たち
でも、コロナで急に亡くなること（高齢者に限ってでも）を肯定的に評価する
とは思えないが、直前まで元気だった人が「長患い」せずに亡くなるという
意味では共通するところがある。

　このところ医療に関しては、とかく慢性疾患とか医療費負担の問題ばかり
が取り上げられる傾向があったが、急性期医療と、医療提供体制の大切さを
新型コロナは思い出させてくれた。コロナ禍により医療システムが崩壊の危
機に瀕したとき、医療費云々をいう人はさすがに少なかった。

　コロナ禍が落ちつくと、すぐさま「喉元過ぎれば」となるだろうか。

†　木山捷平『鳴るは風鈴　木山捷平ユーモア小説選』（講談社文芸文庫、
　　2001 年）所収

第5章
寝たきりだって介護保険

イントロ

　40歳といえば不惑の年。惑っていたら孔子に怒られてしまう。しかし残念なことに、多くの日本人は40歳の誕生日前後に惑いまくることになっている。「え、今月から天引き?!　ヤバっ、もうそんな年なの?!」——そう、40歳からは、介護保険の保険料の支払い義務が課せられるのだ。もはや「ヤバっ」なんていう言葉を使ってなんかいられない年齢なのである。

　周知のとおり日本は世界一の長寿国だ。2023年時点で男性81.09歳、女性87.14歳が平均寿命である。また、健康寿命、すなわち平均寿命から寝たきりや認知症など介護状態の期間を差し引いた数字についても、日本は最新のWHO発表によれば男性71.9歳、女性74.8歳とやはり世界トップクラスである。誇らしいこと、素晴らしいこと、ではあるが、ただその世界一の健康長寿国日本でも、要するにざっくり平均して10年間ほどは、介護保険のお世話になる可能性が高いというのが現実なのだ。今は老後のことなど気にもかけずに元気に過ごしている40代でも、ウン十年後に介護保険のお世話になっている可能性はかなり高いのである。

　老後の暮らしの糧となる年金。老後もできるだけ健康でいるための医療保険。しかしそれだけでは不十分。健康な期間だけで終わらない老後には、介護サービスも必要だ。介護はみんなの問題なのである。そう考えると、一番新しい社会保険制度として介護保険が2000年に誕生したのも、その保険料が40歳から徴収されるのも、極めて自然なことと評価すべきなのだろう。

　というわけで本章のテーマは、国民みんなが避けられない問題、介護を対象とする社会保険、介護保険制度である。いやオレは介護保険の世話になんかならない、ピンピンコロリでサクッと死ぬんだ（元気な年寄りほどこれ言いが

ち）、という人もいるかもしれないが、思ったとおりいかないのが人生。また仮に自分が要介護とならなくても、配偶者も、両親も、配偶者の両親も、だーれも介護が必要な状況にならずに亡くなるなんてことは極めてレアだろう。そしてそのレアなラッキーを引き当てた人も、介護保険料は負担しなければならないのである——40歳を迎えずに早死にしない限りは。

I. キホンのキホン

1. 介護問題と介護保険

そこそこネガティブな通常人「確率的に2人に1人くらいは、死ぬ前に半年以上寝たきりになるらしいよ」
眩しいほどに前向きなヤツ「そんなこと心配してもしょうがないよ。おれは運が強いから、2人のうち寝たきりにならない方の1人になるさ」
通常人「でもそうすると、きっと寝たきりになった連れ合いを介護する側にまわるよ……」
前向き「大丈夫！　結婚する予定も見込みもないから」

　本格的な高齢社会を迎え、寝たきり・認知症等の介護をめぐる問題はますます深刻化している。自分だけならまだしも、家族や親まで考えれば、介護の問題とまったく無縁に一生を送れる確率は、かなり低くなっている。
　上の例からしても、自分に加えて、家族や親の介護からすべて逃れるのは難しい。たとえばパートナーはいなくても、「自分自身」＋「自分の両親いずれも」が、この1/2の確率をクリアするケースは、1/2の3乗（つまり1/8）に過ぎない。
　そこで家庭内の過重な介護負担を生み、また社会的入院（介護を要する高齢者を病気でもないのに病院に入院させておく）といわれる現象も引き起こしていた高齢者の介護問題を社会的に解決するため（「介護の社会化」といわれる）、

140　　第5章　寝たきりだって介護保険

1997年に介護保険法が成立し、2000年から公的介護保険制度がスタートした。そこでは介護を要する高齢者に対して、様々な介護サービスが提供される。日本では「第5の社会保険」であり、もっとも新しい社会保険制度ということになる（ちなみに今後、もし「第6の社会保険」ができるとすれば、「子ども保険」が有力候補ではあろう）。

ただ第4章でみた医療保険と比べると、医療サービスの提供は、家族（医者ではない素人）ではできないが、広い意味での介護（ケア・お世話）の提供は、家族でも担えるところがある。そのことが、介護問題の二重性というべき事態——介護する側・介護される側の双方に対応しなければならない——をもたらしている。

2. 要介護状態とは

年金が対象とするリスクはおもに「老齢」だし、医療保険が対象とするリスクは「病気やケガ」だが、介護保険はどういうリスクを対象としているのだろうか。介護保険法の第1条には「加齢に伴って生ずる心身の変化に起因する疾病等により要介護状態となり、入浴、排せつ、食事等の介護、機能訓練並びに看護及び療養上の管理その他の医療を要する者」とあり、大雑把にいうと介護保険の対象は、介護等を要する人ということになる。これを要介護者という。

すると介護保険とは、介護を要する人に対して、介護のサービスを提供する仕組みということになるが、それではまるで禅問答である。

マジメな教授「わかりやすくいえば、身の回りのことを自分でできない人のことを、介護を要する状態、要介護状態といいます」
ちょっとうまいことだけ言える学生「え、すると先生も要介護状態なんですか？」
教授「そう言われるとそうだな……って何いってんだ、君たちこそそうじゃないか！」
学生「ってことはみんな介護保険の受給者か……。これは制度の持続可

I. キホンのキホン　141

能性が危ういですね」

　しかしこれは仕方ないところがある。「介護」とは何か自体は、法律上も定義されていない。お世話とか、ケアとか、言い換えは可能だが必ずしも明確ではなく、医療との違いもよく分からないところがあり、だからこそ介護保険という制度が作られるのが遅れたともいえる。

　そこで要介護者をより具体的なイメージで考えると、典型的には「寝たきりや認知症」ということになる。認知症は、昔は「痴呆」といっていたのだが、コトバのイメージが悪いため、こう呼ぶようになった（呼ばれる中身は変わっていない）。なお介護保険法１条冒頭の「加齢に伴って」というところには意味があって、交通事故によって若くして寝たきりになった場合や、若年・先天的な障害者は除かれる。

　「寝たきり」と「認知症」とは、重なることが多いが、概念としてはまったく別である。病気や骨折によって「寝たきり」になったが、認知症ではないという場合はもちろんあるし、その逆もある。

　学生Ａ「うちのオヤジ、寝たきりで、認知症も進んじゃってさ〜」
　学生Ｂ「まだいいじゃん。うちのオヤジなんて、認知症だけど、寝たき
　　　りじゃないから、すぐに家を抜け出してどっか行っちゃうんだよね」
　学生Ｃ「いやいやそれまだマシだし！　うちのオヤジなんて、寝たきり
　　　だけど、頭はしっかりしてるから、いつも理路整然と寝たままオレに
　　　説教するんだよね」

　認知症でも、寝たきりではない（Ｂ君父の場合）と、むしろいわゆる徘徊などが深刻な問題になることも多い（Ｃ君の場合はありがたくお説教を拝聴しよう！）。ただ認知症をもたらす脳の障害は、身体機能にも影響を及ぼすことが多いので、一般的には認知症は寝たきりをもたらしやすいといえる。

　このような寝たきりや認知症は、加齢（トシをとること）に伴って生じることが多く、根本的に「治す」というのは難しい。それが普通の病気と違うところでもある。厚生労働省研究班による最新の推計では、2040年に

は65歳以上の約3人に1人は認知機能関連の症状があることになる。

　だから「認知症患者」という表現は、「痴呆」のような差別的な表現とは異なり、誰でもなる病気というニュアンスにはなるのだが、そのせいで普通の（治療可能な）病気のように認識されるおそれがある点ではミスリーディングでもあろう。

　ちなみに時折「ついに認知症の原因物質を突き止めた」という新聞記事に出くわすし、いろいろ新薬も開発されているが、それで認知症になる前に戻せるわけではない。一般的には症状の進行を遅らせる薬（ドネペジル等）が広く利用されているが、認知症が加齢と深い関係にある以上、不老不死の薬を作るのが難しいのと同様に、抜本的な治療薬というのは簡単ではないのだ。

　しかし完全に治すことができないとしても、そういう人を「支える」ことはできる。介護サービスの目指すものは、自立的な生活を、快適に、長く送ること、あわせて家族負担を軽減することである。

　もっとも介護保険法1条の後半をみると、「これらの者が尊厳を保持し、その有する能力に応じ自立した日常生活を営むことができるよう、必要な保健医療サービス及び福祉サービスに係る給付を行う」となっている。法律ではあくまでも（支える側ではなく）介護される側のための制度とされていることになる。

3. 要介護認定

　介護を要する状態となった場合、市町村に申し込むと、はじめに要介護度の認定を受ける。この認定のプロセスとしては、コンピュータによる1次判定ののち、訪問調査・かかりつけ医の意見書により2次判定が行われる。これらによって日常生活動作等の程度に応じて自立を含めて段階に分けられ、この度合に応じて保険から支給される費用が決まる。要介護度の認定は、全国一律の基準とされている。

　要介護度は、1〜5に分かれ、基本的には介護に要する時間をベースとして、基準がつくられている。自立に近い人は、要介護度の数字が小さく

なり、介護保険ではサービスを少ししか利用できない。多くの介護を要する人は、要介護度の数字が大きくなる。たとえばもっとも重い「要介護5」と判定されると、月に約36万円分のサービスを利用できる（あとでみるように、利用時に費用の1割〜3割を負担する）。

　　調査員「おじいさん、自分でトイレに行けますか」
　　ただ正直に生きてきた高齢者「……えっとえっと、はい、ひとりでは行けません」
　　調査員「いつごろから、行けなくなりましたか」
　　正直すぎる高齢者「今日からです。というか今日だけです。今日は要介護認定の日だから、何もできないふりをしろといわれていまして」

　要介護度が高く判定されたほうが、多くのサービスを使えることになるので、周りが高齢者に「何もできないふり」をさせようとしても、実際には裏目に出て、判定のために来た調査員の前では高齢者がはりきって、いろいろ活動力があることを見せてしまうことも多い。
　なお要介護に達しない場合は要支援という判定になり、要介護に準じた形でサービスを利用できる。
　この判定に際して、家族がいるかどうかは勘案されない。家族がいるからと言って、その家族がみずから介護することは前提としないからである。介護保険は「介護の社会化」を実現するためにできたことからすると、当然ではある。しかし本人の状態だけに着目した一律の線引きだと、実際には家族がいる高齢者にとっては助かるし、逆に1人暮らしの高齢者にとってはしばしば厳しいことになる。

4. ケアプランによるサービス利用

　要介護度が決まると、それに応じたサービスを利用できるが、通常はこれをもとにケアプランと呼ばれる介護計画が作成される。たとえば要介護2と判定されれば、約20万円の予算内で、「週に2回のホームヘルプサー

ビス、週に1回の入浴サービス」というように、サービスの種類と回数を組み合わせていく。各サービスのメニューについては、それぞれ単価が決まっているので、決められた予算の範囲内で「詰め込む」ことになる。

　「限度額内で、あと数回、ホームヘルプサービスを増やせますけど」
　「いらないから、その分、おカネでちょーだい」
　「そういうことはできないんですよ」
　「だったらもったいないから、限度額内で目一杯きてもらおう。別に必
　　要ないんだけど」

　もっとも利用したサービス量に応じて一部負担（1割〜3割）があるので、要らないものまで「詰め込む」と、無駄にカネがかかってしまう。制限時間つきの食べ放題とは、ちょっと違うのだ。
　逆に、サービス量が足りないと思ったら、要介護度で決められた予算の上限を超えて、サービスを利用することもできる。これを「上乗せサービス」という。その場合、上限を超えた部分は保険の対象外となり、その部分については自己負担となる（これは医療保険の「混合医療の禁止」と異なる点でもある→第4章Ⅱ.②）。
　ただ、そのサービスのメニューは多様で、カタカナの専門用語が多く、はじめて老後を迎える人（大抵そうでしょう！）にとっては、なかなか分かりづらいのではないか。代表的なサービスは、ホームヘルプ、デイサービス、ショートステイ、リハビリ等々であるが、その周辺で、レスパイトケア、ユマニチュード、フレイル、アドバンストケアプランニング、さらにはサ責、サ高住（サコウジュウ）等々の謎めいた漢字カナ交じり言葉も飛び交う。PT・OTやらPEG、BPSDなどの頭文字の略語も日々増殖している。逆にカンタキ、ショータキみたいに漢字の略語もある（（看護）小規模多機能型居宅介護）。
　ちなみに介護保険ができる少し前には、当時厚生大臣であった小泉純一郎氏が、省内でカタカナ禁止を打ち出していた。高齢者が分からないじゃないかというわけである。しかし介護保険ができる頃には、小泉純一郎氏

Ⅰ. キホンのキホン　　145

は総理大臣になっていたので、カタカナ禁止令が介護保険関係に及ぶことはなかったのは皮肉である。

いずれにせよ、こんなにあれこれとサービス種類があっては普通の人には理解困難なので、コーディネーター（これもカタカナ！）が必要になり、それがケアマネジャー（介護支援専門員）、略してケアマネである（またまたカタカナ！）。すなわちこれらのさまざまな介護サービスをパッケージ化したケアプランが、都道府県知事が指定したケアマネジメント（介護支援）機関において（ケアマネを中心に）作成される。

このケアプランに基づいて、実際のサービスが提供される。サービスを利用できるのは原則65歳以上だが、40〜64歳についても、脳梗塞や初老期認知症などの加齢に伴って生じた要介護状態については対象となる。

保険により利用できるサービスは、次でみるように在宅・施設の両面にわたり、市町村で独自にメニューを追加することもできる。

5. 利用できるサービス──在宅サービスと施設サービス

介護保険法により提供されるサービスは、在宅サービス（法的には居宅サービス）と、施設サービスに大別される。

(1) 施設サービス

施設サービスというのは、施設への入所（そこでサービスを受ける）ということだ。代表的な施設が、特別養護老人ホーム（略して「特養」）で、しばしば希望者が多くて順番待ちの長いリストができている。

　そろそろ介護疲れの娘「お父さん、特養に空きが出たみたいなので、入所したらどうですか？」
　寂しくて強がる父「冗談じゃない。わしは最期まで住み慣れたこの家にいるぞ」
　とりあえず言ってみた娘「……でも『特別』養護老人ホームですよ。もう特別に上等なんですから。またとないチャンスですよ」

プライドくすぐられちゃった父「なるほど、まあ確かに、わしは常に特別
　が似合う人生を生きてきたからなあ」

　特養の「特別」というのは、上等だという意味ではなく、特に介護を要
する高齢者のためというような意味である。実はもともとは「特別」では
ない（いわばフツーの）「養護老人ホーム」というのがあるのだが（身寄りの
ない高齢者等が入居する）、最近ではすっかりこの「特別」養護老人ホームの
方が一般的になってしまった。
　そのほか老人保健施設という在宅復帰をめざす医療機関との中間的な施
設があり（略して「老健」という）、ここでは看護、医学的管理の下で、介護
及び機能訓練その他必要な医療並びに日常生活上の世話を行う。また長期
の療養のための介護医療院（以前の療養型病床群の受け皿とされる）も施設サー
ビスの対象となっている。

(2) 在宅サービス

　ただ、介護保険制度としては、在宅サービスの方に力点を置いている
（少なくとも制度創設時は置いていた）。それは従来の「措置」と呼ばれる、高
齢者をまとめて収容する発想からの脱却でもある（→第8章I.2.）。高齢者
本人としても、最期まで住み慣れた家でという希望は多いだろう。
　在宅サービスとしては、ホームヘルプサービス（家事援助や身体介助）が
代表的だが、朝から夕方まで高齢者を預かってもらうデイサービスや、数
日間預かってもらうショートステイなども在宅サービスに分類される。こ
れは特養や老人保健施設に預かってもらう形なので、施設サービスに分類
されるのではという感じもするが、基本的には在宅での介護を継続するた
めの支援という位置づけである。
　それ以外にも訪問入浴、訪問看護、訪問リハビリテーション等々、きわ
めて多くの種類がある。
　そこで代表的なサービスを、あえて子どもの場合とパラレルに位置付け
れば、以下のように並べてみることができる。「長年生きてきた高齢者を、
子どもと同列にみるとはけしからん」とお叱りを受けそうだが、たとえば

I．キホンのキホン　　147

デイケアセンターといえば、英語では保育所のことであり、あえて「ケア」という共通項で並べてみたものとしてお許しいただきたい。

　　ホームヘルプサービス　➡　保育士が自宅に子守りに来てくれる（いわゆる保育ママ）みたいなもの

　　デイサービス　➡　日中、保育所に預かってもらうみたいなもの

　　ショートステイ　➡　お泊り保育みたいなもの

　　リハビリテーション　➡　保育所での活動や遊びみたいなもの

　ただこのように、保育とパラレルに「説明できないこともない」こと自体に、すでにふれたような介護サービスの二重性が浮き彫りになっている。つまりこれらにおいては本人（高齢者や子ども）のためのサービスという側面と、預ける側（家族や親）のためのサービスという側面が、重なっているのである。預かってもらっている間、家族は自分の仕事などに専念（場合により休息）できるというわけだ。

(3) その他

　そのほか、グループホーム（それぞれ自分でできることをして助け合いながら暮らす）や小規模多機能施設などは、施設・在宅とは別の、「地域密着型サービス」として位置づけられている。ちなみにグループホームは上の説明になぞらえれば、子どもたちだけで合宿生活するみたいなものである。

　また有料老人ホームは、公的なサービスではないが、そこにいながら介護保険のサービスを利用することはできる（在宅サービスの種類の１つである「特定施設入所者生活介護」）。最近普及しつつある「サ高住」（サービス付き高齢者向け住宅：バリアフリー対応で、安否確認や生活相談等のサービスを提供する高齢者向けの賃貸住宅）でも介護保険サービスを利用できることがある。

　さらにこれら以外に、福祉用具の貸与（介護用ベッドなど）もあり、加えて自治体独自のサービスが提供されることもある。

　また上記とは別に、介護が必要な状態となる前から介護予防を推進するとともに、高齢者が地域で自立した生活を継続できるように、市町村が実

施する地域支援事業というのが行われている（2005年～）。その実施機関として地域包括支援センターがあり、家族等で介護の問題が生じたときにはまずここに相談に行くことが多い。

実はこれに限らず、介護保険法はこれまでに何度も改正され、そのたびにますます複雑になってきている。この本では代表的なサービスメニューだけを見てきたが、介護保険法の8条と8条の2では、各サービスが計45項に及んで列挙されている。ちょっと目を離すと、さらに10くらい増えていそうである。

さらに介護については地域を軸とした施策（地域包括ケアシステム等）もさまざまな形で展開されてきている。もっともこれらについては、介護保険を起点として、地域を軸に据えつつ政策対応がどんどん進化・発展しているという見方と、せっかく作った介護保険を空洞化させながら、どんどん手抜き・地域まかせになっているという見方とがある。

6. 法的な給付構造

ケアプランに基づいて、利用者は、各介護サービスを提供する事業者とそれぞれ契約を交わし、これに基づいて事業者から介護サービスが提供される。かつては介護サービスの利用は、法的には「措置」による割り当てとして構成されていたが（→第8章 I.2.）、介護保険のもとでは対等な「契約」と構成され、同時に介護サービスの供給主体の多様化が図られた（→II.②）。利用するサービスの種類が多いと、相手方の事業者数も（またそれに伴って契約書の数も）多くなったりする。

サービス提供に要した費用の大部分は、保険者（市町村）から事業者に対して給付される。これを介護報酬という（医療保険の診療報酬にあたるもの）。利用者は事業者に対して、原則1～3割の一部負担だけを支払う。

このあたりは第4章でみた医療保険の場合と似た流れだが、法的には大きな違いがある。すなわち医療保険では、現物給付（患者に対して医療サービスが現物で提供される）が原則となっているが、介護保険では、条文上は利用者への費用の支給が原則となっている。たとえば介護保険法41条に

I. キホンのキホン　　149

は「市町村は、要介護認定を受けた被保険者……（が）、居宅サービス（……）を受けたときは、当該居宅要介護被保険者に対し、当該指定居宅サービスに要した費用……について、居宅介護サービス費を支給する」と書いてある（条文が長いので、（……）として省略した箇所が多いが、別にヤバい内容だから伏字にしたわけではない）。

　つまり法的には利用者がそのサービスの代金を事業者に支払い、あとからその代金相当分が、保険者からいわば払い戻されるという形で定められているわけで、これを償還払いという。

　実際には、その払い戻し先を事業者にすることで（これを代理受領という）、利用者は事業者に対してまず代金を支払ってから、保険者からそれを払い戻すという厄介な手続きを取らなくてもすんでいる。しかし法的にはあくまで「費用の支給」となっているわけで、このような法的構成についてはさまざまな説明や議論があるが、介護という事柄の性格が絡んでいるのも見過ごせない。

　医療であれば、患者に対して必要かつ十分な医療サービスを提供するのが筋だ。たとえば手術は1回行って、適切な処置をすればよいわけで、手術が成功したのに「もう1回、まったく同じ手術をしてください」と頼む人はいない。しかし介護については少し違う。

「独り暮らしで大変でしょうから、訪問入浴サービスにお伺いします。
　おひとりで入ると危ないですしね」
「それは助かります。風呂は大好きなので」
「何曜日がよろしいですか？」
「えっ……そりゃ毎日入りたいですけど」

　あるいはたとえば毎回、食べるのを介助してほしいというのは真摯なニーズかもしれない。できるなら常時、そばにいて介助してほしいというケースは決して稀ではなく、毎回の排泄ケアなんかも切実である。

　だから介護については、何が必要かつ十分かを規定するのは難しい。たとえば家事援助などのホームヘルプサービスにしても、「いくらあっても

よい」、「たくさんあればあるほど助かる」ともいえ、どこまでが必要な介護なのか、明確に線引きできない。もちろん保険財政にも限りがある。

そうだとすれば、いくらサービスを利用してもいいのだが、要介護度に応じて、金額を区切って、そのあらかじめ定められた一定部分についてだけ、保険財政からかかった費用を払い戻す——社会的に費用負担される——と考えるのが、介護という事柄に即した対応になるとみることができる。

これが医療保険であれば、治療のために必要な療養は「まるごと」保険給付されて、ただその一定割合が窓口負担になる。治療や手術の途中で「はい、保険給付されるのはここまでです」と通告されたりすることは、普通はない。しかし介護では、「何が必要だろうか」と考え出すとキリがなくなって、それを「まるごと」保険給付というのは無理なので、はじめから要介護度に応じた金額で区切って、法的には「そこまでの費用を支給する」という形になっていると理解することが可能だろう。これが法的には最大のポイントといえる。

7. 保険料と保険財政

(1) 介護保険財政と保険者

介護保険の財政全体をみると、保険給付（利用者の一部負担を除いた部分）については、保険料で半分、残り半分を公費（国・地方自治体）すなわち税金で調達している。

介護保険の保険者・運営主体は基本的に市町村である。しかし小さな市町村では、保険財政のつじつまが合わないことも出てくるので、自治体のあいだ等で財政的な調整の仕組みも設けられている。

(2) 40-64歳の保険料

介護保険の保険料は、40歳以上の国民が負担する。

「おっかしいなあ、今月は給料少ないぞ」

「また仕事で失敗して、減給されたんじゃないの？」
「冗談じゃないよ、今月も売り上げトップなんだぞ。ちょっと人事部に
　文句言ってくる！」
　——5分後
「……40歳になって、介護保険料の給料からの天引きが始まったんだっ
　てさ」

　40-64歳の人は、介護保険の第2号被保険者となり、この保険料は医療
保険の保険料とあわせて（それに上乗せして）集められる（保険料率は、医療保
険者によって異なるが、協会管掌健康保険（協会けんぽ）では1.60％（2024年））。生
活保護受給者など、40-64歳で医療保険に加入していない場合は、介護保
険にも加入しない（→第7章Ⅱ.③）。
　40歳からというのは中途半端な感じもするが、たとえば20歳からでは、
収入もなかったり、介護といってもまるでピンと来なかったりする。しか
し逆に高齢者だけを被保険者にしても、もう収入がなくなっていたり、も
っぱら介護サービスを利用する立場だったりして、保険財政の担い手とし
ては心許ない。40歳になると、自分自身に初老期認知症のリスクが出て
きたり、自分の親が介護サービスを利用するようになったりすることから、
その辺で折衷的な解決を図ったものといえる。
　介護保険は、要介護者にサービスを提供するものだが、支える側のため
という側面もある。そういう二重性がここでもあらわれている。

(3) 65歳以上の保険料

　65歳以上の人は介護保険の第1号被保険者とされる。この保険料は、
原則として公的年金額から天引きされる。

「おっかしいなあ、今月は年金額が少ないぞ」
「長生きしすぎて、年金が減額されたんじゃないの」
「冗談じゃないよ。年金額は支給開始時に決まるとこの本（→第6章Ⅰ.
　10.）にも書いてある。ちょっと年金事務所に文句言ってくる！」

——5日後

「……年金から天引きされる介護保険料が上がったんだってさ」

　保険料は自治体によって異なるが、月額で数千円というところである（徐々に引き上げられ、平均では6,000円以上になっている）。そのようにせっかくの年金から、介護保険料を否応なしに天引きされてしまうのは、納得できない人もいるかもしれない。実質的な年金削減であり、財産権の侵害だという見方もあり得よう。

　ただ介護費用は、長生きすると、どのみちかかる費用でもある。老齢年金は、もともと老後の介護費用にも備えるものだと考えれば、たまたま要介護になった人に負担が集中してしまうよりも、その負担をさらに介護保険の保険料によってあらかじめ皆にリスク分散しておくのも合理的だろう。そうであれば、皆が受け取る年金から介護保険の保険料を出して備えることにするのも、1つの有効な方法だといえるのではないか。

(4) 一部負担

　すでにふれたように、介護保険のサービス利用時の一部負担は、制度創設時には原則1割だったが、現在では所得により1割〜3割となっている。

　医療保険と同様に、この負担が重なれば、高額介護サービス費として、一定の限度額（所得により月数万円程度）を超えた分が払い戻される。医療保険でみた高額療養費と同じ仕組みである（→第4章I.5.）。あわせて医療保険と介護保険の自己負担額を合計して適用される、高額医療・高額介護合算制度もある。

　また施設サービスの利用時には、居住費や食費等の負担が生じるが、それらの負担を軽減する補足給付という仕組みがある。

8. 契約を通じた介護サービスの提供

　介護サービスは、かつては法的には老人福祉のなかで「措置」という形で、いわば一方的に割り当てられる性格のものだった（→第8章I.2.）。し

I. キホンのキホン　　153

かし介護保険のもとでは、介護サービスの利用は「契約」に再構成された。

すなわち介護サービスの利用者がサービスを提供する事業者と契約を結んで、事業者からサービスが提供されて、利用者が事業者にその対価を支払うのだが、その費用（の大部分）がすでに述べたような形で保険給付される（→**6.**）。

ちなみに利用者とサービス提供者が契約をするという点では、医療保険の下での医療サービスの利用も同じ構図なのだが、介護サービスは、もともと一方的な措置だったものを、法的にいわば対等な当事者関係に再編した点に意義がある。

契約ということは本来、利用者側が契約の相手方や、契約の内容も自由に決められることを意味するはずで、実際に介護サービスの相手方（供給主体）は大いに多様化された（→**Ⅱ**.②）。しかし契約の内容に関しては、現状では標準書式的な契約書に印鑑を押すだけになっているのは、いささか残念なところがある。

しかも介護保険法には、この契約自体については何の記述も無く（もっぱら事業の運営基準等に委ねられている）、法的にあいまいというべきか、今後の展開の可能性があるというべきか、微妙である。

Ⅱ. このネタは使えるぞ！

小ネタ①　介護現金給付の是非——家族で介護したら損⁉

老いた社会保障学者である夫「……ヘルパーさん、いろいろお世話になります」

妻「何を言っているんですか。私はあなたの妻ですよ」

夫「えっ！そうなのか？　家族介護じゃ、介護保険の給付対象にならないじゃないか！」

妻「(そういうことは忘れないのね……)」

日本の介護保険法では、家族介護への給付はない。たとえばプロの介護

事業者に所属するホームヘルパーに来てもらうから、介護保険の対象となるわけで、家族で介護しても、何か対価がもらえるわけではない。

外部の介護サービスを利用すれば、その費用を介護保険が負担してくれるのに、同じ要介護高齢者を自分たち家族自身で介護したときに何の評価もないのはおかしいではないか、という疑問はある。実際にドイツの介護保険では、家族介護に対して現金給付が行われている。

日本でも制度創設時に、家族介護への現金給付の導入が一部政治家から強く主張された（政治家の名前から「亀風が吹いた」といわれた）。それは外部サービスの利用を推奨して、家族による介護を評価しないとなれば「日本の淳風美俗が失われる」という立論であった。しかしこの考え方は「さすがに古い」ということで大方の反撥を招き、その導入は見送られた。もっとも介護保険法とは別に、自治体から家族介護慰労金が支払われることがある。

家族介護への現金給付に対しては、フェミニズム的な立場からの反対も強い。家族介護に対して金銭を支給すれば、それを「公認」することになり、それは「介護は嫁の役割」として性別役割分業を固定化するという指摘である。「おカネももらえるのだから、おじいさんの世話は、お嫁さんがしっかりやりなさい」というわけだ。もっともこれに関しては、家事労働評価の一環として、家族介護も金銭的に評価すべきだという議論もある（いわゆるシャドウ・ワーク論）。

他方、要介護状態になっても、適切なサービスがなければ、結果的に介護保険から給付は受けられない。たとえば特別養護老人ホームへの入所希望は多く、長い順番待ちリストができている。利用できるサービスがないとき、介護保険の保険料が「払い損」になってしまうわけだが、現金給付があればそれを防げる。

さっきの夫「寝たきりになったのに、老人ホームは満床で入れず、1銭ももらえないとは、一体なんのために保険料を払ってきたんだ。情けない」
妻「だってたとえば病気になっても、病院に行かなかったら、お金をも

らえるってわけじゃないでしょうが」

夫「いやいや、もしお金がもらえるんだったら、病気になっても病院な
　　ど行かずに我慢するぞ。いわんや介護においてをや」

　妻「（病前性格の先鋭化……）」

　現金給付の是非についての意見はそれぞれ説得的であり、なかなか決着
がつかないところがある。ただ、もともと介護保険は「介護の社会化」の
ためのプロジェクトであったことは、忘れるべきではないだろう。

　もし要介護状態になった場合に、単に金銭を支払うだけの仕組みでよい
のであれば、介護保険なんて、いつだって実施可能だったともいえる。認
定の仕組みさえ作れれば、たとえば公的年金の中に障害年金との並びで介
護年金を作るとか、あるいは医療保険での傷病手当金のように介護手当金
を作るとか、そういうことでもよかったのだ。

　保険料を払ったのだから、要介護状態になったときに、何ももらえない
のではおかしい、という見方も成り立たないではない。しかし少なくとも
介護保険については、その保険給付は介護サービスと「セット」であり、
それが日本でわざわざ「第5の社会保険」を作る意味だったのではないか。
逆に「保険料を払ったのだから、何か戻ってこないとおかしい」という考
え方は、保険をあまりにも貯蓄に引き付けた（それはそれで日本的な）思考
回路だろう。

小ネタ②　民間介護参入は活性化？　それとも金儲け？

　介護保険のもとでは、ホームヘルプをはじめ、在宅介護サービスについ
ては民間の営利企業によって提供されるものも保険の対象となるようにな
った（同時に NPO の参入も認められた）。

　それまでは「措置」と呼ばれるサービスの提供形態——公的にサービス
を割り当てる方式——のもとで、自治体や社会福祉法人が低所得者を主な
対象としてサービスを提供していたが、「お役所仕事」「非効率で融通が利
かない」などという批判もあった。

156　　第5章　寝たきりだって介護保険

ここに民間営利企業が参入することで、競争原理が導入され、民間の創意工夫を活かしたきめ細やかなサービスが期待された。実際、24時間巡回ホームヘルプなどにいち早く取り組み、まさに「9時から5時まで」を打破したのは民間営利企業である（別に残業を礼賛しているわけではないが、介護のニーズは24時間365日である）。

　しかし他方では、民間営利企業の「商売、儲け主義」が警戒され、「高齢者が食い物になる」といわれた。実際、介護報酬の不正請求などが発覚すると、「それみたことか」「福祉を商売にするな」との声がすぐあがる。

　ただ、「営利企業だから危ない」というわけではないだろう。福祉や介護サービスは国民の生命・安全に直結するから、「商売」とは相容れないという意見もあるが、たとえば国民の生命を支える「食べ物」だって、営利企業が作ったり売ったりしている。集団食中毒やレストランの食品偽装など、安全性に関わる問題もいろいろ発生するが、だからといって、営利企業が食品を作ったり売ったりするのはダメだという議論は聞いたことがない。市営プールや町営住宅というのはあるが、市営の魚屋とか町営のとんかつ屋とかはあまり聞かない。

　実際、民間営利企業やNPOの参入が可能になったといっても、それは在宅サービスのみで、特養などの施設の経営はできない。これは、老人ホームなどの施設の経営がうまくいかずに潰れてしまうと、入居者がただちに行き場を失うからである。在宅サービスであれば、1つの会社が潰れても、その地域で別の会社がある限り、別の会社の人に来てもらうようにすればよい。

　ただし有料老人ホームは個々人が購入する、いわば介護サービス付きマンションであり、民間営利企業が経営できるので、時折深刻な問題が起こる。

有料老人ホーム経営者「入居者の皆さん、残念ながら当老人ホームは経営破綻しました。皆さんには月末までに退去いただきます」
入居者「ええっ？　どこにどうやって移ればいいっていうんだ！」
経営者「ご自身で適切な施設を探して、荷物をまとめて、移っていって

Ⅱ. このネタは使えるぞ！　157

下さい」

入居者「そういうことができないヤツがここに入ってんだよ！」

　そんなこともあるにせよ、少なくとも介護保険の創設に伴う民間営利企業の参入によって、人々の介護に対する意識は、劇的に変化した。介護保険が作られる前は、ホームヘルプとかショートステイなんてコトバは誰も使わなかったし、老人ホームは山奥にしかなかった。街なかにデイサービスの事業所があったり、その送迎車が走っているのを見かけることなんて、一切なかったのだ。

　他方、そもそも「民間営利企業が参入すれば、競争が促進されて、サービスの質が上がる」というメカニズムは本当だろうか。そもそも何のために何を競争するのかという疑問がある。

　サービスが丁寧だとか、ヘルパーの人柄が良いとか、そういうことはあるかもしれない。しかし介護保険のもとではサービスの単価は介護報酬という形で一律に決められていて、その水準は高くない。事業所の評判が上がって、利用者が押しかけたとしても、介護人材は足りないし、介護事業者にとって、とくにうれしい状況ではないともいえる。

　とはいえ、たとえば最期に向けた時間の過ごし方／看取り方などを含め、介護のあり方に対する人々の価値観は多様化している。各事業者がどこで個性や独自性を発揮するべきなのかについては、もう少し考える余地がありそうだ。

小ネタ③　介護事故（転倒や誤嚥）は「事故」なのか

　介護の現場で深刻な問題となっているのが、いわゆる介護事故である。すなわち施設内で高齢者が転んで骨折したり、食事中に物をのどに詰まらせて（誤嚥という）亡くなったりする事故などのことである。

　このような場合、施設側の責任だとして、利用者やその家族から損害賠償が請求されて、裁判になることもある。家族の方からすれば、大切な親御さんなどを、せっかくプロの人たちに預かってもらっていたのに、ある

158　　第5章　寝たきりだって介護保険

日突然「転んで骨が折れました」とか「食事をのどに詰まらせて亡くなりました」といわれては、収まりがつかないのは当然ともいえる。

　すでに多くの裁判の判決が出ていて、そこでは施設側の賠償責任が認められることが多い。十分に注意すれば、事故を防げることが多いためでもあろう。

　　先輩ヘルパー「お年寄りが寝たきりになるもっとも大きな原因は、転倒
　　　　です。お年寄りが転ばないように、十分気をつけてください。」
　　新人ヘルパー「分かりました。お年寄りがあまり出歩かないようにしま
　　　　す」
　　先輩「ちがいます！　適度に体を動かさないと、筋肉が衰えて、寝たき
　　　　りになりやすくなります」
　　新人「……結局どうすればいいんですか？」

　事故が起こらないことだけを目指すと、人間的なケアができなくなる。
　たとえば誤嚥については、介護者がちょっと目を離した隙に、高齢者が食物等を喉に詰まらせるという事故が多く、そうすると目を離したこと自体の責任が問われるが、「通常の食事」（たとえば刺身やパン）を提供したこと自体の責任や、喉に詰まらせた食材の刻み方の大小が細かく問われたこともある。
　そこで食事中の誤嚥を何が何でも防ごうとすると、見守る人数には限りがある以上、栄養チューブや胃瘻（胃に穴を開けて直接栄養液を注入する）などに傾きやすくなるが、それは高齢者から通常の食事の楽しみや咀嚼する力を奪うことでもある。
　また転倒についても、たとえば１人の高齢者に１人のヘルパーを割り当てて、いつも傍で見ていれば、転倒を防げる可能性は大きくはなるが、それでも間に合わないことは多い（子どもや自分が転ぶ時のことを考えれば分かるだろう）。さらに夜中に急に起き出して転んだというケースも多いし、プライバシーの問題もある。かつては徘徊しがちな高齢者をベッドにしばりつけることなどが普通に行われていたが（抑制、身体拘束）、現在では厳しく

Ⅱ. このネタは使えるぞ！　　159

制限されてきている。

　いいかえれば介護事故は、「根絶」を目指すものというよりは、どんな介護を目指すかとの関係で位置づけられるリスク事象だといえるだろう。極論すれば、たとえば自立を目指すのか、看取りの一環であるのか、生活の質よりも生命の安全が優先か等々が問われるともいえる。

　この介護事故は、法的には医療でのいわゆる医療過誤に対応する事象だといえる。ただ医療過誤では、医師側の積極的な医療行為（そのミス）が中心的に問題となるのに対して、介護事故では、介護者側は何も積極的にはしていなかったり、むしろ利用者（高齢者）側の行動に起因して事故が起きることが多い。

　その意味でも医療過誤は「とにかく減らすこと」が大切だが、介護事故については、無理に減らそうとすると、別のところに歪みが生じてしまう。

　もう1つ、介護事故で留意すべきなのは、そもそもそれらは本当に「事故」なのか、という点である。

　高齢者は一般的に、骨がもろくなり、転びやすくなる。転ぶと、寝たきりになりやすい。寝たきりになると、心身も衰えて、食事のときにも誤嚥を起こしやすくなる。その結果、肺炎になり、亡くなるというのは、とくに認知症の場合は典型的なプロセスの1つである。

　「加齢」というのはそういうことなのだ。ある程度の年になると、物を飲んだときに、喉にむせやすくなったり、階段を下りるときに、ちょっと危なく思ったりするものだが、それはもう「始まっている」のだ。

　そうすると、転倒とか誤嚥とかの介護事故に遭遇するというのは、「事故＝アクシデント」でもなんでもなくて、高齢社会における人間の通常のライフステージそのものではないかという気もしてくる。

Ⅲ. 「労働法の方から来ました」

1. 介護離職を防げ！

市井の男「どうしよう、オヤジに続いてオフクロまで倒れちゃったよ
　……でも介護休業なんてどうせ取れないしなあ」
正義のミカタ弁護士「大丈夫、介護休業は企業の義務、労働者の権利で
　すよ！　会社に抗議しましょう」
男「はい、ではまず勤め先の会社を探します！」

　介護保険の導入で介護が社会化したのだからもう何も心配は要りませ
ん！　親がある日突然要介護状態になってしまったとしても、介護保険の
おかげで全然大丈夫、これまでどおりに生活し、これまでと変わりなく仕
事も続けていける……のであればそれに越したことはないのだが、残念な
がらそうはいかない。親の介護のためにやむなく仕事を辞めざるを得ない、
というのも決して珍しい話ではない。そこでそんなことにならないように、
なんとか仕事と介護とを両立できるように、労働者には介護休業の権利が
認められている。
　要介護状態（育介2条3号）にある家族（同条4号）を介護する労働者は、
対象家族1人につき通算93日まで（3回まで分割取得も可）、申出により介
護休業（同2条2号）を取得することができる（同11条）。また有期雇用の
非正社員でも一定の条件を満たせば取得可能である。休業中は無給が原則
だが雇用保険から一定の補助（介護休業給付。休業前賃金の67%）が支給され
る。
　介護は場合によっては何年も続く可能性がある。なのに3か月（93日）
というのはいかにも短いが、では1年とか2年とかだったら十分かという
とそうでもないわけで、キリがない。要するに介護休業は、介護期間中全
部休む権利を認めるというものではなく（それだとさすがに会社の負担が重く
なり過ぎだ）、「親が突然倒れたりした場合には、とりあえずこの3か月で
今後の介護の体制を考えてね」という制度なのだ。自宅での介護体制の構

Ⅲ. 「労働法の方から来ました」　　161

築、施設探し、介護保険の申請とケアマネジャーとの相談などなど、やらなければならないことは数多くある。これをなんとかひととおり片付けてね、という3か月なのである。

　介護休業は育児・介護休業法に基づく制度である。少子化に全く歯止めがかからず、また「保活」の大変さが頻繁に報道されるような状況のため、育児関連の施策の方がどうしてもクローズアップされがちであった。実際国の政策としてもまず育児絡みの方を充実、というスタンスであったように思われる（たとえば休業中の賃金、かつては育児休業の方が金額が高かった）。しかし最近は介護関連の施策も充実が図られている。最近の一連の改正では、介護休業給付の支給率引上げのほか、介護休業の分割取得制度や介護のための残業免除制度の導入などが実施されている。

　なお育児介護休業法は、労働者がこの介護休業の権利をきちんと行使できるように、事業主は労働者の介護休業の申出を原則として拒めないこと（育介12条1項）、介護休業を取ったことで労働者に解雇や降格など不利益な処分をすることができないことも定めている（同10条・16条）。

　また介護「休業」と似ていてちょっとややこしいが、介護「休暇」も制度化されている。こちらは年度あたり5日（要介護の家族が2人以上いる場合は10日）まで、労働者が要介護家族の世話をするために取得することができる休暇である（同16条の5）。もちろん有給休暇とは別の権利であり、仮に有給が残っていなくても取得できる。「世話」とは具体的には、介護そのもののほか、通院の付添いや介護サービスを受けるのに必要な手続きの代行などを意味する。介護「休業」で介護体制をひとまず構築し、あとは必要に応じて介護「休暇」で対応する、というイメージだろうか。

　介護休業も介護休暇も、要介護者を抱える家族の側からすればまだまだ不十分、もっと日数を増やしてくれ、介護休業給付も増額してくれ、と言いたくなるだろうが、企業側からすれば一定期間欠員が出る分をどうカバーするかを考えなければならない。介護はみんなの問題、だからその負担はみんなで分かち合わなければならない——のはそのとおりだが、その分かち合い方を間違うと職場に軋轢が生じるかもしれない。うまくバランスを取るのはなかなか難しそうだが、ただ今後はこのバランスを取れないよ

うなところはそもそも人材が集まらない、ということかもしれない。そうなると企業も本気で取り組まざるを得ないだろう。

2. 介護労働と外国人労働者

要介護おばあちゃん「いつも丁寧な介護ありがとね」

介護士あゆさん「いえ、仕事ですから当然ですよ」

ばあちゃん「悪いけど、正直言っちゃうとやっぱり介護してもらうなら
　　あなたみたいな日本人がいいわ。外国人じゃあ、言葉もわからないし、
　　だいたい日本人みたいにきめ細やかさがないでしょ？」

アユさん「すみません、私インドネシア人です」

　どんなに介護保険が充実しても、介護の現場で働いてくれる労働者がいなければ意味がない。ではその介護労働の現場はどうなっているのだろう。世間的には、しんどい割には低賃金、というあまりよくないイメージが一般的だが、それはあながち間違いでもないようである。各種調査によれば、介護職種の賃金は全産業平均を下回っている。また女性や中高年齢者層の割合が高く、かつ非正規従業員比率も高い（だからこそ賃金水準が低いともいえる）。

　このように待遇がいまいちなためか、介護の現場は離職率も高く、常に人手不足感に満ちているとされてきた。最新のデータでは前者の離職率はかなり低くなってきた（令和5年度「介護労働実態調査」（介護労働安定センター）によれば、全産業平均と大差ない）が、人手不足感は全く解消していないようである。現場の「悩み」として最も大きいのも、最近は賃金よりもむしろ人手不足の問題だという（前掲・令和5年度「介護労働実態調査」）。

　そこで、さらなる高齢化が進展する今後、介護の担い手がいなくなっては大変だ、ということで、介護の現場で外国人労働者に働いてもらうための施策がこれまで数々講じられてきた。

　外国人が日本で就労するためには、まず在留資格が必要である。外国人

労働者に関する現在の政府の基本的な考え方は、ひと言で言えば、専門的・技術的な人材は受け入れるが、単純労働従事者は入れない、である。専門的な技能を持った人は日本の経済支えてね、でも単純労働はダメだよ、そこは日本人の雇用を守るよ、というやや身勝手なスタンスである。もっとも日本人の配偶者や、留学生のアルバイトであればコンビニの店員さんをやることも可能だし、また技能実習生という仕組みも存在するので、現実には単純労働に従事する外国人を目にすることもそれほど稀ではない。

　では介護労働は単純労働なのだろうか。ハードな現場労働ではあるが、一定の専門知識や何らかの資格が（……なくても介護自体ができないわけではないが）要求されることが多く、難しいところだが、現在は「介護」という在留資格が存在するので、一応専門的な職種ということになる。もっともこの在留資格は比較的最近、2016 年に創設（2017 年 9 月施行）されたものであるので、それ以前は専門的な労働とはみなされていなかったともいえる。介護人材不足をカバーするために外国人の手を借りたい、そのためには介護も専門的職種にしておかないと、ということである。なおインドネシアやベトナムからは EPA（経済連携協定）に基づきすでに平成の初期から介護労働者を受け入れてきている（在留資格は特定活動）。また介護の在留資格創設時には介護分野で技能実習生を受け入れることも可能とされた。

　さらに最近の法改正により、介護その他人手不足が特に厳しいとされる特定の分野での外国人単純労働者受け入れを念頭に、特定技能という新しい在留資格が誕生した。ここに来てついに正面から「人手不足解消のためです」と銘打った点が注目である。特定技能 2 号という在留資格では、5 年勤めれば日本での永住資格が得られ、家族の帯同も可能となるなど、実質的に移民に門戸開放だ！　などと言われるのもそれほど間違いではないという感じの制度である。技能実習とは別の在留資格ではあるが、技能実習生がそのまま特定活動に移行するというパターンも想定されているようだ。なお 2024 年の法改正により、技能実習制度については「育成就労制度」への衣替えが決定した（2027 年 6 月までに施行）。

　冒頭の会話、筆者が勝手に作った架空のやりとりであるが、実際にあってもおかしくない。もちろんおばあちゃんに悪気はないだろうが、これを

機に根拠のない差別的な認識を改めて欲しいものである。前掲・令和5年度「介護労働実態調査」によれば、外国人労働者を受け入れる介護保険サービス実施事業所の数はここ数年順調に増加している。介護現場に限らないだろうが、こうして今後も外国人労働者はどんどん増えていく。建前はどうだろうが、移民と呼ぼうが呼ぶまいが、現実に人手が足りなければそこに外国人はやってくるのだ。

3. 転勤命令と介護責任

「君ね、4月から名古屋に転勤だから」
「申し訳ありません、実は家族に寝たきりの者がおりまして、東京を離れるのは厳しいのですが」
「なんと、それは申し訳なかった。会社としては全然把握してなかったよ……お母さんかな、それともお父さん？」
「いえ、私です！　朝全然起きられなくて……」

　総合職正社員をやっている以上転勤はやむを得ない、という感覚は日本企業では当たり前であるが、国際的にみると必ずしもそうでもない。欧米企業では職種や勤務地が労働契約上あらかじめ特定されているのが基本であり、会社は一方的に労働者の勤務地を変更などできない。最近流行りの言葉で言えば「ジョブ型雇用」というヤツだ。
　しかし日本は基本的にそれとは真逆。企業には人事権、つまりは配置転換や転勤を命じる権限が広く認められている。なんだよそれじゃあ労働者にとって全然いいことないじゃないか、という気もするが、その代わり企業は労働者を簡単に解雇できない、というところでバランスを取っているのが日本の雇用システムだ。要するに、長期雇用が原則、簡単に解雇はしないが、その代わりどこで何をやるかは会社側が決めるからな、という仕組みである。
　とは言え、企業の人事権も全く無限定ではなく、限界はある。判例によ

Ⅲ.「労働法の方から来ました」　165

れば、その転勤が「通常甘受すべき」レベルを超える不利益をもたらすような場合には、配転命令権の濫用として、転勤命令は無効となる。つまり、この転勤に応じて引っ越したら親の介護が出来なくなります！　というのが、「通常甘受すべき不利益」かどうかが問題となるということである。

　たとえばちょっと昔の事件だが、ネスレジャパン事件・神戸地判姫路支決平成15・11・14判時1851号151頁では、要介護度2の実母を妻とともに在宅で介護する労働者への単身赴任命令が、通常甘受すべき程度を超える不利益を負わせるものだとして権利濫用で無効とされた。他方で、比較的最近のエイブル事件・大阪地判平成29・1・13LEX/DB25545260では、介護責任と言っても週末に実家に出向いて母親の世話をしている程度であり、転勤で通勤時間が長くなったとしても母親の介護に支障が出るとは言えないとして、転勤命令は有効であるとされた。

　すでに20年前から、介護責任を負っている労働者への配慮は当然と考えられていた──と思ったら、比較的最近の事件で違う判断がなされている。いったいどっちなんだ、ややこしいな、と思われただろうが、ある程度はしょうがない。事実関係が全く同じ事件というのがない以上、そう簡単に傾向をまとめられないのが裁判例のややこしいところである（それを言ったらおしまいだが、裁判官も違うのだ）。まあ結局はケースバイケースだ。背負っている介護責任の度合いの違い、重さの違い（がどう裁判所に評価されたか）によるとしか言いようがない。

　「介護保険があるからどこに引っ越しても介護は可能、だから転勤命令有効」という判決が出たら面白い（すいません）のだが、今のところその兆しはない。最近の報道によれば、新型コロナに後押しされたようだが、NTTグループが、在宅ワークやテレワークを基本的な働き方とするとともに、転勤や単身赴任も廃止する方向を検討しているという。言わずと知れた大企業のNTTグループ、これまでは総合職なら転勤当然、という会社であっただろうから、（もし本当なら）これはなかなかの大転換である。いつから具体的にどう実施されるのか、他の大企業も追随するのか、まだわからないが、もしこれが大きな流れになったら、これまで裁判官を悩ませてきた、介護責任を抱えた労働者の転勤はどのような場合に可能なのか、

という問題は過去のものとなるだろう。

　ちなみに転勤がなくなるのはよいこと、というトーンの報道も多いが、前述のように、日本の大企業で配置転換や転勤がしょっちゅうあるのは、簡単に解雇しないこととのバーターである。転勤はないけど、今やってる仕事がなくなったら解雇だよ、というのが（真の）ジョブ型雇用の基本である。転勤も配置換えもできない、解雇もできない、ではさすがに雇う側もしんどい。え、そこは話し合いでなんとかしろって？　それは理想だが、従業員何千人の企業でいちいち個別の案件について話し合いなんかしてられないから「制度」というものがあるのだ、ということも理解しておく必要がある。

Ⅳ．物好きなアナタに──文献ガイド

○増田雅暢『逐条解説　介護保険法〔2016 改訂版〕』（法研、2016 年）
　　介護保険の詳細な内容を知りたい人にはこの本を。増田氏は厚生官僚として介護保険創設にかかわった人でもあり、内容には信頼がおける。ただ、その後も介護保険は法改正が続いているので、改訂が期待されるのだが、すでに 600 頁超、1 万円近くになっているので、どうなることか。

○堤修三『介護保険の意味論』（中央法規、2010 年）
　　介護保険について、法的観点も含めた理論的な面に関心があれば、この本を。堤氏は介護保険創設時の実務責任者でもあったが、本書は政府見解ではなく、自身の理論を語る。実は堤氏は福祉国家を否定するハイエク（経済思想家）を信奉していて、そういう人が介護保険創設にあたったのは歴史的皮肉だが、この本ではその「折り合いの付け方」も垣間見られる。

○三好春樹『ウンコ・シッコの介護学（新装版）』（雲母書房、2019 年）
　　衝撃的なタイトルだが、実際に介護にかかわってみると、大切なのは「ケアの本質は何か」みたいな高邁な話より、結局は排泄ケアの問題だと考える人が多いのではないか。三好氏は独自の路線をいく「カリスマ理学療法士」だが、排泄ケアに焦点を当てながら介護の本質を逆照射する。

○六車由実『驚きの介護民俗学』（医学書院、2012 年）

　　これも冗談みたいな書名だが、トンデモ本ではない。将来を嘱望された民俗学者が突然老人ホームに就職して、そこで認知症の高齢者と過ごすうちに、介護の本質が見えてきたというユニークな本。自分でも介護をやってみたいな、できそうだなという気持ち（錯覚かもしれないが）を起こさせてくれる筆致でもある。

○ラーシュ・トーンスタム（冨澤公子、タカハシマサミ訳）『老年的超越──歳を重ねる幸福感の世界』（晃洋書房、2017 年）

　　自分や家族が認知症になったらどうしようと怖くて仕方ない人には、この本を。認知症については、昔は「ボケた本人は気楽だ」といわれ、最近は「そんなことはない。本人はつらいのだ」という認識が定着してきたが、さらにひっくり返して「結構満ち足りていることも多い」という説が提示されている。もちろん適切なケアを行えれば、という前提つきではあるが、特効薬の開発を願うよりは、むしろこちらに希望を見出せるのではないか。

○長沼建一郎『介護事故の法政策と保険政策』（法律文化社、2011 年）

　　小ネタ③で取り上げた介護事故に関心を持ってくれた方がいれば、共著者の 1 人がかなりの時間と乏しい能力を費やして完成させたこの本を。幸い初刷は完売したので、増刷で大儲けかと楽しみにしていたところ、「これ以上は売れないだろう」と判断され、現在は電子書籍でしか入手できないらしい。

アウトロ──介護に疲れた人たちに

　その話というのは、彼の死ぬ一二年前のことらしい。ある日老いたる紀昌が知人の許に招かれて行ったところ、その家で一つの器具を見た。確かに見憶えのある道具だが、どうしてもその名前が思出せぬし、その用途も思い当らない。老人はその家の主人に尋ねた。それは何と呼ぶ品物で、また何に用いるのかと。

　主人は、客が冗談を言っているとのみ思って、ニヤリととぼけた笑

い方をした。老紀昌は真剣になって再び尋ねる。それでも相手は曖昧な笑を浮かべて、客の心をはかりかねた様子である。

　三度紀昌が真面目な顔をして同じ問を繰返した時、始めて主人の顔に驚愕の色が現れた。彼は客の眼を凝乎と見詰める。相手が冗談を言っているのでもなく、気が狂っているのでもなく、また自分が聞き違えをしているのでもないことを確かめると、彼はほとんど恐怖に近い狼狽を示して、吃りながら叫んだ。

　「ああ、夫子が、――古今無双の射の名人たる夫子が、弓を忘れ果てられたとや？　ああ、弓という名も、その使い途も！」

中島敦「名人伝」より†

　国語の教科書で読んだことがある方も多いだろう。わずか 33 歳で生涯を閉じた中島敦（1909-1942）の、死ぬ間際の作品である。弓の名人が、その奥義を極め、ついては弓を使わなくても飛ぶ鳥を射落とせるようになった。そして年を重ねて、名人は、弓というものの名前も用途も、完全に忘れてしまったという話である。

　この話から「弓の道を極めれば、弓自体がまったく不要になるのだ」という逆説的ないし老荘思想的なメッセージを受け取るのが、文学的ないしは哲学・思想的な解釈というべきだろう。真に強いものは、武器などがなくても勝てるし、さらにいえば戦わなくても勝てるのだ。

　しかしそういう風な「深い」解釈ではなく、「弓の名人が単に認知症になったのだ」、「だから名人にも介護サービスが必要である」という身もフタもない解釈が、今日的なのかもしれない。

　最近の日本人は、中島敦の 3 倍くらい平気で長生きする。100 歳以上の人口は、10 万人に近づいている。しかし名人だろうが、凡人・一般人だろうが、しばしば寝たきりや認知症になる。それを受けて日本では 2000 年に公的介護保険を作ったわけだが、それでも家族の介護負担は一挙に解消されたわけではなく、高齢化と現役世代の減少によりますます問題は深刻化している。実際に家族が要介護になれば、「ああ、夫子が！」と叫ぶだけではすまないのだ。

そうしたなかで、実際に家庭内で介護をしている人たちがとくに苦しいのは、「報われない」という点だろう。いろいろ苦労しても、相手は「治る」ということはなく、徐々に衰えていってしまう。何のために介護をしているのかという気にもなってしまう。

　よく「失われたものよりも、残っているものに目を向けよう」と言われるが、どうしたって前と比べての「よくない変化」が目に入る。物を落としてなくした人に、「まだ落としていない物もあるでしょ」と言っても慰めにはならない。

　子育てなどと違って、「いつまで」という期限や目安がなく、永遠に介護が続くとも思える。

　ただ誤解や批判をおそれずに書けば、とりわけ認知症介護には「看取り」という側面があることが否定できない。それに尽きるということでは決してないのだが、いわば「長いお別れ」のプロセスともいえる。そうだとすれば、人間ができることにはどのみち限りがある。

　だから少なくとも家族だからといって、自分自身で介護を抱え込む必要はまったくない。むしろ逆で、できるだけ介護保険のサービスを使って乗り切るのが今日的というべきだろう。近時、利用可能な介護サービスは急速に増えているので、見逃すことなく最大限活用するのが賢いと思う。

　法律にはそうは書いてないけれども、介護保険は家族のためのものでもあるのだから。

†　中島敦『ちくま日本文学全集　中島敦』（ちくま文庫、1992 年）所収

第6章
老後の備えは公的年金

イントロ

　人はいつ「引退」を決断するのだろう。あの昭和の名横綱千代の富士は、引退会見で涙ながらになんとか「体力の限界……」と絞り出した。あのイチロー選手は、「キャンプ終盤でも結果が出せずに、それを覆すことができなかった、ということ」と淡々と述べた。超一流だからこそ、自らに課していた現役続行のためのハードルは非常に高いものであったに違いない。

　ごくごく凡人（頂点を極めた一流アスリートとの比較では、の話です）の私たちにも、凡人なりにそれなりの引退というタイミングが必ずやってくる（もうやって来た読者の皆さん、大変お疲れさまでした）。そのとき引退を決断させるファクターは何なのだろうか。体力の限界なのか、体力はあるけど仕事をもらえなくなったからなのか、定年年齢到達なのか、はたまた取締役会のクーデター（！）なのか。人の数だけドラマがありそうなので、是非職場や仲間内で開かれるあなたの引退会見（という名のただの宴会）でいろいろと暴露、いや披露して頂きたいものである。きっと悩める後進の道しるべになるであろう……いや、なるかもしれない、えっと、ちょっとだけなる可能性もある──いやすいません、多分なりません！　っていうか残念ながら誰も聞いてないかなあ（悲しい現実）。

　いずれにせよ、体力の限界かどうかの判断は多分に主観的なもの（＝自分はまだやれると思ってるが明らかにもうやれてない）だが、多くの人の引退の決断に影響を与えるであろう、より客観的なファクターもある。それが本章のテーマである公的年金だ。働かなくても一定の金額が死ぬまで定期的に入ってくることになるという事実は、多くの人の引退行動に影響を与えるはずだ。もちろん、いつからもらえるかだけでなく、いくらもらえるか、どうすれば

（後で説明するように、実は働きながら年金を受給することもできる）もらえるかも重要な考慮要素となる。

　以上は老齢年金の話だが、公的年金の給付にはほかに障害年金と遺族年金もある。また公的年金とまとめてしまったが、正確にいうと国民年金と厚生年金に分かれている。なかなかにややこしく細かい制度であり、詳細にみていくときりがないのだが、以下ではできるだけポイントを絞ってわかりやすく説明していきたい。

I. キホンのキホン

1. 公的年金の基本的な仕組み

　公的年金は、主に老齢の際の所得保障を行う仕組みである。日本の5つの社会保険の1つであり、金額的な規模としては最大のものだ。

　しかし年金の本質にかかわる議論は錯綜している。そもそも誰のためのものなのか、またどういうリスクに備えるものなのか。何か1つの立場に立てば、説明はシンプルになるが、実際は1つには割り切れないところがある。

　議論が錯綜しているときには、法律にはどう書いてあるかをみるのが手がかりだ。そこで法律をみると、厚生年金保険法1条には「労働者の老齢、障害又は死亡について保険給付を行い、労働者及びその遺族の生活の安定と福祉の向上に寄与することを目的とする」、また国民年金法1条には「老齢、障害又は死亡によつて国民生活の安定がそこなわれることを国民の共同連帯によつて防止し、もつて健全な国民生活の維持及び向上に寄与することを目的とする」と書いてある。

　つまり年金の目的は、老齢・障害・死亡の「3つ」によって、生活の安定が損なわれるのに備えることなのだ。

　　「あれれ、老齢だけじゃないのか。そういえば2つ目の障害については、
　　　障害年金っていうのがあるよね」

172　　第6章　老後の備えは公的年金

「３つ目の死亡というのがわからない。死んだら終わりじゃないか」
「わかった！　親が死んだのに、それを隠して年金をもらい続けている
　っていうやつだよ」
「そんなことが法律の目的規定に書いてあるわけないだろ」

　死亡というのは、おもに遺族年金のことを指す。世帯の稼ぎ手や、老齢
年金の受給者が亡くなったときに、世帯の残りの人の生活を保障するとい
うことだ。公的年金制度では、しばしば世帯を「ひとまとまり」にみてい
て、そのことはあとでいくつかの制度問題に関係してくる。
　いずれにせよ公的年金は、この「老齢・障害・死亡」の３つによって、
生活の安定が損なわれる──端的には収入が亡くなったり、減ったりする
──ことに備える・対応する仕組みだといえる。

2. 公的年金が対象とするリスクとは──稼得能力喪失（・低下）リスク

　これらを受けて、公的年金はどういうリスクに備えているのかといえば、
老齢などによって「所得を稼ぐ力が失われる」ないしは「稼ぐ力が低下す
る」ことだと考えるのが標準的な説明である。
　もちろん所得を稼ぐ力は、年齢によって一律に失われるものではない。
瀬戸内寂聴のように、100歳近くまでベストセラーを出し続けた人もいる。
しかし個々に「稼げるかどうか」を判定するのも難しいので、近似値的に、
たとえば65歳で一律に「稼ぐ力が失われた」とみなすわけである（「所得」
と「収入」は、この本では厳密に使い分けていないが、収入というのは給料などの実入
りそのもので、そのうちの課税の対象となる分（控除後の額）が所得である）。
　しかし老齢というと、保険が対象とする「偶然のリスク」ではなくて、
年をとれば必然的に起こる事象ではないかという疑問があろう。ただここ
では単に老齢ということではなく、それに伴って「所得を稼ぐ力が失われ
る」ないしは「稼ぐ力が低下する」ことを、リスクの内実と考えているわ
けだ。これを「稼得能力の喪失（低下）リスク」と呼ぶ。同様に障害によ
って、また世帯主がなくなった場合に世帯として、稼ぐ力が失われるのに

Ⅰ．キホンのキホン　　173

備えている。

　もっともこれとは別に、年金は「長生きリスク」への対策なのだということもよくいわれる。実際に「長生きリスク」の問題自体は重要なのだが（→Ⅱ.①）、傷病（医療保険）や離職（雇用保険）のように、社会保険がどのようなリスクに備えているのか（第1章でふれた「保険事故」は何か）という議論との並びでは、やや次元が異なる話だといえる。

3. 年金の財政方式

　ここでまず公的年金の財政方式についてみておきたい。年金の実際の金銭の流れについては、賦課方式と積立方式の2つが代表的なものとされる。

　各人（あるいは各世代）が、それぞれ自分（たち）の老後のために積み立てておくのが積立方式である。これに対して、各人（あるいは各世代）が払った保険料を、そのまますのときの高齢者の年金にあてるのが賦課方式である。現役層に保険料を「割り当てる＝賦課する」という意味だ（英語だとpay as you go といわれ、PAYG と略記されたりする。新しいモバイル決済の方法ではない）。

　制度発足当時は、基本的に積立方式に近い内容でスタートしたのだが、年金給付が先行的に拡大し、保険料の引き上げは遅れがちだったことから、徐々に賦課方式に近づいてきた。しかも高齢者層が増加して、若年人口は減少する一方、低金利で年金積立金による収益も増えず（また国庫負担部分もあり）、ますます賦課方式に近づくことになっている。

　現状では基礎年金部分については、ほぼ賦課方式といえる状況にある（積立金額は、厚生年金が約198兆円、国民年金が約10兆円（2022年度末））。

　現在の計画では、100年後に1年分の積立金額（バッファー的な準備資金）だけを残す方向で調整している。いわば積立金を少しずつ取り崩しているわけで、それは保険料の上昇を抑えるためでもある。

　国民「それって先細りじゃないですか。結局破綻するってことじゃないんですか？」

174　第6章　老後の備えは公的年金

役所「いやいや、もともと『あるべき姿』への回帰です。世代間の助け合いなんですから」

国民「だったら最初から、そういう風に始めればよかったじゃないですか」

役所「だって最初は積み立てからはじめないと、いきなり現役世代からごそっと金をとって、ぜんぜん保険料を払ってこなかった高齢者にプレゼントするわけにはいかないでしょ」

このような見方は必ずしも強弁や言い訳ではなく、制度創設以来の年金財政の歴史をひと言で（割と好意的に）書けば、こういうことになるのだろう。

いずれにせよこのようにお金の流れとしては、各人の分を積み立てているのではなく、いわば「先食い」している。それでも法制度的には、保険料と給付とは非常に密接に結びついている。以下でみるように、保険料を払うことで、自分の将来の年金額を積み増している（逆に保険料を払わなければ年金はもらえない）といえ、それは普通の感覚で言えば「積み立てている」というのに近いともいえる。ただ支払った保険料の金額が、そのまま積み立てられているわけではない。そのあたりの「ずれ」が、公的年金の分かりづらさの大きな要因になっているかもしれない。

4. 公的年金の体系

公的年金の体系としては、大きく国民年金（基礎年金）と厚生年金に分かれている。それぞれ1階部分、2階部分という。なおこれにさらに上乗せされる企業年金などの私的年金は、3階部分と呼ばれる。

もともとは厚生年金と国民年金は別のものだったのだが、現在では、20歳以上の全員が国民年金には加入することになっていて、国民年金は、国民共通の基礎年金と位置づけられている（1985年の制度改革による）。国民年金法15条では、給付の名称も「老齢基礎年金・障害基礎年金・遺族基礎年金」としている。

I. キホンのキホン　175

その上で、自営業者等は国民年金だけに加入し、勤め人（サラリーマン）は2階部分の厚生年金にも二重に加入している。もっとも勤め人は厚生年金に加入すれば、自動的に国民年金に加入していることになり、厚生年金の保険料を払えば、それとは別に国民年金の保険料を支払う必要はない（国民年金法94条の6）。

本当にわかってる人「つまり、あなたの国民年金はですね……」
わかってるつもりの人「あ、私は国民年金じゃないんです、勤め人なので厚生年金ですね（……っていうかコイツ専門家なのにそんな基本も知らないのかよ、大丈夫なのか?!）」
わかってる人「いえ、国民年金にも入ってるんですよ」
つもりの人「いやいや、国民年金の保険料なんか払ったことないですから！」
わかってる「はいはい、それもそのとおりなんですけどね……」

保険料は払わないが確かに国民年金の被保険者であり、給付ももらえるのだ。と言うとただで給付だけもらってなんだか得しているみたいだが、そういうわけでは全然ない。厚生年金の保険料はしっかり取られており、その中に国民年金の分も（それがいくらかは明示されていないが）含まれているということである（→8.(4)）。

このように、公的年金の体系は2階建てになっていて、1階部分の年金額は定額で、2階部分の年金額は報酬（給料）比例で計算される。そのため2階部分は「報酬比例部分」とも呼ばれる。したがって、自営業者の年金は1階だけ、勤め人の年金は2階建て（1階部分と2階部分の両方をもらう）となる。改めて、なぜそうなっているのか。

書店主「この店、あと5年くらいで閉めようかな。結構長くやったし」
農家「わしは死ぬまで、この畑を耕すぞ。これが生きがいなんだから」
大学の先生「私も死ぬまで、教壇から講義を続けるぞ。これしか生きがいないんだから」

176　第6章　老後の備えは公的年金

学生「先生は今年で定年ですよ」

　それは結局のところ、それぞれの働き方によるところが大きい。自営で働いている人たちは、お店なり、農地なり、船なり、自らの生産手段を持っていて、また定年というものもない。老後保障を一律に「公的に」行う必要性ないしその程度は、全般的に見れば、勤め人世帯より低いといえる。

　これに対して勤め人の場合は、仕事をやめてしまえば、一挙に何もなくなる。だから「一律に」2 階建てとしているものと理解できる。

　あわせて実務的には自営業者は所得の把握が難しいという点（給与所得者が所得の 9 割を捕捉されるのに対し、事業所得者は 6 割、農業所得者は 4 割しか捕捉されないといわれることから、クロヨン（9・6・4）問題と呼ばれる）も大きい。ひるがえって保険料も国民年金の場合は厚生年金より低いわけだから、勤め人と自営業者とで給付水準が高いか低いかというのは、公平・不公平の問題とは少し別だといえる。むしろその水準での加入を「一律に」強制するかという問題であろう。

　なお自営業者等は、2 階部分に相当する年金を準備するために、国民年金基金や個人型の確定拠出年金（iDeCo）に任意で加入することができる。あくまで「一律には」2 階建てにしていないものと理解できる。

　なぜ、もともとは別々だった厚生年金と国民年金を、1 階部分で統合したかといえば、国民年金の方が財政的に「もたなかった」からだ。国民年金の加入者は自営業者等だが、都市化・産業化に伴って、若者たちは「俺ら東京さ行くだ」ということで都会に行ってしまった。すると現役層では勤め人（厚生年金加入者）の割合が増えて、逆に国民年金の加入者は高齢者が多くなり、賦課方式の運営では財政的に厳しい。そこで 1 階部分を共通に「括りだす」ことで、そういう制度ごとの高齢者の偏りをなくしたものといえる（加えて **8. (4)** でみるように 1 階部分を通じた所得再分配も可能にした）。

　ちなみにこの改革を中心的に担った当時の厚生省年金局長は、「年金の神様」と称された山口新一郎という人で、肺がんを患いながら、がんセンターの病床から陣頭指揮を出していたと伝えられる。

Ⅰ．キホンのキホン　　177

5. 国庫負担

第1章でもふれたように社会保険には公費（税金）が投入されることがあるが、公的年金でも基礎年金部分（1階部分）について国庫負担がある。

すなわち基礎年金部分の財源の1/2として公費（国庫負担）が投入されている。すでにみたように基礎年金部分の財政は、ほぼ賦課方式なので、要するに支給する基礎年金総額の半分を毎年、国の予算から確保する必要が生じる（消費税の収入は、消費税法1条2項により、すべて年金を中心とする社会保障関係に充てられている）。

国民の側から見ると、年金の保険料を払えば、もらえる年金を消費税で倍に増やしてくれる仕組みともいえる（逆に言えば年金の保険料を払わないと、消費税財源に基づく給付にもあずかれない）。

他方、厚生年金については、このような給付費への国庫負担はない（医療保険のなかでも、被用者保険である健康保険組合には国庫負担がないのと同じだ。→第4章9. (3)）

なお基礎年金の財源については、未納・未加入対策の観点から、すべて税で賄うべきだという主張が根強くされている（税方式論）。ただその是非は別として、そのように完全に税方式に転換するとすれば、超長期間の経過措置の設定が必要になるだろう。

6. 国民年金の被保険者の種類

1階部分の国民年金の被保険者は、3種類（第1号～第3号）に分かれている。

まず厚生年金に加入している勤め人は、自動的に国民年金にも加入し、その第2号被保険者となる。すでにふれたように厚生年金の保険料を払えば、それとは別に国民年金の保険料を払う必要はない（国民年金の保険料もいわばその中に含まれている）。国民年金法94条の6は「……第二号被保険者としての被保険者期間及び第三号被保険者としての被保険者期間については、政府は、保険料を徴収せず、被保険者は、保険料を納付することを要

しない」としている。

　そしてその第2号被保険者に扶養される配偶者は、第3号被保険者となる（いわゆる専業主婦が典型だが、女性には限られない）。ここはあとでみるように議論があるが（→12.）、現行制度では健康保険の被扶養者と同様に、保険料を払う必要はなく（上記の国民年金法94条の6）、国民年金の被保険者として1階部分の基礎年金が支給される（この被保険者のナンバリングに関しては、もともとは被扶養配偶者が「第2号」被保険者になるはずだったのだが、専業主婦が「2号さん」ではまずいので入れ替わったというまことしやかな説がある）。

　この第2号、第3号以外の全員が、第1号被保険者になる。国民年金法7条は「次の各号のいずれかに該当する者は、国民年金の被保険者とする」とした上で、最初の1号で「日本国内に住所を有する20歳以上60歳未満の者であつて次号及び第三号のいずれにも該当しないもの」を挙げている。このように「2号・3号以外」の全員を被保険者にすることで、すべての人がいずれかの年金に加入する「国民皆年金」が達成されている。

　この第1号被保険者は、法律の規定としてはそういう「その他全員」という形だが、実際のイメージとしては、自営業者、農業や林業、漁業従事者等となり、さらに仕事をしていない人なども含まれてくる。国籍要件はなく、日本国内に住所があれば被保険者となる。

7. 基礎年金の保険料と年金額

(1) 年金額の計算

　まず1階部分の基礎年金について、その老齢年金の額がどのように決まるかをみていきたい。

　基本形としては、被保険者として一定期間、保険料を払い込んで、65歳に達すれば、以後生涯（終身）にわたって一定水準の年金が支給される。

　このとき勤め人（第2号被保険者）であれば、年金の保険料は給料からの天引きなので、未納になることは、普通は無い（実際には厚生年金でも「加入逃れ」が問題となることはある）。しかし自営業者等（第1号被保険者）の場合、保険料が未納となることもある（未納とは単に払わないことで、あとでふれる一

I. キホンのキホン　179

定の手続きを経ての免除とは異なる）。なおすでにふれたように、第3号被保険者（勤め人世帯の専業主婦等）は保険料を払う必要がない。

そこで第1号被保険者について、保険料の支払と、年金額の関係をみると、ここでは保険料も定額が基本なので、もっぱら保険料を払った期間によって年金額が決まる。

まず40年間（現在の加入可能年数である20～60歳の間）、フルに保険料〔月額16,980円（2024年）〕を払うと、老齢基礎年金は65歳以降、満額〔年額816,000円、月額68,000円（2024年）〕が生涯にわたって支給される。

保険料を払わない（未納）期間が何年かあると、年金額が「その分」減る。たとえば40年間払うべきところ、その1割にあたる4年間が未納だと、年金額も1割減る。未納期間が2割にあたる8年間だと、年金額も2割が減る。

以上を式にすると、老齢基礎年金額（年額）は以下のようになる。

$$
\text{基礎年金の満額〔約78万円〕} \times \frac{\text{保険料納付済み月数（※）}}{\text{40年（加入可能月数）} \times 12\text{月}}
$$

（※）免除の場合は 1/2 で計算

40年にわたって保険料を払っていれば、右側の分子は 40×12 月になり、分子／分母＝1 となるため、年金額は満額×1（すなわちちょうど満額）となる（第2号被保険者や第3号被保険者の期間は、そのまま満額で計算される）。

なお基礎年金の水準は毎年、物価スライドにより改訂される（スライドについてはあとでみる（→ 10.））。

このように法的な仕組みとしては、保険料の支払いによって、年金額を「積み増していく」イメージになっている（たとえば払った保険料1万円分が、年金原資1万円分になるわけではないので、あえて「積み立て」とは言わない。総額でいくら年金を受け取れるかは、何歳まで生きるか等により変わってくる）。

(2) 年金の受給資格期間
ただし最低でも一定の期間は保険料を払っていないと、年金は全然もらえない。これを受給資格期間という。以前はこれが最低25年となってい

たが、10年に短縮された（2017年〜）。

「たとえ1年だって、いやたとえ1か月だって、保険料を払ったんだから、その分の年金をもらえてもいいじゃないか」
「気持ちはわかるけど、たとえばこの本だって、300円払うから、年金のところ数十ページだけくれって言われても、出版社も困るでしょ」
「確かに300円も払えば、古本屋で買えそうだね、この本」
「いや、そういう話じゃなくて」

（3）免除、学生納付特例ほか

　保険料を払わなかった場合は「未納」になるが、所得がない場合などは、保険料の免除を正式に申請することができる。この場合、全額免除が認められれば、その期間に対応する年金額は1/2で計算される。基礎年金の財源の1/2は税金なので、保険料は払っていなかったとしても、保険料以外を財源とする部分は給付される設計とみることができる。さらに所得に応じて細かく半額免除、1/4免除、3/4免除などもあり、それぞれ年金額を削減して計算される。

　ただし産前産後休業及び育児休業期間については、保険料が免除されるのに加えて、その期間は保険料納付があったものとして年金額が計算される（2019年〜）。

　これと別に「学生納付特例」と呼ばれるものがある。学生の間は、所得が高くなければ、申請すればやはり保険料を納めなくてもいいのだが、その部分については後日「追納」しないと、年金額にはまったく（免除の場合とは異なり1/2の税金の部分も含めて）反映しない。年金資格期間には算入されるが、年金額の計算の上では未納と同じ取扱となる。あくまで学生の期間は（免除ではなく）猶予しているだけという考え方である。

「大学生の間は、免除にすればわかりやすいのに」
「元気で働けるのに、親から学費もらって、大学に行かせてもらって、勝手なこと言うなよ。将棋の藤井聡太さんを見ろ。ショーヘイ・オオ

I．キホンのキホン　　181

タニを見ろ。(旧) ジャニーズや坂道のアイドルたちを見ろ!」
「うーん、だったら学生の間はせめて任意加入にすればいいのに」

　実は以前（～1991 年）は、任意加入だった。ところがそれで加入していなかった学生が、在学中に事故にあって、未加入なので障害年金をもらえないということで、たくさんの訴訟が起きた（学生無年金訴訟といわれる）。任意加入のもとで、加入せず、それで障害年金をもらえないのは自己責任ともいえるが、それでは気の毒だということで、現在のように 20 歳以上は全員が加入するという制度になっている。

(4) 支給の繰上げ・繰下げ

　老齢基礎年金は 65 歳が支給開始年齢で、そこから生涯にわたって支給される。

　ただ、その年齢の繰上げ、繰下げは可能である。早く年金を受け取りたい場合は 60 歳までの繰上げが可能であるが、その場合、年金額は減額され、それは生涯にわたって続く（つまり 1 度減額された年金は、65 歳になっても戻らない。もし戻るなら、全員がとりあえず繰り上げて受け取り始めてしまうだろう）。

　逆に繰り下げることも可能で、その場合は年金額が増額される。70 歳まで繰り下げ可能だったが、2020 年の法改正で、さらに 75 歳まで繰り下げが可能になった。

　平均余命との関係で、数理的には損得なく設計されている（繰上げ率は 1 月あたり 0.4 ないし 0.5%（生年月日による）、繰下げ率は 0.7%）。だからあくまで数理上は、どう選んでも有利・不利は無い。もっとも結果的には、何歳まで年金を受け取るかにより差は生じる。

「要するに繰り上げても繰り下げても、変わらないんだね」
「でも結果的に違いは出るよ。終身年金なんだから、もし長生きすると
　したら、繰り下げて、高い額を長くもらった方がいい」
「ふーん。君なんかは早く死んじゃいそうだから、できるだけ繰り上げ
　て、死なないうちに少しでも年金をもらった方がいいってわけか」

「嫌なこと言うなあ。君こそ早めにリストラされそうだから、繰り上げて年金をもらわないと生活がもたないんじゃないの」

8. 厚生年金の保険料と年金額

(1) 年金額の計算

　次に２階部分の厚生年金、すなわち報酬比例部分の老齢厚生年金についてみていきたい。

　すでにみたように、勤め人は厚生年金に加入する。具体的には健康保険と同様に、従業員５人以上の事業所、または法人の事業所は（従業員１人でも）強制適用となり、そこで常時使用される70歳未満の人は厚生年金の被保険者となる。

　いわゆるパート適用も2020年から拡大され、健康保険と同様に、短時間労働者でも、被保険者適用される企業規模が順次下げられていくことになった（→第４章 I.7.）。

　保険料は標準報酬（独自に算定した給料などの額を段階に区切ってテーブルに当てはめたもの）に一定の保険料率をかけたもの（つまり報酬比例）であり、これを労使で折半する（料率は2017年以後、18.30％に固定されている）。すなわち半分が従業員の給料から天引きされ、同じ額を事業主も負担して、その合計額が保険料として納められる（健康保険と同じ仕組みである。→第４章）。

　ただし料率をあてはめる際の報酬のテーブル表には、その下限・上限があるので、ものすごく所得が高い場合でも、保険料の額には上限がある（それを受けて年金額にも上限がある。現在は保険料の上限は65万円×料率）。なおボーナス（150万円まで）にも保険料は同率でかかる（制度改正により、2003年３月分までは「報酬月額」、2003年４月分以降はボーナスの分を勘案した「報酬額」により計算することになっている）。

　このように厚生年金も基礎年金と同じように、保険料の支払により、年金水準を「積み増して」いく性格のものだといえる（あえて「積み立て」とは言わないでおく）。

　ただ厚生年金では、その給料がそれぞれ違うので、被保険者期間に加え

I. キホンのキホン　　183

て、保険料の水準も定額ではなく、人によりさまざまで、それが年金水準
にも反映する。すなわち被保険者期間（保険料を支払っていた期間）と保険料
の水準（給料の水準に比例）の両方（いわば高さ×長さ）が、年金額の水準を決
めることになる。年金の支給期間は基礎年金と同様に、終身である。

　具体的には、厚生年金の年金額（年額）は、

過去の標準報酬の平均×5.481/1000×被保険者月数

で計算される。ただし「過去の標準報酬」は、現在の価値に再評価したも
のを用いる（この再評価については、次に説明する。なお5.481/1000という乗率自
体に意味はなく、標準報酬額から年金額を算出するためのいわば換算係数であるが、こ
の乗率は実際には加入期間や生年月日により細かく変わってくる）。

　たとえば40年間勤めると、480か月だから、年金額は「過去の標準報
酬の平均×2.63」くらいになり、つまり月収の2〜3か月分が厚生年金額
（年額）ということになる（もっともこれは2階部分の厚生年金の額であり、これに
1階部分の基礎年金が加わる）。

　この計算式をみると、繰り返しになるが、第1に、報酬（給料）が高い
ほど、年金額も高くなる。比例関係になっていて、報酬が1割上がれば、
年金額も1割上がる。まさに報酬比例の年金設計なのだ。

　第2に、被保険者期間が長ければ長いほど、年金額も高くなる。これは
基礎年金と同じである。ただ勤め人期間の長さは、人それぞれなので（一
時期だけ会社に勤めていて、結婚して専業主婦になったとか、すぐにやめて自営業に転
じたとか）、加入期間は1か月でも構わない。

　なお厚生年金保険の被保険者期間が20年以上あると、その人に生計を
維持されている配偶者または子がいるときの加算がある（加給年金という）。

(2) 報酬の再評価

　このように過去の報酬（給料など）を平均した水準が年金額を決める大
きな要素になるが、その過去の報酬水準は、「再評価」したうえで用いる。
すなわち過去の報酬水準が、現在であればいくらにあたるかを、手取り賃

金の伸び率を掛けて評価しなおす（→ 10.）。

　実際の換算テーブルは大変複雑だが、ごく大雑把なイメージとしては、たとえば昭和55〜57年頃（1980年代、約45年前）の給料は、現在であれば約1.5倍に再評価する。昭和51〜53年頃（1970年代）の給料は約2倍に再評価する。さらに10年くらい遡ると、6〜7倍に再評価される（その間に高度成長があった）。

　共著者の1人の会社での初任給（昭和末期）は確か10数万だった。それは今と比べれば低いと思われるが、それは著者の働きが悪かったからではなく（まあよくもなかったけど）、その時代の相場はそのくらいだったのだ。そういう過去の額を「そのまま」計算式に当てはめると、年金は微々たるものになってしまう。

(3) 支給開始年齢

　すでにふれたように1階部分の基礎年金は65歳から支給される。2階部分の厚生年金は、やはり65歳からの支給だが、以前は60歳（女性は55歳）だったのを、少しずつ65歳からに引き上げている途中である。

　といっても、「やっと65歳になりました。年金ください」といったら「あー残念、支給開始年齢はさらに66歳に上がっちゃったんですよ。来年また来てね〜」みたいなことにはならない。支給開始年齢の引き上げといっても、生年月日ごとに「あらかじめ」決まっていて、そのテーブル自体を（ずいぶん前の時点で）引き上げたということなので、個々人にとって「逃げ水年金」になるわけではない。

　具体的には、生年月日があとになるほど、支給開始年齢が遅くなる。男性では1961年4月2日生まれ以降であれば、65歳支給開始になる（もうすぐそうなる）。女性では5年遅れで、1966年4月2日生まれ以降であれば、65歳支給開始になる。ちなみに女性の方が平均寿命は長いので、年金の支給期間という点だけからすると、女性の方が有利だといえる。

(4) 年金水準及び年金体系の意味あい

　報酬比例部分が結局いくらになるかは、人によって異なるのでわかりに

くい。ただ政府の考え方では、基礎年金と合わせて、現役時代の所得の50％を確保するとしている（ただし専業主婦世帯がモデルとなっていて、2人分の基礎年金を想定しており、そういうモデル設定自体への批判はある）。

現行の仕組みでは、保険料率は18.30％で固定されているので、勤め人は（会社負担分を含め）年収の約2割を40年間、保険料として納めることになる。そして従前の年収の約5割を年金として受け取ることが想定されている。65歳から、たとえば20年間受け取るとすると、単純に計算すれば「年収の約2割を40年間」支払って、「年収の約5割を20年間」もらえることになり、まあ元は取れるというのが現行の仕組みが維持された場合の想定だといえる（金利を含めて精緻に考えるともちろん計算は違ってくるが、さまざまな精緻化の仕方によりどのようにでもぶれるので、逆にきわめて雑に計算するとこうなるという話である）。

このとき勤め人同士で比較すると、たとえば所得が倍ならば、保険料も倍になり、そして老後は2階の報酬比例部分が倍になるが（ただし上限はある）、1階部分の基礎年金の方は定額である。このことは基礎年金部分を通じて、高所得層から低所得層へ、所得再分配が行われていることを意味する。保険料を2倍払っても、年金が全部で2倍にはならないということは、その「2倍にはならない」分が、低所得者層の方に移っていることになるからだ。

また公的年金の制度全体としても、厚生年金から基礎年金部分に所得再分配がされていて、基礎年金水準の「底上げ」を可能にしている。「報酬比例」の年金というと、老後にまで現役期の格差を持ち越すようだが、公平性の確保にも役割を果たしているものといえる。

9. 在職老齢年金——雇用と年金の調整

公的年金は、「稼ぐ力が失われたとき」のカバーだと考えれば、近時は高齢でも元気で働いている人が多いことから、「稼ぐ力が失われていないではないか」、「年金を払う必要があるのか」ということにもなる。

そこで収入があれば、年金支給を止める、あるいはその分の年金を減ら

186　第6章　老後の備えは公的年金

すという解決が考えられるが、そうすると今度は「なまじ働いていると、年金が減ったり止められたりしてしまう」ということで、就労意欲を阻害する。

そこで現在取られている解決は、「賃金に応じて、年金を少し減らす」という方法である。具体的には、賃金と年金の合計額が一定基準を超えていたら、その超過額の「半分」だけ年金を減らすという手法だ（この一定基準は、以前は 65 歳以降と 60〜64 歳とで分かれていたが、現在（2024 年度）ではともに 50 万円になっている）。ただし基礎年金は減らさず、厚生年金についてだけ、この仕組みが適用される。このような調整の仕組みを在職老齢年金という（年金の種類ではなく、仕組みの呼称であり、法的には厚生年金保険法 46 条の「支給停止」になる）。

「年金が減らされるなら、誰も働かなくなるんじゃないの」
「いやいや、年金が少し減らされても、収入との合計額は増えるから、働くことを選ぶ人はいるだろうね」
「もしそうなれば、年金の支払額は減るから、政府も助かるわけか」
「働き手の高齢者も増えるし、いいことずくめだ」

そういう想定なわけだが、思ったほど働く人が増えなかったり、逆に減ったりすると、すべて裏目に出てしまう。つまり「年金を減らされるくらいなら、働くのはやめよう」という行動パターンをとる高齢者が多いと、働く人は減るし、年金財政面でもマイナスになってしまう。だからその基準や減額率の設定がデリケートで難しく、制度の微調整が続いている。

そもそも「稼ぐ力が失われていない人」に年金を支給することには抵抗があるのだが、保険料の拠出があった以上、「まだ稼げるじゃないか」とこだわりすぎて年金支給を削ろうとすると、制度への信頼を掘り崩すことになりかねないだろう。逆に就労を阻害するということで、このような調整自体に反対する意見も多いのだが、賃金と年金の合計が 48 万円を超えるというのは、少なくともそれほど広く適用されるような（低い）水準ではないだろう。

Ⅰ．キホンのキホン　187

10. 年金のスライド

　各人の年金額は、支給が開始される際に、それまでの保険料納付額など をもとに決められる。これを年金額の裁定という。

　この年金額を決定する際に、厚生年金であれば過去の報酬額がそれを決 める大きな要素になるが、その過去の水準を「再評価」という手法で補正 することはすでに説明した。これを賃金スライド、あるいは可処分所得ス ライドと呼ぶ。

　他方、年金裁定後も物価が上昇した場合には、物価スライドという仕組 みで、年金額を引き上げる。この物価スライドは、国民年金の給付にも適 用されている。

　もろもろのスライドの仕組みは重要である。ここまでみてきたような、 年金の保険料で年金額を積み増しているという見方は、あえて喩えれば買 い物でポイントを貯めるような話だともいえる。そこでポイントで交換で きる商品を、買い物時点で定めておいてもいいのだが、長期間にわたるの で、その間にどんどん新しい商品も出てくる。「昭和」の時代の商品カタ ログには「レコードプレーヤー」や「ポケベル」、「フロッピーディスク」 が載っていても、「令和」の時代になって、実際に商品と交換する時にそ れを墨守するとおかしなことになり、むしろ「CD コンポ」や「スマホ」、 「USB メモリー」に差し替えないとまずい。それらは物価の上昇を超える 経済成長による変化だといえる。そのように、年金額をその時点での経済 に合わせて補正するのが、もろもろのスライドの仕組みであり、これらは いわゆる積立方式では行うことができないものだといえる。

　これらに加えて、マクロ経済スライドという仕組みが導入されている （2004 年改革で導入）。これは、現役の被保険者数が減少して（そうすると現役 層 1 人当たりで高齢者を支えるための支出が多くなる）、逆に受給者の寿命が伸び た場合に（そうすると生涯で受け取る額が多くなる）、それらの割合に応じて、 賃金や物価の上昇に伴う年金額の伸びから一定の率を減らすものである。

　物価スライドや賃金（可処分所得）スライドが、年金額を増やす（目減り しないようにする）ための措置だったのに比べて、このマクロ経済スライド

188　　第 6 章　老後の備えは公的年金

は、年金制度を維持するために、年金額の伸びを抑えるための仕組みだといえる（マクロ経済スライドによって年金が「減額される」といわれることがあるが、「伸びを抑える」だけである。ちなみにこのあたりの条文は複雑で、ほとんど解読不能に近い。といわれると気になる方は、厚生年金保険法43条の2〜5あたりをご参照）。

11. 老齢年金以外の年金

　公的年金の中心は老齢年金だが、冒頭でもふれたように、それ以外に障害年金と遺族年金がある。給付額としては老齢年金が圧倒的だが、障害者や遺族の所得保障という意味で、それぞれ重要である。この老齢、障害、遺族という3つの基本的な年金があり、1階部分と2階部分でこれらをまたがる組み合わせはありうるが、基本的にはいずれかしか受給できない。これを「1人1年金の原則」という。

　障害年金、遺族年金それぞれについて、1階部分の基礎年金と、2階部分の厚生年金があり、老齢基礎年金・老齢厚生年金に準じた算定方式で年金額が定められる。しかし老齢年金とまったく同じではなく、本当はそれぞれかなりの説明を要するのだが、この章はすでにかなり長くなっているので、ここでは特徴的な点だけみていきたい。

(1) 障害年金

　障害年金については、他人事のように思う人が多いかもしれないが、稼ぐ力がない時に支給するという公的年金の基本的な考え方に即してみると、まさに「王道」の年金ともいえる。普通なら老齢によって収入を得られなくなる時期が、見方によっては障害により「早く来た」ものとも理解できる。とくに大学生のときに事故にあった場合、きちんと年金に加入していれば（学生納付特例の届け出を含め）、そこから障害年金を受け取れることになる。

　「2級の障害」（労働能力が高度の制限を受ける場合）では、1階部分の障害「基礎」年金は、老齢基礎年金の満額（年額約82万円）と同額となる。2階部分の障害「厚生」年金は、報酬比例部分なので、それまでの報酬の額や

I. キホンのキホン　189

被保険者期間によって支給額が決まる。ただし被保険者期間が300か月（25年）未満なら、300か月として計算される（最低保障）。なお配偶者の加給年金がある。

これより重い「1級の障害」（労働能力をまったく喪失し、常時他人の介護を必要とする場合）のときには、これらを1.25倍した額が支給される。

なお厚生年金では、より軽い等級として、国民年金にはない3級・障害手当金がある。

(2) 遺族年金

遺族年金は、世帯主が死んだ場合の遺族の生活保障という趣旨だが、本人ではなく家族に支給されるので、そのあり方につき議論されることも多い。

1階部分の遺族「基礎」年金は、「18歳未満の子のいる配偶者」ないしは「18歳未満の子」が対象となる。年金額は、基本的に老齢基礎年金と同じ額で、子の数に応じた加算がある。

2階部分の遺族「厚生」年金は、配偶者または子、父母、孫、祖父母の順で対象となる（同順位に複数がいれば、年金額が按分される）。年金額は、老齢厚生年金の3/4の額が基本となる（なお40歳以上の妻については加算がある）。ただし対象となる遺族は、死亡した者によって生計を維持されていたことが要件となる（生計が同一で、前年の収入が一定額（850万円）を超えていないこと）。

とくに配偶者については、自身で働いて収入を得ることも可能だという考え方から、遺族基礎年金では、子のない配偶者は対象外となっており、遺族厚生年金は、夫はそもそも55歳以上に限られ（厚生年金保険法59条1項1号。この男女差には批判が多い）、子のない30歳未満の妻については受給期間は5年に限られる（厚生年金保険法63条1項5号）。これらの男女差には批判が多く、それを解消する方向での法改正が準備されているようである。

また配偶者にとって、遺族厚生年金と、自分自身の老齢厚生年金の両方がある場合には、いずれか高い方を選ぶことになる（ただし若干の対応措置として、両者の老齢厚生年金を和半した額を受け取る選択肢がある）。しかしそうす

ると選ばれなかった方は、いわば無駄になってしまうともいえ、これは遺族年金が世帯を「ひとまとまり」に見ていることに伴って生じる問題といえる。

ちなみに遺族年金を廃止して、年金をすべて個人単位にすれば「すっきりする」との指摘も多い。確かに遺族が誰もいないケースも増えてくるだろうし、その方が今の時代にマッチしているともいえるのだが、もしそうすると、たとえば早く死んでしまい、ずっと保険料を払ってきたのに年金をあまり（さらには「まったく」）もらえなかった場合の「保険料の払い損」の問題などが正面に立ちあらわれるだろう。

これら以外にも、いろいろな給付や加算等がある。たとえば外国人が、保険料を納めても、ずっと日本にいるわけではなく、いわば掛け捨てになってしまうことへの対策として、「短期在留外国人の脱退一時金」がある（別途、各国との個別の通算協定もある）。また国民年金では死亡一時金や寡婦年金もある。（→Ⅱ.②）

12. 第3号被保険者の取扱い

勤め人世帯の専業主婦は（あるいは専業主婦でいる期間は）、保険料を支払わずに、基礎年金が支給される。この取扱はいわゆる第3号被保険者問題として、しばしば論点として取り上げられる。働いている女性や、国民年金での自営業者の専業主婦との間で、不公平だと指摘されるからである（もちろん専業「主夫」でも同じ問題は生じる）。

もっとも収入がなければ保険料は課さないというのが社会保険の基本的な考え方であり、また専業主婦世帯だろうと共働き世帯だろうと、夫婦の世帯単位で収入の合計額が一緒であれば、収入に一定の率を掛けて算出される保険料の合計額も基本的に一緒になるはずであり、収入に期間と乗率を掛けて算出される年金額の合計も（内訳はさまざまであるものの）一緒になるはずだというのが現行制度の仕組みではある。

たとえば年収合計が800万円であれば、2人が400万円ずつでも、片方

Ⅰ. キホンのキホン　　191

が600万、もう片方が200万というように偏っていても、保険料の合計額は一緒になるし、年金総額（2人分の基礎年金と厚生年金）も一緒になる。このとき片方が収入0のときだけ基礎年金もはく奪すると、別の不公平が生じる。

とはいえ以上の点も、単身世帯や自営業者との比較では当てはまらない。これも公的年金制度が世帯を「ひとまとまり」に見ていることに伴う問題といえる。したがって、これも年金を完全に「個人化」すれば解消するともいえるが、遺族年金のところでふれたように、そうすると「保険料の払い損」の問題が正面に出るし、経過措置や手続的にも課題は多い。

13. 離婚の際の年金分割

とくに妻が専業主婦の場合は（逆でもいいのだが）、夫婦の老後は、2人分の基礎年金と、夫の厚生年金とで暮らすことが想定されている。ところが離婚した場合、厚生年金は夫の名義なので、すべて夫の方に行ってしまい、妻に不利になる。

これを解決するために、2008年（平成20年）4月以降の保険料によって積み上げられた年金については、離婚に際して第3号被保険者からの請求があれば、合意がなくても自動的（強制的）に分割されることとされた。これを「3号分割」という。2008年以降に積み上げられた部分について、ということであり、それより遡って分割されるものではない。

このような仕組みも、世帯を「ひとまとまり」に見ることで可能になるものだといえる。

なおこれとは別に、双方の合意があれば、上記の部分に限らず厚生年金の部分を離婚の際に分割できる。これを「合意分割」という。この場合は、分割割合は報酬合計額の1/2までの範囲で自由に決められ、また共働きの期間も対象となる。合意できない場合には家庭裁判所が按分割合を定める。

会社で活躍してきた妻「あなたはとうとうこの年になるまで全然働かなかったわね。私はちゃんと定年まで勤め上げたし、これを機に離婚し

ましょう」

ぐうたら亭主「そうだね。あとはオレも君の厚生年金の半分でゆっくり
　　暮らすよ」

妻「私が保険料を全部払ってきたんだから、離婚したらあなたのところ
　　にびた一文行くはずないでしょ」

亭主「君が必死に働いている間に、年金制度も変わったんだよ。えっと、
　　リーマンショックの年以降の分くらいだったかな。あと、老齢基礎年
　　金ももらえるし」

　シュールな事例だが、年金分割ではどちらが男性でどちらが女性かは関
係ないので、あり得ない話ではない。

14. 年金の支払期月と未支給年金

　公的年金は、隔月（偶数月）の15日頃に、前月・前々月の分が振り込ま
れる、いわゆるあと払いである。老齢年金は死亡した月の分まで支払われ
るので、その最終月（あるいはその前月・前々月）の分が支払われる時には、
どのみち本人は亡くなっている。だからどうしても死亡時には未払い分が
発生する。これを未支給年金という。

　一定の範囲の親族がこれを請求できるが、請求しなければもらえない。
請求手続きのために添付しなければならない書類も多いので、「面倒だか
ら、もういいや」と思う人もいるだろう。

　ところで老齢年金の受給者が亡くなった場合、急いで手続きをしないと、
しばしば死亡後にその本人口座に老齢年金が振り込まれてしまう。そこで
未支給年金の請求をしないと、死亡後に振り込まれた分は、本来振り込ん
ではいけないものなので（あと払いとはいえ、死んだ人の口座に送金するのはおか
しい）、返還請求がくることがある。だから面倒でも、未支給年金は請求
するに越したことはない。

　ところが未支給年金を請求できる親族の範囲について、国民年金法19
条などでは「その者の死亡の当時その者と生計を同じくしていたもの」と

Ⅰ. キホンのキホン　　193

書いてあるので、一緒に住んでいなかったら無理のように思える。しかし
ここは非常に広く解釈されていて、生前たまに手土産品をもって顔を見に
行ったくらいでも実務上は認められることが多い。これを「生計同一」と
いうのは「超拡大解釈」というしかないが、これはそうしないと、亡くな
った月（あるいはその前月・前々月）の分の老齢年金は、誰にも支払われず、
いわば国が没収して懐に入れたようになってしまうので、それを避けたい
ところもあるのだろう。

　これらは法的には興味深い事柄であるが、親などが亡くなって、気持ち
も動転し、同時に葬儀等々の手配に追われる中でそういう面倒な手続きを
迫られるのが切ないところである。

Ⅱ. このネタは使えるぞ！

小ネタ①　「長生きリスク」とトンチン年金

　公的年金の意義として、「長生きリスク」への対応といわれることがよ
くある。もっともこれが「稼げない年まで長生きしてしまうリスク」とい
う意味であれば、Ⅰ.2.でみた「稼得能力の喪失・低下」とほぼ一緒であ
る。これに対して「寿命の不確実性のリスク」という意味であれば、固有
の内容となり、終身年金という設計との関係で、重要な視点となる。

　　「長生きリスクっていうけど、何がリスクなの？　めでたい事じゃない
　　か」
　　「何歳まで生きるか分からないから、いくら生活費を用意しておけばい
　　いのか分からないということだよ。今や100歳以上生きることも珍し
　　くないから、貯金といっても、ものすごい額が必要になる」
　　「そんなに貯めたとして、もし早く死んじゃうと、どうなるんだろう」
　　「相続人がいればいいけど、いなかったら、民法959条により国庫没収
　　さ。毎年、数百億円がそうなっているらしいよ」

この難題を一挙に解決するのが終身年金という設計だ。死亡率を織り込んで年金原資を計算して、その分を保険料で集めておくようにすれば、加入者全員が生きている間（というか死ぬまで）、ちょうど年金を支給できる。そういうわけで公的年金では、給付を終身年金設計にすることで、寿命の不確実性（すなわち長生きリスク）に対処しているわけだ。

　これはトンチン年金という仕組みに機縁がある。トンチンカンな……いやへんてこな名前だが、17世紀イタリアのロレンツォ・デ・トンティ（Tonti）という人が考案したもので、その名前を形容詞にしたのがトンチンだ。これはもともとは年金原資が毎年利子を生んで、それを生残者で分配する仕組みだった。誰かが死んで行くと、1人当たりで受け取る年金額が増えていって、最後に残ったものが元本を独り占めする。そのため「殺し合い」になると心配されたこともあった。今日の終身年金はもちろんこれとは違い、ちょうど生きている間は一定の年金額が支払われる仕組みに計算・設計されている。

　もっともこれだけなら何か当たり前の話という気もする。しかし研究者がこの問題をよく取り上げるのは、このことが公的年金の存在理由に関わると考えられているからである。

　すなわち公的年金とは違って民間保険会社等の私的年金では、この終身年金という設計はあまり利用されておらず、主流は10年間に区切った支払い方式（確定年金）である（その間に死亡すると原資の残額は遺族に支払われる）。その理由について、経済学的にはいわゆる逆選択（adverse selection）が働くからだと説明される。すなわち民間の保険会社が終身年金を販売すると、「払い損」にならない「長生きする人」ばかりが加入してしまうので、市場が成立しない——保険会社が潰れてしまうというわけである。

　もしそうだとすると、この現象に抗するため、加入したり加入しなかったりという選択の余地をふさぐ必要がある。すなわち全員を強制加入にする必要があり、こうして公的年金が成立したというのが経済学でよくみられる説明である（社会保険全般について、そのように説明される。→第1章 I.4.(2)）。

　しかし、少なくとも年金（あるいは長生きリスク）については、この説明

Ⅱ．このネタは使えるぞ！　　195

には疑問がある。自分がどのくらい長生きするか、普通は分かるものではない。たとえば長生きの家系か短命の家系かとか、病気を抱えていて長生きできそうにないとか、多少は分かる部分もあるかもしれないが、それに伴う勝手な選択を防ぐために公的年金が成立したとまでいうのはちょっと無理がある（逆に自分自身が長生きできなくても、公的年金では遺族年金もある）。

　実際、民間の保険会社も（主流商品ではないものの）終身年金設計の個人年金商品を販売しているし、保険会社がそのせいで潰れたという話も聞かない。むしろ最近では、長生きするほど得な個人年金、長寿年金というような形で保険会社が力を入れたりしていて、商品の名称としても「トンチン（型）年金」が標榜される。

　しかもこの手の個人年金商品では、年金の受け取り方――確定年金か、終身年金か――を、年金支払い開始時に選べることが多い。もし「長生きする人」が終身年金を選ぶという傾向が少しでもあれば、保険会社としては、受け取り方をせめて契約加入時に選択させるだろうが、それを平然と年金開始時（60歳とか65歳とか）に契約者の選択に委ねているのである。

　もっとも現在の保険会社の終身年金商品にしても、年金の支払い開始後は、解約や一括受け取りはできない。それを可能にしてしまうと、死にそうになったら皆それに走るからである――「殺し合い」までいかなくても最後？いや最期？にドラマがやってくるのはトンチンっぽくていいような気もするのだが、いやさすがにそれだと保険会社がトンチンでもないことになってしまうか。

小ネタ②　外国人と年金

　夢みる大学生夢子「将来は世界中を旅しながらいろんな国で働きたいんです。ほら、私って、1つのところにじっとしていられないタイプじゃないですか！」

　夢破れる教え子をたくさんみてきた教授「それは初耳だけど……でもあんまり頻繁に働く国を変えない方がいいよ、だって老後の年金がね、どの国もだいたい最低10年とか加入しないと……」

夢子「よくわかんないですけど、ご心配なく！ 私きっと50くらいで
　　死んじゃいます。駆け抜けるように生きていきたいな、なんて」
教授「君みたいなのが一番長生きするんだよね……」

　国際化がどんどん進むこの時代。外国人が日本で働いたり、日本人が外
国で働いたり、そしてそうやって働いたあといったん母国に帰国したり、
でもまた外国へ働きに、などということも珍しいことではなくなった。コ
ロナ禍でだいぶ水を差されたが、いずれまたちょっと前のようなボーダー
レスな人の移動が活発な時代が来るに違いない。ではそんな国をまたいで
移動する人の老後の年金はどうなるのだろうか。まあそんな海外としょっ
ちゅう行き来するような人は金持ちだから年金なんて気にしなくていい、
のかもしれないが、いやいやごく普通の人が移動するからこそのボーダー
レス時代だ。
　すでに本文でみたように、年金をもらえるようになるための資格期間は
10年である。では日本で働いたが5年で帰国することになった外国人の
年金はどうなるのだろうか。なお前提として、日本では年金制度の適用に
国籍は関係ない。国民年金は外国人でも日本に住んでいれば適用がある。
また厚生年金も日本ベースで雇われて働いているかぎりは原則適用対象だ。
　10年必要なところを5年しかいないのだから残念ながら年金はもらえ
ません、以上。保険料？　帰ってきません、掛け捨てです——仮にこんな
扱いだったら外国人からみれば完全にぼったくりだ。日本で働いてくれる
人なんかいなくなってしまうだろう。幸いなことに、現在はこういうこと
にならないための措置が講じられている。外国人が、日本で国民年金や厚
生年金に6か月以上加入して保険料を支払ったが、資格期間の10年に達
しないまま出国した場合には、2年以内に請求すれば、「脱退一時金」と
いう形で、これまで本人負担分（＝会社負担まではもらえない）として支払
った保険料に相当する金額（ただし5年分が上限）を返してもらえるのだ（途
中で障害年金等の給付を受給した場合はダメ）。
　え、現在では、って？　そう、この脱退一時金制度ができたのは1994
年の法改正でなので、それ以前は本当に「ぼったくっていた」のだ。しか

も当時はまだ年金資格期間が 10 年ではなく 25 年だったので、極端な話日本で 24 年働いて帰国した場合、24 年分ぼったくられる可能性もあった。まあ国民年金だけの人、すなわち日本で自営業をやっていた人であれば、ぶっちゃけ保険料を払いにいかなければ済む話ではあった。法的には義務違反だが、刑罰があるわけではないし、当時の社会保険事務所もそれは見逃してくれたと言われている。ただ会社勤めの場合は給料から厚生年金の保険料が自動的に引かれてしまうからどうしようもない。筆者は当時在日外国人の知り合いに結構この点について文句を言われた覚えがある。まあ文句を言って当然だ。

　ちなみに、この「ぼったくり」制度にも理屈がないわけではもちろんない。国の制度なんだから当たり前だが。外国人でも障害を負ったり死んだりすれば障害年金や遺族年金は出るわけなので、保険料を払っている意味が全くないわけではなかった（老齢年金分だけぼったくりだ、と言うべきだったか？）。そして日本人だって 10 年（昔は 25 年）の資格期間がなければ同じ扱いなわけで、外国人を差別していたわけではないともいえる——とは言え外国人の大半はそんなに長いこと日本にはいないので、結果としては十分に差別的だったわけだが。

　脱退一時金制度の誕生でとりあえずぼったくり批判はかわせるようになった。しかし考えてみると、これは根本的な問題解決の仕組みではない。脱退一時金をもらうと、日本で働いていた期間は結局年金制度に入っていなかったことになる。母国の年金制度があるからいいだろって？　確かに、日本で 5 年働き、母国で 30 年働いた、のであればおそらく母国でそれなりの年金がもらえるだろう。しかしもし、日本と A 国と B 国と C 国で 9 年ずつ働いたとしたら、そして A 国も B 国も C 国も日本と同じ 10 年の資格期間が必要だったら？　そう、どの国からも老後の年金はもらえない。27 年働いたのに、老齢年金をもらえない無年金者になってしまうのである。ここまで外国人を例にしたが、日本人でも同じようなことは起きる可能性はある（ただし日本人だとそもそも日本の年金の脱退一時金はもらえない）。いろんな国で働くなら、あらかじめ老後のプランも立てておかなきゃダメ、ということかもしれないが、生涯どんな形で働くかなんて予定どおりには

いかないものだし、そもそも社会保障とか公的年金というのは本来こういう予想外の生活上のリスクをカバーするものだったはずである。

ではどうしたら、ボーダーレスに働く人材も老後に年金がもらえるようにできるのか？　国がいっぱいあって制度が違うからこういうことが起きるわけで、現代版秦の始皇帝みたいなヒーローが世界を統一してくれればいいのかもだが、さすがにそれはキングダムの読み過ぎだ。そこで現在、国ごとに制度が違うことを前提に実施されているのが、年金通算協定（正確にいうと、社会保障協定のうちの保険期間通算措置に関わる部分）の締結というアプローチである。要するに、各国間で協定を締結し、ある国での就労年数や保険料支払いの実績を別の国でもカウントできるような仕組みにするのである。

これは簡単な話ではない。年金制度の仕組みは国によって大きく違う。また各国としても、自国民の便宜は図りたいが、これで他国民にしか得にならない余計な負担を負うことは避けたい。そもそも年金の調整とか通算とかいうルール作りは大変だし、事務的にもどう考えても煩雑だ。日本もかなり昔からより多くの国と年金通算協定を締結すべく頑張ってきたが、世界中のすべての国と、というわけにはなかなかいかないようだ。それでも（たぶん）厚労省の頑張りの結果、現在ではかなり多くの国との間で協定が締結されている。2024年4月時点で、ドイツ、韓国、アメリカ、フランス、オーストラリア、ブラジル、インド、中国など、20以上の国との間で年金通算協定が締結され発効している。

協定があるとどうなるのか。たとえば、日本で30年、アメリカで7年働いたという場合、アメリカも最低加入期間10年なのでこのままだとアメリカの年金はもらえない。しかし協定により日本の30年もアメリカの制度の加入期間とカウントされる（＝アメリカの制度に37年加入）ので、日本の年金に加え、アメリカの年金ももらえるようになる。ただし、実際の加入は7年なので、アメリカの制度からもらえるのは37年分ではなく7年分相当の少ない金額だ。

この通算措置によって、アメリカでの7年の保険料（社会保障税）が無駄にならずに済む。しかし日本での30年分の年金とアメリカでの7年分、

これを足したら老後の生活に十分な金額になる、のかどうかはわからない。このケースだと日本での30年である程度の金額になりそうなのでそれほど酷いことにはならないかもだが、国と年数の組合せのバランスが悪いと、通算措置を適用してもなお年金の合計がしょぼい金額にしかならない可能性もある。これは最終的には各国の制度での年金給付額の計算方法次第なわけだが。

　というわけで、脱退一時金と年金通算協定により、ボーダーレス人材の老後所得確保の仕組みは、昔に比べれば大分マシになった。日本のために働いてくれた外国人に「ぼったくり」だと文句を言われることもないし、（協定締結国での）海外勤務の長かった日本人が無年金・低年金になるリスクも軽減された。今後も協定締結国は増えていくだろうが、さらにこれ以上よりよい制度を、日本人に限らず世界中のより多くの人に、となると正直なかなか難しい。やっぱり始皇帝（しつこい）の登場を待つしかないのだろうか——いや本当に登場したら年金制度の整備以前に世界大戦争勃発か。

小ネタ③　「3階部分」の正体とは？

　　雑談多めの課長「企業年金って、『年金』って自称してるくせに実は年金
　　　じゃないんだぞ！　国の制度なのにけしからん！」
　　部下「そうなんですね、でも課長も課長って肩書きなのに実際は課長と
　　　しての能力全然ないんでお互い様かな、なんて……」
　　課長「なるほど！　……って腑に落ちちゃった自分が情けない」

　本章で主として扱うのは公的年金、すなわち国民年金と厚生年金であるが、「年金」と呼ばれる制度は他にも存在する。一般に日本の年金制度、ちょっと難しくいうと引退後所得保障制度（要は老後のお金の出どころということだ）は「3階建て」であると説明される。1階部分が全国民共通の国民年金。2階部分が厚生年金。そして3階部分が企業年金である。
　1階2階は「公的」年金、すなわちいやでも入らなければいけない強制

加入の国の制度である。これに対し3階の企業年金は、文字どおり「企業」が自社の従業員のために任意に実施するものである。代表的な企業年金制度としては確定給付企業年金法を根拠に実施される規約型・基金型の確定給付企業年金制度と、確定拠出年金法に基づく企業型確定拠出年金制度の2つがある。前者はしばしば「規約型DB」「基金型DB」と呼ばれる。「DB」は「確定給付」という用語の元になった英語 defined benefit から来ている。一方後者は「企業型DC」と呼ばれる。これまた「確定拠出」の翻訳元？である defined contribution から来ている。また企業型DCは「（日本版）401k」などと呼ばれたこともあった。これはアメリカ内国歳入法典（要は税法典だ）の条文番号から来ているもので……

　あーもうここ飛ばそう、てかもう読むの止めるわ！　小難しい単語ばっか立て続けに出して来やがって、訳わかんないよ！──と皆さんがなるかならないかのギリギリのところで寸止めしてみたつもりなのだがどうだろう（止まらないで脳天かち割っていたらすいません）。少子高齢化の進展で、公的年金だけで老後をやり過ごすのはどんどん難しくなってきている。企業年金が社会保障制度、かどうかは微妙、というか多分そう分類する人は多くないが、社会保障に関する書籍である本書でも、公的年金だけでなく企業年金にも少しは触れておく必要はあるだろう。しかし細かいことから全部説明するのも大変だし、そもそもわかりにくい。そこでここでは思い切って、要するに企業年金とは何なのか、をひと言で説明してみよう。

　では、企業年金とは？　ひと言で言えば、「退職金」である。企業年金と言われると、なんか難しくてよくわからないなー、いろいろ複雑なんでしょ（実際そうです）、とちょっとビビってしまうかもだが、退職金なら簡単にイメージできるはずだ。企業に勤めていた人が、それまで真面目に働いたことへの対価として、辞めるときにまとめてもらうそれなりの金額のもの、それが退職金だ。そして企業年金も、企業がその企業に勤めていた人に、これまでの労働への対価として支給するものなのだから、要は退職金である。ただ、退職金は企業が自前で用意して直接退職者に支給するが、企業年金は企業が外部の金融機関に資産を積み立てて、支給の際も金融機関経由だったり、退職時に必ずもらうとも限らないなどの様々な違いはい

Ⅱ. このネタは使えるぞ！　　201

ろいろある。しかし本質的には退職金だ、労働条件の一部だ、と考えておいて間違いはない。社会保障制度である公的年金と相まって国民の老後を支えるものではあるが、同時に労働条件でもあるということだ。

　え、でも退職金は一時金でしょ？　企業年金は文字どおり「年金」なのでは？　ここがややこしいところなのだが、実は企業年金の大半は年金でなく一時金で支給されている。厚生労働省年金局によれば、DBの受給者の68％、企業型DCの受給者の94％は一時金のみで給付を受け取っている（企業年金・個人年金部会資料による）。確定給付企業「年金」法、確定拠出「年金」法に基づく「年金」制度なのに、年金でもらっている人はかなり少数派なのだ。法律が一時金支給を認めており、企業もその選択肢を用意し、受給する側も所得税法上有利になることが多いこともあり大半が一時金で受け取るという構図である。こうなるとますます退職金そのものだ。企業年金制度は退職金を支給するための仕組みに過ぎない、と言ってしまってもよいかもしれない。

　歴史的経緯も踏まえてより正確に言えば、日本の企業年金制度は、退職金から始まり、資産の安全性確保（＝会社がつぶれても安心）と費用負担の平準化（＝支給の都度でなく毎月拠出）のためにその支給のための費用を外部に積み立てる枠組みとして整備されたが、前述のようになお一時金支給が主流であるなど、現在でも退職金としての性格を色濃く残した仕組みとなっている。会社の人事の意識としても現場の従業員の意識としても、企業年金はなお退職金であり、労働条件なのだ。そして労働条件ということは、企業側からみれば人事管理ツールでもあるということである。たとえば会社都合で辞めた場合よりも自己都合で退職した場合の退職金の方が少ないとか、40歳過ぎくらいから退職金額がグッと増えていくとかいうのは、いずれも従業員を長く会社につなぎ止める効果を狙ったものといえる。要は早く辞めると損だから長く勤めよう、と従業員を誘導するためということだ。

　以上は現在の状況だが、現在政策過程で議論されているのは、この実質は退職金である企業年金を、本当の「年金」にしていくべきかどうか、という問題である。少子高齢化で公的年金だけでは足りなくなってくるのだ

202　第6章　老後の備えは公的年金

から、企業年金も退職金という性格から脱して、老後のお金を賄うための制度に純化していくべきではないか、ということである。具体的には、退職の都度もらうのではなくて「引退」の時点でもらえるようにする、給付も一時金でなくて年金で支給するのを原則とする、などの方向が考えられる。

ただその方向にいくということは、企業が労働条件として、人事管理ツールとして企業年金を実施するのは難しくなるということである。人事管理上の意義があんまりないのに規制ばっかり厳しくて面倒だな、それならいっそ企業年金なんてやめちゃうか、という方向に考える企業が出てこないとも限らない。国民の老後のためによかれと思って企業年金の規制を強めた結果、企業がそれを嫌って企業年金やらなくなってしまった、ではマズいのである。どんな政策もそうだが、結局はバランスが大事だということであろう。

Ⅲ. 「労働法の方から来ました」

1. 年金もらって働こう！

厚労省課長「うーん、やはり少子高齢化で年金財政は厳しいなあ……みんなが年金要らないって言って辞退してくれたら助かるんだけどなあ、某皇室の方みたいに」

同課長補佐「年金もらおうとする国民をマスコミがボコボコに叩かないとダメですねえ」

同係長「今の65歳なんてまだまだ若いですよね、なのに『老齢』年金もらうなんておかしいですよね」

同ヒラ「そうだ、いっそ『ヨボヨボ年金』とかに名前変えたらどうですかね？　恥ずかしくてもらえなくなるんじゃないでしょうか」

同局長「それこそこっちがボコボコに叩かれるわ！」

本文で説明したとおり、国民年金も厚生年金も 65 歳が標準的な年金支給開始年齢である。繰上げや繰下げも可能だし、厚生年金についてはまだ経過措置が適用中なので（繰上げしなくても）64 歳（2024 年 4 月現在）から年金をもらえるので実際にはいろいろややこしいのだが、とにかく 65 歳という年齢が法政策上一定の意味を持っていることは確かだ。65 歳からは老齢年金がもらえる。老齢＝年取った、もう働けない。だから年金出すよと。

　ただ、どうだろう、令和の時代の 65 歳。皆さんのまわりにもいるだろう。いや、「これから悪口言われるのかなあ」と不安になりながらこれを読んでいるあなたこそが 65 歳なのかもしれないが、とにかくその 65 歳、本当に「もう働けない」という感じだろうか？　もちろん個人差はあるだろうが、大多数の 65 歳はまだまだ元気なはずである。そういう人たちを働けない年寄り呼ばわりなんかしたらガチギレされるかもしれない。

　実際、年金制度の方もそれは織り込み済みだ。支給繰下げの制度があるということは、65 歳でもまだ働けるならどうぞ引き続いて働いて下さい、ということであろう。また、年金をもらいながら働くという選択肢もある。本文中でも紹介した、在職老齢年金制度だ。あまり稼ぎすぎると年金は停止されてしまうが、年金と給与の合計が一定水準以下の場合は年金も全部あるいは一部受給できる。これも 65 歳で辞めなくていいんですよというメッセージだ。

　このように、現在の年金制度は、「老齢」年金と言いつつ、元気な高齢者はどうぞ働いてください、という制度になっている。働くことで引き続き保険料も（70 歳までは）支払うのでその分後でもらう給付を増やせるし、年金財政的にも助かる。政府も「人生 100 年時代」なので意欲ある高齢者は働いてください、というメッセージを出しているが、年金制度の方では一応それに沿った仕組みができていると言ってよいだろう。

　もっとも、自営業なら自由にいつまででも働けるかもしれないが、雇われの身ではそうもいかない。ほとんどの日本企業が定年制を実施しているからだ。せっかく「年金もらえるようなったけど引き続き働こう！」と決意しても、いやもうあなた定年です。すいません、と会社から言われてし

まったらそれまでだ。では、「人生100年時代」をにらんで、この定年制については現在どのような規制がなされているのか。以下概観してみよう。

定年制を実施する場合、その年齢は60歳以上でなければならない（高年法8条）。ということは60歳定年でいいのか、という気もするが、この続きがある。さらに事業主は、以下の3つの「高年齢者雇用確保措置」のうちいずれかも講じなければならない（同9条1項）。すなわち、①65歳以上への定年引き上げ、②希望者全員対象の65歳までの継続雇用制度（関連会社等でも可）を実施する、③定年制廃止、のどれかである。要は、定年延長でもいいし、嘱託とかでの再雇用（＝待遇は大きく下がり、有期雇用になるのが通常）でもいいが、とにかく65歳までは雇用をつなげ、ということである。ちなみに多くの企業はこのうち②を選択している。なお③が本当に高年齢者の「雇用確保」措置といえるのかどうかは実は微妙だ（→2.参照）。

以上のように、一応希望すれば65歳まで働ける仕組みになっているわけだが、逆に言えば年金の標準的な支給開始年齢の65歳までしか働けないということである。これでは年金をもらってなお働くというのは無理だ。人生100年時代なのにおかしいぞ！　という声に応えてかどうかはわからないが、2020年に高年齢者雇用安定法（高年法）の改正がなされ、2021年4月から施行されている。それによれば、事業主は、65歳から70歳までの労働者に対する「高年齢者就業確保措置」を講じるよう努力しなければならない（高年法10条の2）。

「高年齢者就業確保措置」とは、①70歳までの定年引上げ、②定年制の廃止、③70歳までの継続雇用制度（関連会社、他社でもOK）の導入、④70歳まで継続的に業務委託契約を締結する制度の導入、⑤70歳まで継続的に事業主自ら実施する社会貢献事業や事業主が委託・出資等する団体が行う社会貢献事業に従事できる制度の導入である。①から③までは従来の「雇用」確保措置の延長だが、雇用ではなく独立自営やNPOなど「非雇用」で働き続けるための措置である④⑤も含むので「就業」確保措置というわけだ。

企業側からは「65までだって大変なのにさらに70まで面倒みろっての

Ⅲ．「労働法の方から来ました」　205

か！」、労働者側からは「65 から急に起業とかできるわけないだろ！」などの批判も強いが、とりあえず現状の政策を大きく変えることなく「努力義務」で対応して様子をみてみよう、というところだろうか。「努力義務」は労働法の世界ではその後だいたい義務に昇格することが多いのだが。

とにかくとこの高年法の改正で、国としても、65 歳で引退するのが当然ってわけじゃあないですよ、という形は整えた。65 歳以降年金をもらいつつ働いてもいいですよ、という年金法制の枠組みに、雇用法制もなんとか平仄を合わせたというところだろうか。いや、そうじゃない、少子高齢化が全く止まらない以上、年金財政を考えれば今後年金の支給開始年齢はさらに 70 歳まで上げていかなければならないのだ、雇用法制の側の改正もそれを見込んでやってることなんだよ——という意見もあるが、さて今後どうなるかはまだわからない。いずれにせよ、今後の展開に注目だ（まさにテンプレ！）。

2. 定年制は「差別」なのか？

　会社（建前）「65 歳で定年ですね、お疲れさまでした。会社に長いこと貢献して頂き、本当にありがとうございました」
　自信過剰シニア社員「まだまだ働けるのになあ！　65 歳になっただけで辞めないといけないなんて、なんか腑に落ちないなあ。定年制って理不尽な仕組みですよね、年齢差別では?!」
　会社（本音）「なるほど、定年制がなかった方がよかったと？　でも定年がなかったら、あなた多分もっと前にクビになってましたよ。会社はね、でもまあ定年まで我慢すれば自動的にいなくなるんだから、ってことでここまで我慢してきたんですよ！」

　引退過程、すなわち雇用生活から年金生活へどう移行していくかについて、現在の日本の法政策はどうなっているのか。1. での説明の繰り返しになるが、改めて簡単にまとめてみよう。65 歳までは、企業に雇用責任

（＝そこまではなんとか面倒みろ）を課す。その後は、自営や NPO での活動も含め、雇用に限らず何らかの形での就業機会があることがは望ましいが、企業は努力義務を負うにとどまる。公的年金は 65 歳が標準的な支給開始年齢だが、繰上げや繰下げも可能だし、在職老齢年金制度もある。結局、様々なバリエーションはありうるが、基本となるのは 65 歳で雇用から年金へ移行するというモデルであるといえよう。そして、少子高齢化が止まらないので、この軸となる年齢を徐々に上げていこう、できれば 70 歳まで、というのが政府の方針ともいえる。

　ところが海外には、日本のように一定年齢を基準として引退過程の法政策を考えることをしない国もある。いや、「しない」のではなく、できない、許されないのである。それがアメリカだ。アメリカには連邦法として雇用における年齢差別禁止法（ADEA、Age Discrimination in Employment Act）が存在し、65 歳などの一定年齢への到達を理由として雇用上の処分や措置を講ずることは、年齢差別として違法となる。したがって、60 歳や 65 歳での定年制も、また 60 歳になったら有期雇用の嘱託に移行するとか、65 歳になったらその嘱託雇用もそれ以降は更新しないとか、日本ではごく当たり前の制度は全部違法である。一定年齢に到達したことを理由に辞めてもらうとか嘱託社員になってもらうというような措置は、女性だから昇進させないとか外国人だからクビだとかいうのと同様に、許されない「差別」なのである。

　アメリカでも公的年金は一定の年齢から支給が開始される。一番早くて 62 歳から受給が可能だが、満額で年金受給できる標準的な支給開始年齢は 66 歳から 67 歳（生年月日により異なる）である。こちらは日本同様年齢基準だが、雇用の方では労働者の年齢を理由になされる措置はすべて違法となる。年齢を基準とする引退過程のモデルは設定しない、そのこと自体が年齢差別だ、なので各自年金をもらえる年齢やその金額を考慮して自分で引退時期は決めて下さい、という感じだろうか。アメリカらしいと言えばアメリカらしい。

　というわけで、アメリカでは皆年齢にかかわらず 80 歳とか 90 歳になるまで好きなだけ働き、自分で決めた時点で引退している――かというと、

残念ながらそういうわけでもない。60歳代の高年齢者の就業率は、むしろ日本の方がアメリカよりも高い。なぜなのか。まず、確かにアメリカでは定年制は年齢差別で違法だが、その代わり日本ほど解雇規制は厳しくない。州にもよるが、基本的には解雇自由を原則とする国である。とくに能力不足や職務廃止、人員削減などによる解雇は日本よりも容易である。つまり、65歳の定年年齢に達したので辞めてくれ、とは言われないが、会社への貢献が足りないから辞めてくれ、と55歳で言われてしまう可能性はあるわけだ。70歳でも会社に雇われ続ける人もいれば、55歳でクビになる人もいる、そういう世界だと理解すべきだろう。実力主義ということか。

そして、定年制は実施できないが、企業が一定の年齢での「自発的な」引退を促す措置を講じることは禁止されていない。具体的には、企業年金制度を一定年齢で辞めるのが最も得な給付設計にする、早期退職優遇制度の適用をオファーする、などの手段があるようだ。このオファーにはしばしば医療保険が含まれる。日本と違って医療が国民皆保険ではないので、会社を辞めた後もうちの医療保険使っていいよ、というのが結構なインセンティブになるらしい。また前述のように解雇自由の国なので、今後いつ解雇されるかとピリピリしながら働くよりは、早期退職優遇制度のオファーを受けた方がよい、という考え方にもなるようである。

定年制が広く普及し、それが引退過程のモデルの軸となっている日本と、それを差別であり違法とするアメリカ。そこだけをみれば正反対だ。しかし日本では、定年（あるいは定年後再雇用の終了時点）で辞めなければならない代わりに、それ以前に解雇されることはあまりない。定年制は強制退職の仕組みだが同時に雇用保障の仕組みでもあるのだ。他方でアメリカでは、定年で辞めさせられることはないが、解雇は原則自由だし、また早期退職優遇制度等で引退を促すことはできる。こうやって全体をみれば、どちらの国でもバランスの取れた仕組みがそれなりに出来上がっているともいえそうだ。

日本でも近年、年齢差別も許されない差別だ、という感覚が徐々に強まっているように思われる。高齢化で年寄りの数と比率が増えているのだか

ら当然なのかもだが。そのうち、定年制は違法だ、年齢にかかわりなく働ける社会を目指すのだ！　ということになるかもしれない。それはそれでいいのだが、ただ、前述のように、定年制が日本的雇用システムの一部であること、すなわち（定年までは）簡単に解雇されないという仕組みの構成要素であることは忘れてはならない。定年制を違法にするなら、理屈としては、アメリカのように解雇規制をもっと緩めなければならない。要するに、年齢にかかわりなく働ける社会とは、年齢にかかわりなくクビになる社会でもあるのだ。果たして日本国民は、それを受け入れる覚悟があるだろうか？

3. 年金理由に賃下げ？

> 定年後再雇用労働者「なんで定年前とほぼ同じ運転手の仕事してるのに、65歳で再雇用になったら月給が10万円も下がるんですか？」
> 人事部「でも65歳だからもう年金もらえますよね？　働きながらでももらえますよね、在職老齢年金。それと合算したらそこそこの金額になりますよ」

　似たようなケースは実際にも結構存在する。再雇用されたシニア労働者からすれば、同じ仕事で同じだけ会社に貢献してるのになんで賃金下がるんだ？　という不満を持つのは当然だ。しかし会社側としては、定年までは正社員で高い給料もらってたわけで、それとのバランスで再雇用になったら待遇が下がるのは当然だ、年金ももらえる年齢なのだから、それでも生活には困らないはずだし、在職老齢年金制度は賃金が増えすぎると年金が減る仕組みなんだから賃金は低く抑えておいた方がむしろあなたにとっても得になるでしょ？　ということだろう。さてこの問題、労働法的にはどう考えたらよいのか。
　労働者側が裁判に訴え出るとした場合、法的にはいくつかのアプローチが考えられるが、ここでは最近では割とお馴染みのフレーズである「同一

Ⅲ．「労働法の方から来ました」　209

労働同一賃金」の観点から検討してみよう。要するに、同じ仕事してるのに給料違うのおかしいだろ、ということだが、実際の法律はそれよりももう少し適用範囲が広くなっている。「同じ仕事」でなくても、正規・非正規労働者間での「不合理な」待遇格差は許されない、という規制になっているのだ。

　具体的には、かつては労働契約法20条、現在ではパートタイム・有期雇用労働法（通称「パー有法」）8条が、ざっくり言えば非正社員と正社員の、正確に言うと有期雇用労働者あるいはパートタイム労働者と無期雇用労働者との間の、労働条件に関する「不合理な」格差を違法としている。定年後「嘱託」などの身分で再雇用された有期雇用労働者の賃金と、それとほぼ同じような仕事をしている無期雇用の正社員労働者の賃金。この両者の間の格差は「不合理」とは言えないのか、が問題となる。いかなる場合に不合理となるかならないのか、法律や政府のガイドラインにはそこまで詳細な記載がないので、これまでとこれから裁判例が積み重なることで徐々にルールができていくことになる。

　なお、上記の設例では話を簡単にするために65歳定年後再雇用、というちょっと時代を先取りしたケースを用いた。実際に今裁判例として出ているものは、いずれも60歳定年後の再雇用の事例である。しかしそれでも問題の本質は変わらないので、十分に参考にはなるはずだ。

　まず、著名な最高裁判決（長澤運輸事件・最判平成30・6・1民集72巻2号202頁）からいこう。この判決では、同じトラックの運転という仕事なのに定年後再雇用の嘱託職員の待遇が低くてもいいのかが問題となった。地裁、高裁と結論が変わったが、最高裁は、一部を除きほとんどの労働条件について不合理な差異ではない、とした。その中で、嘱託乗務員が老齢厚生年金の支給を受けることが予定されていることを、問題とされた待遇差が不合理でないことを基礎づける要素の1つとして考慮した。

　また、名古屋自動車学校事件・名古屋地判令和2・10・28労判1233号5頁では、やはり定年前後で職務内容等が変わらなかった事例であるが、ここでも、原告労働者が老齢厚生年金の支給を受ける予定であったり、実際に支給を受けていたことを、労働条件格差が不合理であるという評価を

妨げる事実として考慮する、と述べられている（結論的には長澤運輸事件とは逆に多くの労働条件につき不合理性を認定。高裁もこの結論を支持したが、その後最判令和5・7・20労判1292号5頁で破棄差戻しとなった）。

いずれの判決でも、年金の受給資格の有無が結論を左右したわけではない。それはあくまでも、ダウンした給与額の大きさなど、他の事情とともに総合判断される、その考慮要素の1つという位置づけである。全く考慮されないというわけではなく、待遇差が不合理でないという結論を導く1つの要素とはなるが、しかしそれが決定打となるわけでもない。

結局、定年後再雇用者は年金をもらえる分だけ賃金を低くしてもいいのか？　という問いに対する答えは、今のところよくわからない、場合による、ということになってしまう。比較対象とされる労働者と仕事内容がどのくらい違うのか、具体的にどのくらいの賃金格差が生じているのか、などによって結論は変わってくるであろう。事件ごとに様々な事情を考慮して判断する、ということであり、それは事案に即した結論が得られるので望ましいとも言えるが、基準が不明確なので予測可能性には欠けてしまう。要するに、具体的に企業が再雇用制度を実施しようというときに、賃金水準をどのくらいにすれば法的に OK なのかがわかりづらいのである。元々問題になっているのが、不合理かどうか、というざっくりした基準である以上、しょうがないと言えばしょうがないのかもだが。

ただ法律を離れて考えれば、定年前の正社員時代と同じような仕事をしているのに、待遇だけガクッと下がるというのは、いかにも再雇用者のやる気を失わせる措置である。せっかく働いてもらうのだから、やる気の出るような、少なくともやる気を殺がない待遇を用意するべきだ。その方が会社にとって最終的にはプラスになるはずだ。そのためには、労働組合など労働者サイドと十分に定年後の待遇について話をして、納得してもらうことが必要だろう。また、再雇用にそんなに払えない、定年前に払いすぎてるんだぞ、というのが本当にそうなら、定年前の正社員の待遇を見直すことも必要になってくる。

Ⅲ.「労働法の方から来ました」　　211

Ⅳ. 物好きなアナタに──文献ガイド

○堀勝洋『年金保険法（第5版）』（法律文化社、2022年）

　詳しく公的年金について知りたい人にはこの本を。かなり詳細だが、法律のコメンタール的な要素と、理論的・政策的な論点についての検討の双方を含み、年金法の決定版というべき本である。2022年末の第5版まで改訂されていた。

○権丈善一『ちょっと気になる社会保障 V3』（勁草書房、2020年）

　政府委員なども務めながら、過激な正論を面白く主張する稀有な経済学者による本。理論的かつ実際的な記述になっているうえに、楽しく読める工夫が凝らされている。シリーズで何冊も刊行されているが、この本が年金問題を正面から扱っている。

○ロベール・カステル（前川真行訳）『社会問題の変容──賃金労働の年代記』（ナカニシヤ出版、2012年）

　フランスを題材として、社会保障の起源について、賃金労働との関係で歴史的に詳細に跡付けた重厚な本。社会保障の機縁については、労災保険を軸に語られることが多い中で、むしろ年金も軸に歴史をひも解いているところがこの本の独自性でもある。ただ本文だけで2段組で542頁に及ぶので、読破するには忍耐と根性を要する。

○右谷亮次『企業年金の歴史―失敗の軌跡』（企業年金研究所、1993年）

　タイトルは控えめに過ぎる。企業年金に限らず、公的年金を含む年金全般について、古今東西の歴史の中から名場面・珍場面を集めた本。オリジナルな歴史研究ではなく、あちこちの文献からピックアップしたものだが、書店や図書館も新刊書で埋め尽くされ、昔の本を参照しづらくなっている中では、研究者にとっても「ありがたや〜」である。

○森戸英幸『企業年金の法と政策』（有斐閣、2003年）

　共著者の1人の本。キホン編では公的年金についてしか扱えなかったが、いわゆる3階部分などにかかわり、企業年金も大きな役割を果たし

ている。2003年時点のものだが、全体像を見るためには役に立つ。いい加減改訂してくれという声も頂いているがこのままだとサグラダ・ファミリアになりそうである……え、あれ完成するの？

○長沼建一郎『個人年金保険の研究』（法律文化社、2015年）
　これも共著者の1人の本。やはり3階部分に関連して、生命保険会社の個人年金を中心に、いわゆる長生きリスク、終身年金の意味合いなどについて検討した。重要なテーマに正面からアプローチしたつもりだったのだが、確定拠出年金について扱っていないため、ニッチ本みたいになってしまった。

アウトロ──巨大化した公的年金システム

　「わたくし、厚生労働省直属の中央人口調節機構つまりCJCKの都内処刑担当官で斉木又三と申します。ご承知のように、二年前から全国で実施されております老人相互処刑制度、つまり俗にシルバー・バトルと言われておりますこの殺しあいは、今回は日本全国九十ヵ所の地区、都内では三ヵ所で一斉に開始され、そのひとつがこのベルデ若葉台なのであります。ひひひひ。いや失礼。この制度は言うまでもなく、今や爆発的に増大した老人人口を調節し、ひとりが平均七人の老人を養わねばならぬという若者の負担を軽減し、それによって破綻寸前の国民年金制度を維持し、同時に、少子化を相対的解消に至らしめるためのものです」

　「わしゃ若い者の厄介になどなってはおらんぞ」元運輸会社社長の前田信鉄八十五歳が叫んだ。「財産がある」

　「それそれ。その財産を老人が持ち続けるということも、子供たちの苦労の原因なのですよ。つまりこの制度の根本思想は、老人は老人であることそのものが罪であるという思想なんです」

筒井康隆『銀齢の果て』より†

筒井康隆の小説と言えば、いつも最後はハチャメチャになって、ほとんどの登場人物が死んでしまうことも多い。しかしこの小説は、冒頭から凄惨な殺人の場面で始まり、延々と殺戮が繰り返されて最後まで続くという点では、むしろ珍しい構成ともいえる。ちなみに（ネタバレは避けるが）最後近くに出てくる厚生労働省とその向かいの日比谷公園の描写は、きわめてリアルである。

かつて、高度成長期のSF小説では、人口増加を抑えるために、政策的に人口調節を図る（政策的に殺人を実施する）というストーリーが時折みられた（たとえば星新一の「生活維持省」）。しかし今や、もっぱら年金制度を維持するための殺人が、小説のテーマとなる時代になった。高齢者の生存自体が年金制度の維持にマイナスに働くとすれば、小説で最初から最後まで殺人が続くのも、論理的には整合するというべきだろう。

古来、人間は不老不死を願ってきたが、そこに若干なりとも近づいた結果が、この始末である。今やグロテスクにまで巨大なシステムとなった公的年金制度は、その維持自体が大変になっていて、われわれはそれに振り回されているようにも見える。

社会保障給付費の中では、年金が約5割を占めているので、むしろ医療や介護その他に重点を移していくべきだという議論も見られる（「年金重点型」から「医療・福祉重点型」へ）。とくに医療や介護などは個々人でリスクの実現度合いや要する費用のバラつきが大きいことから、社会保険によるリスク分散に適しており、逆に年金は、皆が老齢になるのは分かっているのだから、あまり大がかりにやらずに、そこそこ自己責任に委ねてもいいではないかという議論である。

しかしそれは「今だから」そう見えるだけではないか。高齢化により、医療や介護負担が重くなってくることは以前から予測されていた。それに備えて、公的年金が高齢者の経済的な基盤を準備してきたことは、先見の明といってよいのではないか。年金は「お金」なので、圧倒的な汎用性がある。だからこそ今日、年金受給者に、生活費にとどまらず、医療や介護の利用時の負担や、退職後にも保険料の負担まで求めることが可能になったともいえる。そのことで現役世代は、いつはじまり、いつ終わるか分からない老親扶養の

ルーレットから免れている面もある。いいかえればこれがなかったら、もっともっと大変なことになっていた可能性が大きい。

　殺し合いを始めるのはまだ早い。

†　筒井康隆『銀齢の果て』（新潮社、2006 年）

第**7**章
最後の砦だ生活保護

イントロ

　リストラされて失業しても、雇用保険の失業給付が支給されるので生活できる。病気になっても、健康保険や国民健康保険で医療費がかなりカバーされる。年を取って仕事ができなくなっても、国民年金や厚生年金で暮らしていける。でも、失業給付の支給期間が終わってもまだ就職先が見つからなかったら？　病気がなかなか治らなくて自己負担分だけでも医療費の負担がしんどくなってきたら？　いや、そもそも社会保険料を払うお金がなくなってしまったら？

　でも大丈夫、社会保険という「第1のセーフティネット」が破られても、まだ「最後の砦」が残っている。それが本章で検討する生活保護だ。第2のセーフティネット、と言いたいところだが、最近では比較的新しい仕組みである求職者支援制度（→第2章Ⅰ.10.）と生活困窮者自立支援制度（→12.）を「第2のセーフティネット」と位置づけ、生活保護は「第3のセーフティネット」と呼ぶことが多いようである。第2から第3へ、これは格上げなのか格下げなのかよくわからないが（おそらくどちらでもない）、まあ砦の数は多いに越したことはないだろう。それぞれがちゃんとした砦なら、だが。

　給付のお世話になることも少なくなく、また仮に全くお世話にならない人でも保険料負担は免れない社会保険とは異なり、生活保護については馴染みがない読者の方が多いかもしれない。しかしその割に制度の存在はだいたいの人が知っていて、そしてしばしばネガティブなイメージで捉えられがちである。不正受給のニュースなどがネットやSNSで殊更に取り上げられるからだろうか。それはそれで1つの問題ではあるが、すべてがそれだと考えてしまうのもまた短絡的過ぎるであろう。

では実際の生活保護受給者はどのようなプロフィールの人々なのか。2023年9月時点での厚生労働省の統計によれば、生活保護受給者数は約202万人、受給世帯数は約165万世帯（生活保護は世帯単位で支給される）。つまり、受給者世帯の平均人数は2人いや1.5人にも満たない。単身世帯が大半だということである。世帯類型別にみると、全体の55.3％が高齢者世帯、3.9％が母子世帯、25.0％が傷病・障害者世帯、その他世帯が15.8％である。

　以上まとめれば、単身の高齢者（65歳以上）が生活保護受給者の典型像だということになる。とすれば生活保護の問題は、本来年金制度のあり方などともセットで考えないといけないのだろう。他方でもちろん、若者には関係ない制度です、という整理もこれまたマズいのだが。

　あまり深い議論には立ち入れないが、以下では生活保護制度の全体像をできるだけわかりやすく説明していきたい。

I. キホンのキホン

1. 生活保護とは

　生活保護は、憲法25条に基づいて、国民の最低限度の生活、生存権を保障する制度である。これが突破されたら生活が壊滅するという意味で、最後の受け皿・セーフティネットなどと言われ、いわば国民にとっての「最後の砦」である。公的な助け合い──公的扶助 public assistance ともいわれる。

　しかし最近では給付額も増えてきて、数兆円規模に及ぶ。もっとも年金や医療の給付は数十兆円規模なので、桁は1つ違う。

　生活保護は、略して「セイホ」と呼ばれることがある。生命保険のことも略してセイホと呼ばれるので紛らわしいが（かつて「ザ・セイホマネー」が世界を席巻した）、最近の若者は「ナマポ」と呼んだりするらしい。

　もっとも若者用語でそういうのが出てくるところが、若者でも受給の必要性や可能性が生じてきたことを示している。以前はその必要性があまり

なかったり、必要が生じて申請しても、「働けばいいじゃないか」といわれて断られるだけだったのだ（すでにみたように現在でも受給しているのは高齢者世帯が多い）。

2. 憲法との関係

憲法 25 条 1 項では、「すべて国民は、健康で文化的な最低限度の生活を営む権利を有する」と定めてあって、これが生存権の根拠となっている。

今でこそ当然のようだが、これがはじめてかつての帝国議会で検討されたときには、何だか意味が分からず、「最低の暮らしを体験してみるという権利なのか？」というようなトンチンカンなやりとりもあったらしい。

しかし今ではこの具体的内容について、生活保護法で定められている。「すべて国民は」ということなので、あらゆる国民に対して生存権が保障される。これを無差別平等の原則といい、生活保護法 2 条が改めてこれを規定している。微妙なのは外国人の取扱いだが、通知により準用という形で支給対象とされている。

3. 財　源

この生活保護は、国の責任において行われるので、財源は公費、すなわち税金（国と地方）である。本書の第 2 章から第 6 章までで扱ってきた社会保険のように保険料を集めることはない。

社会保険の 1 つとして「貧困保険」みたいなのを作るという方策も考えられなくはない。また国民が税金を払って、国が生活保護制度を運営するというのは、国全体としていわば貧困保険をやっているという「見方」も可能である。だがとりあえず現行制度の財源は、あくまで税金だ。

技術的にいえば、社会保険のように、保険料を払った人だけが給付を受けられるという関係（「給付と拠出の牽連性」といわれる）がないので、まったく税金を払っていない人でも（いやそういう人こそ、というべきかもしれないが）、生活保護の給付を受けることができる。

I．キホンのキホン　　219

4. 補足性の原理①——資産の活用

申請者「ずっと収入ゼロです。生活保護をお願いします」

役所の担当者「なるほど、そういうことなら要件を満たしますね。支給
　の準備をすぐ進めます。安心してください……あ、帰りの電車賃くら
　いはありますよね？」

申請者「ギリギリそれくらいは……までも今日は車で来たんで大丈夫で
　す。あそこに止めてあるベンツです、結構カッコイイでしょ?!」

担当者「（……なんかヘンだな、オレ確か自転車で来てるよな）」

　生活保護は、何しろ「最後の砦」なので、他の手段ではどうやっても生
活できない等の場合に発動される。これを保護の補足性といっている。補
足性というのは、最初からではなくて「補足的にのみ」登場するというこ
とだ。

　生活保護法４条１項は「保護は、生活に困窮する者が、その利用し得る
資産、能力その他あらゆるものを、その最低限度の生活の維持のために活
用することを要件として行われる」としている。したがって、まず「その
利用し得る資産、能力その他あらゆるもの」を活用していないと、生活保
護はもらえない。そこで生活保護を受けなければならない財産状態にある
のかどうかを調べるためには、収入が（十分）ないだけではなく、資産も
ないことも調べる必要がある。

　これはいいかえればフローとストックということだ。たとえば大金持ち
の親から膨大な遺産を引き継いで、本人は収入が全然ないけれども、豪邸
に住んで、贅沢三昧で暮らしているというケースだって考えられる。そん
なときに、フローの収入がないからといって、生活保護を支給するのはお
かしい。まずそういう資産を売却して、それでも暮らせなくなってから生
活保護を支給すべきだ。そのような収入や資産がないかどうかを調べるこ
とをミーンズテスト（means test：資力調査）という。

　ただしこの判定は難しい。１つには実際に家屋に立ち入って、どんな財

220　第7章　最後の砦だ生活保護

産を持っているかを逐一調べる必要が出てくるし、その過程ではプライバシーも大いに侵害する。財産隠しを摘発する税務調査みたいなことにもなる。そのため生活保護の受給には、「スティグマ」がつきまとうと言われる（stigma：「烙印・レッテル」から転じて、恥辱感のこと）。昔はテレビ持っていることがバレると生活保護を止められてしまうので、テレビを押し入れの中に隠しておくなんてこともあったらしい。

　もう1つは、どのくらいの資産なら保有していても構わないか、という基準が必要になる。「あらゆる資産を活用して」といっても、財産がまったくない──手持ちのお金も全然ない、服もない、家もない、家具もない、食器もない、なーんにもない──という状態まで要求するのは現実的ではない。

　そこで一般的には、その地域で世帯の「約7割」が保有している資産であれば、生活保護世帯でそれを保有していても、（処分すべき）資産とはみなさないとされる（局長通知・生活保護実施要領による）。テレビやクーラーなどは、これに当たる（したがって保有が認められる）ようになっている。

　しかしその境界線は、しばしば問題となる。たとえばクルマについては、生きていくために不可欠ではないので、原則として保有が認められていないが、商売や職探しのために必要という場合はありうる。生活保護から脱却するためには、むしろクルマの保有を認めた方がいいかもしれない。この辺は、細かく前例が積み重ねられているが、個々の事情により、実際の判定は難しく、今後はスマホやパソコンなどの保有も難しい問題になるだろう。

5. 補足性の原理②──能力との関係

　小説家「もう少しで傑作が完成するんですよ、ベストセラー間違いなし！　そしたらお金もどっと入ってくるんですが、ただ当面の生活費が……」
　役所の担当者「だったらそれまでアルバイトしたらどうですかね？」

小説家「貴様！　文学をなめてんのか！　そんな生半可な気持ちじゃあ
　傑作なんて完成するわけないだろ‼」

　あわせて４条１項にある「能力」の活用についても難しい。第２章でみ
た雇用保険とも共通する部分があるが、働こうと思えば働けるのに、サボ
っている人に、生活保護給付を行うというのは、制度の趣旨に反する。た
とえば探検家や環境運動家を自称する人が、「貯金が底をついたので、生
活保護を申請しに来ました」というのでは腑に落ちないだろう。ただ働く
気はあっても、働く場所がないことだってある。職はあってもすごく低賃
金ということもある。努力せずに働かない（単に怠けている）のと、努力し
ても働く場所を見つけられないのとを見分けるのは至難の技である。
　この辺は、実は生活保護法の制定当時（戦後すぐ）から議論があったの
だが、裁判で中心的に争われることはあまりなかった。しかし近時はこの
点がクローズアップされて、裁判も多くなっている。
　この「能力」を活用しているかどうかの判定は、実務的には以下の３つ
の観点に分けて行われる。

① 「働けるかどうか」・・・稼働能力の問題といわれる。しばしば「体が
　弱いが、まったく働けないわけではない」かどうかが争われる。仕事の
　内容によって、求められる能力の程度も異なるので、一律に判定できる
　ものでもない。
② 「働くつもりがあるか」・・・働く意思の問題といわれる。本人が働け
　るのに、最初から働くつもりがなければ、生活保護を支給するに値しな
　い。もっとも内心にかかわる問題でもあり、「意思」に立ち入って判定
　するのは容易ではない。
③ 「働く場所があるか」・・・稼働能力を活用する場がないかどうかが争
　われる。しかし上記の本人の諸事情や、本人の希望をどこまで勘案する
　かによって、その幅は広狭がありうる。

　上記の３つの点を厳しく判定すれば、とくに若くて元気な人は、「能力

の活用」が不十分だとして、ほとんど申請が認められる可能性がなくなってしまう。何かしらの求人がある限り、「働けばいいじゃないか」ということになりかねない。たとえば介護の現場はいつでも求人中である。

その意味では生活保護受給者（被保護人員数）を年齢別にみると、高齢者のウェイトが大きく、そのこと自体の問題もあるものの（公的年金が機能していないことが考えられる）、むしろ逆に若い人のウェイトが少ないということの方が問題であるのかもしれない。

しかし「能力を十分活用しているか」という判定基準の詳細を、事前にくまなく定めておくことは不可能であり、生活保護法のもう１つの目的である「どのように自立支援を行うか」とセットで考えるしかないだろう（のちほど 11. でとりあげる）。

6. 補足性の原理③──扶養親族との関係

　申請者「とても暮らしていけません。生活保護をお願いします」
　役所の担当者「あれ、確かあなたの息子さん、テレビで有名な IT 社長
　　でしょ。息子さんに養ってもらいなさいよ」
　申請者「はあ、でもさっき息子に電話して、『オレだよ、オレ』って言
　　ったら切られちゃいまして……」

生活保護法４条２項では「民法に定める扶養義務者の扶養及び他の法律に定める扶助は、すべてこの法律による保護に優先して行われるものとする」としている。たとえば親から扶養してもらえる場合は、生活保護は受けられない。しかし逆に親を子は扶養すべきだろうか。兄弟姉妹ならどうか。

民法の議論として一般的にいわれるのは、「生活保持義務」──１粒のコメまでも分かち合うべき義務──の相手というのは、典型的には配偶者と、未成熟子である。つまりそれ以外の親族に対して、たとえば子どもから親に対しては、生活に余裕があれば支援すべきであるが（「生活扶助義務」。

I. キホンのキホン　223

少し義務の程度が弱い）、あくまでその範囲でということであり、たとえば親が生活保護を受けているのに、その子どもが独立した世帯で普通に暮らしているというだけで、非難されるべきものではない。

生活保護の開始に当たっては扶養義務者の扶養の状況を調べることになっており（生活保護法24条1項4号）、具体的な手続きは局長通知・生活保護実施要領で定められている。ただ、そのような申請を親族に知られること自体が、申請をためらわせる原因にもなりかねない。そのような親族がいないかどうかを懸命に探すよりは、受給者本人に焦点を当てた生活支援を考える方が効率的な場合も多いだろう。

なお、生活保護は世帯単位で判定されるが（生活保護法10条）、子どもや家族内の事情等で、切り離して判定した方がいい場合には、世帯分離という方法がとられる。

7. 保護基準

最低生活を保障する水準というのは、実際はいくらくらいなのか。生活保護法12条では生活扶助について、「衣食その他日常生活の需要を満たすために必要なもの」などと書かれているだけだが、必要即応原則といわれ、保護基準（告示とそれを具体化した通知等）によって細かく決められている。家族構成はもちろん、住んでいる場所等々も細かく勘案され、たとえば寒冷地への冬季加算なんていうのもある。妊産婦加算というのは「専ら母乳によって」育てているかどうかで加算される期間が異なったりする。

あくまでイメージとして例示すれば、核家族の3人世帯なら、都会で16万、地方で14万円くらい、また高齢者単身世帯なら、都会で8万、地方で6.6万円くらいという水準である。

ただ、そもそもこの基準額の決め方・考え方は、これまで変遷してきた。戦後しばらく（1948～1960年）はマーケットバスケット方式といって、最低生活を維持するために必要な物資を具体的にひとつひとつ数えていって（つまり「バスケット（買い物かご）」に入れていって）、その積み上げで基準額を決めていた。しかしその後、全体の国民の生活・経済動向に合わせる形で、

224　第7章　最後の砦だ生活保護

底上げされてきている（水準均衡方式と呼ばれる。全体の生活水準が上がれば、生活保護の基準もあがる）。

そうすると、そういう水準は「最低とはいえないのではないか」との疑問もあり得る。ただ憲法では、健康で「文化的な」生活を保障しているので、ここにその具現化を見る余地はあるだろう。

逆に言うとマーケットバスケット方式というのは、考え方としては分かりやすいが、実際にはとても難しい。人間が生活の上で実際に必要とするものは、個々人でそれぞれ異なる。結局のところ、全体の生活・経済動向との比較で、このくらいで大丈夫だろうと決めるしかないともいえる。

法的には、この基準や給付水準は、政府が裁量で決められるのか（とくに、自由に引き下げられるのか）という点が問題となる。いいかえれば生活保護の基準が引き下げられたときに、受給者側は、裁判で法的に争えるのか、そういう具体的な権利を持っているのか、という点である。

これは生存権に関して古典的な位置づけにある朝日訴訟（生活保護基準額の低さが争われたが、原告の死亡により訴訟は終了。最大判昭和 42・5・24 民集 21 巻 5 号 1043 頁）以来の論点でもあり、学説も多岐にわたるが、最近の裁判例では、その引き下げを行う場合の政策過程に立ち入って、その適切さが検証される傾向にある。

8. 基準及び程度の原則

生活保護受給者「先月はやっと働き口が見つかりまして、何万円か稼ぎました！」

役所の担当者「それは素晴らしい！　ということで、はい、生活保護は何万円か減りますので」

生活保護受給者「（……働く者食うべからず?!）」

生活保護の基準は前に述べたとおりだが、その額そのままが支給されるわけではない。実際に収入があれば、生活保護の給付と、実際の収入とを

I．キホンのキホン　　225

足して、ちょうど基準額に達するように、給付額は計算される。たとえば基準額が15万で、収入が5万円あれば、生活保護からの給付は10万円あまり（勤労控除等を加えた額）になる。

これを「基準及び程度の原則」といって、生活保護法8条1項では「保護は、厚生労働大臣の定める基準により測定した要保護者の需要を基とし、そのうち、その者の金銭又は物品で満たすことのできない不足分を補う程度において行う」とされている。

ただこの仕組みだと、働けば働くほど、収入は増えるけれども、最低基準に達しない限りは、その分、生活保護は減らされてしまう。だから就労意欲をそぐ（モラルハザードを助長する）制度だともいわれている。

しかし逆にこのとき、収入が増えた分、生活保護を減らさないと、合計では明らかに最低限度を超えて生活保護を支給することになってしまう。

実際には勤労控除という制度があって、収入全額が収入認定はされないので、多少の調整はされる（計算は複雑だが、8,000円までは全額、それ以上は収入に応じて逓減する額の基礎控除など）。さらに上記の仕組みで減らした分を、将来自立したときのために「貯めておく・預かっておく」という仕組みも2014年に作られた。いわばエア積み立てである（生活保護法55条の4による就労自立給付金。生活保護が必要でなくなったところで上限10万円（単身世帯）ないし15万円（複数世帯）を支給する）。

9. 申請保護の原則

申請者「すいません、保護を申請したいのですが」

生活保護担当者「（まずいな今月は申請がやたら多いぞ……）えっと、あっ、すいません、今日はもう申請用紙が切れちゃいまして。すみませんが来週か来月もう1度来てください。」

申請者「ラーメン屋のスープか！」

生活保護法7条は「保護は、要保護者、その扶養義務者又はその他の同

居の親族の申請に基いて開始するものとする」としており、これを「申請保護の原則」という。ただし「要保護者が急迫した状況にあるときは、保護の申請がなくても、必要な保護を行うことができる」とされているが（いわゆる急迫保護）、原則としてはあくまで申請があってから、生活保護がされることになっている。役所の方でも、管内に困窮している人がいないかどうか、常にぐるぐる見回っているわけにもいかないので（申請がなくても積極的に働きかける、いわゆるアウトリーチは別途の課題であるが）、仕方ないところだろう。

　ただ問題は、この原則が妙な形で、つまり市町村の窓口で、なるべく生活保護を申請させないという形で運用されることがある点である。これは水際行政などといわれ（生活保護の申請を「窓口＝水際」で食い止めるという意味）、とくに北九州方式などという形で個別にも有名になった。市町村が生活保護の支給を渋る背景には、その財政支出に直結するという事情もある。

　もっとも申請があれば、ただちに銀行のATMのように迅速に支払うというのが必ずしも適切だとはいえない。生活保護法1条の趣旨（→11.）からも、就労できる場合には、そのように指導するのが窓口の責務だといえる。しかしこれが行き過ぎて「働きなさい」という指導ばかりに重点が置かれ、生活保護の申請もできないとなれば問題で、バランスをとるのは難しい。ちなみに生活保護法24条は書面による申請を原則としつつ、特別の事情があれば口頭での申請の余地も残している。

　生活が最低基準に達していない中で、生活保護の給付を受けている人の割合（捕捉率という）はかなり低いといわれる。行われるべき生活保護給付が漏れていることを、漏給という。とかく生活保護の不正受給が話題となるが、むしろこちらの「本当はもらえるはずなのに、もらえていない人」の方が、より深刻な問題だろう。ただし生活保護の要件は、ここまでみてきたように結構複雑なので、「本当はもらえるはずなのに、もらえていない人」の数を正確に把握するのは難しい。

10. 給付の種類

　ここまでの説明は、おもに生活費をまかなうための、生活保護の中では生活扶助という給付を念頭において行ってきた。

　しかし生活保護には、これ以外にも、全部で8種類の給付がある。すなわち生活扶助のほかに、教育扶助、住宅扶助、医療扶助、介護扶助、出産扶助、生業扶助、葬祭扶助である。

　そして統計的に支給額がもっとも多いのは、実は生活扶助ではなく医療扶助であり、全体の約半分を占める。次いで生活扶助、それから住宅扶助の順である。

　医療扶助が多い背景には、とくに生活保護受給者には高齢者が多いこともあり、一般的に医療費がかかることに加えて、生活保護受給者は医療保険からは「まるごと除外」されているために、医療に関わる費用はすべて生活保護が引き受けざるを得ないという事情がある（→Ⅱ.③）。

　ちなみに葬祭扶助というのは、生活保護を受けていた人が亡くなった場合に給付されるもので、健康で文化的な「死に方」を保障しているようでもあるが、遺族に葬儀を出す資力があれば給付されない。

11. 自立の助長・自立支援

　窓口担当者「あなた、働いて稼ぐつもりはあるんですか」
　申請者「あります、あります。プロ野球選手として活躍しようかなと。
　　でもトライアウト全然通らなくて」
　窓口担当者「55歳じゃさすがにそうでしょうねえ……」
　申請者「しょうがないからもうJリーグでもいいかなと……」

　何しろ生存権は国民の「権利」なのだから、迅速にすっきりと支給しろ、という声が片方ではある。他方では不正受給が後を絶たず、生活保護をもらって、働きもせず、酒を飲んだりギャンブルで費消したりして、翌月の

228　　第7章　最後の砦だ生活保護

生活保護の支給を待つというイメージへの嫌悪がある。

　生活保護は、この2つのイメージの間で引き裂かれている。そのなかで「ややわかりやすい」説明は困難だが、とりあえず生活保護法の第1条（目的規定）を改めてみると、こう書いてある。

　「この法律は、日本国憲法第25条に規定する理念に基き、国が生活に困窮するすべての国民に対し、その困窮の程度に応じ、必要な保護を行い、その最低限度の生活を保障するとともに、その自立を助長することを目的とする。」

　つまり最初から生活保護法の目的は2つある。最低限度の生活の保障と、自立の助長である。

　何しろ憲法上の権利として、「すべての国民に対し」保障しているのだから、いろいろ余計な条件を付けることは許されないはずだ。しかしだからといって、怠けていて生活保護だけもらおうとするのは、法の趣旨（その最後の部分）にもあっていない。

　ちなみに憲法27条には「勤労の義務」も規定してあって、これだって主語は「すべての国民」ではある。生活保護が申請されたら、銀行のATMのように生活保護を機械的に支給するのが仕事ではなくて、自立支援をすることも、また大切な生活保護制度の役割なのである。だから結局は、2つの目的（最低限度の生活の保障と、自立の助長）のバランスの取り方の問題だといえるのだが、その按配は難しく、厳しくても緩くても批判されやすい。

　「働こうと思えば、働けないわけではない」としても、老若男女、それぞれ人にはいろいろ事情もある（たとえばⅡ.やⅢ.の諸ケースを参照）。中心になって対応するのは自治体のケースワーカーだが、仕事は多く、人は足りない。そこで「もう少し前の段階」で、何とかできないかが大きな課題として浮上する。

12.　生活困窮者自立支援制度──生活保護の一歩手前で

　ここまでみてきたように、生活保護の支給要件は、ややこしいし、厳格

I. キホンのキホン　　229

である。なにしろ「最後の砦」だから、あまりにも気軽に利用できるようだと、本来必要でないときにまで頼られてしまう心配もある。

しかしそのようにそこそこハードルを上げておくと、そういう「最後の砦」があることに気付かずに玉砕してしまう懸念もある。もちろん社会保険などが使えればいいのだが、あらかじめ保険料を払っておかないと役に立たない。そこで、そうなる「少し前」に何とかした方がいいということで、2015年から生活困窮者自立支援制度というのがはじまった（生活困窮者自立支援法による）。

これに基づいて、生活全般にわたる困り事の相談窓口が自治体に設置されることになった。そこでは困り事があったら、とにかく「まず相談してください」というのがスローガンである。具体的には、住宅関係、就労関係、家計関係、子どもの教育関係などが挙げられていて、引きこもりの問題なんかも相談できる。相談を「断らない」、「たらい回しにしない」ということも標榜されている。生活保護の一歩手前での対応といえ、今後の展開が注目される。

実際には、相談を「断らない」というのを実践するのは難しそうでもある。あるいはどうにも対応に窮する相談もあろう。ちなみに救急車要請の119番は、酔っ払いからや、「ゴキブリが出た」などの通報が多いことが知られており、同じようなことが起こらないとよいのだが。

Ⅱ. このネタは使えるぞ！

小ネタ①　ベーシック・インカムで全部解決？

国民Ａ「生活保護は要件が厳しくて、なかなかもらえません」

政治家「そういう問題は、ベーシック・インカムを導入すれば解決します！」

国民Ｂ「コロナ禍で店が潰れて、収入も断たれて、もう死にそうです」

政治家「そんなとき、ベーシック・インカムがあればすべて解決です！」

国民C「地球温暖化で、人類の危機です。何とかして下さい」
政治家「そんなときこそ、ベーシック・インカムを！」
国民C「あの、ちゃんと質問を聞いてますか？」

　キホン篇で述べたとおり、生活保護を申請すると、資産調査とか、補足
性の原理とか、能力の活用とか、いろいろ面倒くさい。それならいっその
こと、何も考えずに（いや、実はよく考えたうえで、ということなのだが）全員
に払ってしまったらいい、というのがベーシック・インカム構想であり、
近時、政策的提言として言及されることも多くなっている。
　ベーシック・インカムというのは、ある社会のすべての所属員に所定の
金額を支払って所得保障を行うものである。無拠出、無条件で、一定水準
の（たとえば年金や生活保護に代わるような）所得保障を行う。無条件というこ
となので、生活保護のように資産調査などはしないし、高所得の人でも、
怠けて働かない人も、所定の金額がもらえる。
　無拠出なので、基礎年金とも違う。支給対象はそもそも高齢者には限ら
ず、全員である。そうすると、ただちにいろいろな疑問が頭に浮かぶ。
　そもそも第1に、どこからそんなカネを持ってくるのか。相当に消費税
などの税率を上げなければならないだろう。
　しかしベーシック・インカムの導入によって、年金も生活保護も、かな
りの部分をやめられるとすれば、まったく不可能というわけではないだろ
う。1億人の国民に、たとえば年間100万円を支払うとすれば、全部で
100兆円かかってしまうけれども、すでに社会保障給付費は130兆円以上
に達しているのだから（うち約半分は年金である）、組み換えを含めて、やっ
てやれないことはないだろう（ちなみに2020年12月のコロナ禍に伴う追加経済
対策だけでも73兆円規模にのぼった）。
　第2に、そんなことをすると、誰も働かなくなるのではないか、との疑
問が浮かぶ。
　しかし、そうでもないかもしれない。より高い生活、より高い賃金を求
めて働く人は働くだろう。労働が稀少になれば、その価値も高くなる。た
とえば産油国の人たちだって、皆が遊んでいるわけではない（もっともナウ

ル共和国のように、天然資源に頼って本当に誰も働かなくなってしまった国もあるが)。

第3に、ベーシック・インカムが導入されると、全部の商品の価格が上がって、あるいはその分、賃金が切り下がって、結局は同じことになるのではないかとの疑問がある (スピーナムランド現象といわれる)。

これは深刻な懸念なのだが、しかしその通りに経済が動くかどうかは分からない。消費税の転嫁の時などもそうだが、そこそこ「ずれ」やタイムラグは生じる。たとえば増税や減税の折にも、それらの変動幅が、ただちに全ての商品の価格の上下に直結しているわけではない。

だからベーシック・インカム構想が、政策的にまったく不可能というわけではないだろう。もちろんきわめて困難ではあるが、逆に荒唐無稽な夢物語だといって切り捨てるべきではないと思う (もっとも最近は、あちこちでベーシック・インカム構想が打ち出され過ぎているような気もするが)。

ただ、むしろ気になるのは「すべての所属員」の範囲である。グローバル経済の中で、各国が法人税率も低く押さえながら競争でしのぎを削る中で、日本だけベーシック・インカムを導入すると、税負担が上昇して、国際競争力が失われるという指摘は考えられる。あるいは支給対象につき、国籍を問わず居住者全員とすれば、それ目当てに人が流入したりするかもしれない (日本では 1982 年の難民条約の加入を機に社会保障関係での国籍要件は撤廃されている)。

それだったら全世界で、一斉にベーシック・インカムを導入すれば、問題は解決する。ある論者が「地球人手当」という奇天烈な表現を用いるのは、理由がないことではない。そうすれば国際競争力も、人の流出入も関係ない。

しかし……全世界で一斉に導入するというのは、実質的には「無理です」という意味ではなかろうか。たとえば世界中で、戦争を「いっせいのせ」で止められたら素晴らしいのだが、それは無理だろう。同様に、世界中で「いっせいのせ」でベーシック・インカムを導入するのは非常に難しいし、仮にできたとしても長続きしないだろう。

そういう理想に向けた努力自体はとても尊いので、否定するつもりはない。実際、やたらと働けばいいっていうものでもないだろう。世の中には、

必ずしも意味があるとは思えないような仕事も沢山ある（「お前が言うな」ですが）。

「サーファーの生き方」というのが、ベーシック・インカム論者の1つのスローガンである。働かないが、自然環境も破壊しない。それは正しいと思う。だから実は冒頭の会話での政治家の最後の応答は「マジ」だったのだ。

それでも「ベーシック・インカムさえ実現すれば、すべて解決する」とだけ唱えて、今の生活保護や年金の諸問題に目を向けないのは、あまりよくないと思う。

小ネタ②　年金と生活保護水準の背比べ

「年金より生活保護の額の方が高いってホント？」

「一概には言えないけど、まあ1人分の基礎年金と比べると、1人暮らしの無収入者への生活保護の方が高いことが多いだろうね。」

「それじゃ年金の保険料を何十年間も払う意味ないじゃん」

「それって老後になって生活保護をもらえることを前提に、それと比較すればっていう話だよね。最初からその作戦でうまくいったっていう自慢話、聞いたことある？」

何十年間も公的年金の保険料を払って得られる年金額よりも、生活保護の額の方が高いというのでは、とても保険料を払う気にはならない。そんなの払わずに、現役時の収入はその都度全部使ってしまって、老後には生活保護のお世話になるほうが断然合理的には思える。

勤め人は給与天引きなので、公的年金の保険料を払わないというのは困難だが、自営等であれば、保険料を払わずに逃げ切れる余地は相対的には大きい。しかし年金や生活保護の水準の妥当性は別として、そういう作戦は可能なのか。本当にそういう人生は送れるのだろうか。

生活保護の受給要件は、キホン編で説明してきたとおりである。すなわちこの作戦を遂行しようとすれば、第1に、生活保護を申請する時点で

Ⅱ. このネタは使えるぞ！　　233

「すっからかん」になっている必要がある。しかしこれはまあ可能だろう。それまで財産があったとしても、一挙に全部処分したり、使ってしまったりすればいい。

第2に、世帯単位で判定されるから、同居する配偶者や子どもが稼いでいるとダメである。下手すると同居していない親族にも、役所から扶養する可能性についての照会が行ったりする。しかし家族なども全然いなければ（今後はそういうケースも増えるだろう）、この要件もクリアできる。

第3に、その時点以後も、収入を得られないことが必要である。たとえば直前までバリバリ働いていて、急に「今日からは働けなくなりました」と言ってもあまり説得力はない。

60代にもなれば、いまさら「働け」と指導されないだろうと思うかもしれないが、それは楽観的すぎるだろう。現在でも64歳までは稼働年齢層として就労指導されているし、厚生労働省「生活保護受給者に対する就労支援のあり方に関する研究会」（2019年3月）の報告書では、「これまで就労支援の対象としてこなかった高齢者」に対しても就労支援を実施していく必要があると述べられている。

今から生活保護をあてにして、公的年金の保険料を払わずに人生を送ってみたものの、申請時にそこそこ元気でいると、「周りを見てみなさいよ。60代はもちろん70代でも、みんな働いていますよ」といわれるようなことになっているかもしれない。要するに申請時には「すっからかん」かつ「働くこともできない」状態になっている必要があるわけで、不可能とは言えないが、意図的にそれを実現するのは容易ではないだろう。

またもし申請が認められたとして、それ以降、ずっと生活保護だけに頼って生きていくのもなかなか苦難の道ではないか。高齢者でも、収入や資産があれば生活保護は打ち切られるだろう。最近は寿命も長く、人はなかなか死なないので、もしかすると数十年にわたって慎ましい生活をしていくということになる。

フローとしての収入額の水準は、生活保護の方が基礎年金より高いとしても、生活保護受給中は、ストックとしての資産（住居なども含めて）は最小限しか保有できない。基礎年金しか収入のない人と比べても、全体的な

234　第7章　最後の砦だ生活保護

生活の質にはかなりの差があるはずだ。

「いざとなったら生活保護がある」というのは正しいし、しばしば基礎年金よりも生活保護の額の方が高いのも事実である。生活保護法2条は「無差別平等」を謳っているので、生活保護に至る動機や経緯は問題とされないかもしれない。しかし、だからといって最初から「いざとなったら申請さえすれば、基礎年金より高い給付がもらえるのだ」と生活保護をあてにして人生を過ごすのは、いろいろな意味でリスキーと言わざるを得ない。

小ネタ③　生活保護と社会保険の関係──医療扶助、介護扶助

生活保護受給者「すみません、介護保険料を免除してほしいのですが」
役所の担当者「いやそれは市民の義務です。ちゃんと払って下さい」
受給者「でも払いたくてもお金がないので、それで生活保護で暮らしているのですが」
担当者「だったらその分、生活保護の額を増やしますんで、それで払って下さい。というか、増やした分を自動的に介護保険料に回しておきますので」
受給者「ちょっと何言ってんのか分かんないです」

　生活保護の受給者は、社会保険において、どのように位置づけられているのだろうか。たとえば年金については、生活保護受給者の場合、保険料は免除になる。その分、その間の年金額は半分に減る（→第6章 I.7.(3)）。
　これに対して医療保険と介護保険では、かなり異なる仕組みがとられている。
　まず医療保険には、生活保護受給者は加入していない。保険料も払うのが難しいだろうということで、「まるごと」制度から除外している。
　しかし生活保護受給者だって、ケガもすれば、病気にもなる。むしろそういうときにこそ、生存権を保障する必要性が高いともいえる。だから、生活保護の種類の1つとして、医療扶助というのがある。

Ⅱ. このネタは使えるぞ!　　235

具体的には「医療券」の交付という方法で、現物給付されている。現金で給付することも可能なはずだが、その分を医療以外に使うことのないようにということもあろう。

　これに対して介護保険では、医療保険とはかなり違う仕組みで運営されている。

　すなわち生活保護の受給者も、65歳以上は、介護保険には加入している（介護保険の第1号被保険者）。といっても収入がなければ、保険料を払うのは難しい。そこで、その保険料相当分も、生活保護から支給され、具体的には生活扶助に加算されるのである。

　そして要介護状態になって、介護サービスを利用した場合、そこでまた利用者負担が払えないことがあり得る。そのときにはそれも、生活保護からの支給で賄うのである（介護扶助）。

　この「二度手間」をどう見るか。そんなことなら最初から無理に介護保険などに加入させずに、要介護状態になったときに、必要な介護サービスを生活保護から支給すればいいじゃないかという議論は十分成り立つ（実際に、40歳〜64歳の介護保険の被保険者（第2号被保険者）ではそうなっている）。

　ただこの「二度手間」は、介護保険創設に際して、あえて導入された仕組みでもある。つまり生活保護受給者だからといって、最初から制度の「外」に位置づけるのではなくて、制度の「中」で、つまり保険料や一部負担支払いの義務は他のメンバーと同じように負いながら、やっていくという方向性である。

　たとえてみれば、野球やサッカーの試合を、お金がない人にも、イベント会場でどうやって楽しんでもらうかというような話だ。一番手っ取り早いのは、そっとイベント会場の裏口から入ってもらって、そのまま観戦してもらうという方法である。

　しかし介護保険で取った方法は、そうではなくて、まず入場券を購入するための費用を、生活保護から支給する。それでチケットを買って、正面のゲートから堂々と入場するのだ。で、中の売店で何か買ったりする時には、また費用がかかるので、そこでまた生活保護からその代金分を支給する。

特別扱いして会場の裏口から入れるのではなくて、「堂々と正面から」という点にポイントがある。たまたま生活保護受給者である人たちにも、それ以外の人と同じ市民の立場（シティズンシップ）を認める立場ということもできる。

「こんなような手順に、意味はあるのか？　結局同じことではないか」という見方もあろう。それでも「チケットを持っている／持っていない」という区別は、社会保険に即して言えば「日頃、保険証（あるいはそれに相当するもの）を手許に持っている／持っていない」という区別に当たる。その実際的な意味あいは小さくない。

Ⅲ．「労働法の方から来ました」

1. 生活保護と最低賃金の関係

善人「やっぱ最低賃金じゃあいくら毎日頑張っても大した金額にならないなあ。もっと高い時給もらえるような技術を身につけないとダメだ」

悪人「生活保護もらえばいいじゃん！　全然働かないでも 10 万とかもらえるらしいよ！　大丈夫、怪我して働けませんとか言ってさ、貯金あっても隠しちゃえばいいから。テクはいくらでもあるよ」

あくまでも善人「身につけたいのはそういう技術じゃないから！」

賃金をいくらにするか、というのは基本的には当事者が合意で決めることである。しかし完全に当事者の自由にまかせてしまうと、不況で労働力が過剰な時期には賃金が下がり過ぎてしまい、労働者が生活できなくなってしまうかもしれない。そこで賃金の最低基準を法律で設定し、それを下回る賃金を禁止しているのが最低賃金法である。現行の最低賃金は全国一律ではなく地域ごとに時給で定められており（地域別最低賃金）、2024 年 11 月時点ではもっとも高いのが東京の 1,163 円、もっとも安いのが秋田の

951円である。ちなみに神奈川は1,162円、大阪は1,114円、愛知は1,077円、北海道は1,010円、福岡は992円である。この差は「地域における労働者の生計費及び賃金並びに通常の事業の賃金支払能力を考慮」（最賃9条2項）した結果なわけだが（と言ってもそれほど厳密な数字の根拠があるわけではない。中央最低賃金審議会というところが毎年夏に地域毎の引き上げ額の「目安」を公表し、それを参考に各都道府県の審議会がエイヤッと決めている）、地域ごとに差があるのはおかしい、全国一律にすべきだという批判もある。確かに全国どこでも同じ値段で売っているものもあるのでそれも頷ける。他方で、家賃の差などはこれよりももっと大きい、地方の最低賃金はむしろ高過ぎるくらいだという意見もある。

　この最低賃金も本章のテーマである生活保護も、ざっくり言えばともに国民に最低限の生活を保障するための仕組みではある。ただ前者は労働者が実際に働いた場合の賃金額に関する規制、後者は様々な理由で生活に困窮している人に対し資力調査を経た上で最低生活保障のための金額を支給する仕組みなので、制度の趣旨は全く異なる。なのでどっちが多いとか少ないとか比較すべきものではない、そもそも前者は個人単位の数字で後者は世帯単位の支給だし──とも言えるのだが、しかし毎日朝から晩まで最低賃金で働いてもらえる月給額よりも、働かなくても（というか、働けないことが多いのだが）もらえる生活保護の月額の方が高かったら、正直やっぱりなんとなく腑に落ちない。実際にも、（比較方法にもよるが）最低賃金額が生活保護の給付水準に満たないというケースが昔から多くの都道府県でみられた。

　この「最低賃金低過ぎないか問題」（あるいは「生活保護高過ぎないか問題」）を指摘する声は、2000年前後から、景気の低迷や非正規労働者の割合増加などを背景に徐々に高まっていった。そして「ワーキングプア」が流行語大賞の候補にまでなった2007年、政府の「成長力底上げ戦略」とも結びつき、その声が法改正の形で具体化することになった。地域別最低賃金額決定の過程で前述の「労働者の生計費」を考慮する際に、「労働者が健康で文化的な最低限度の生活を営むことができるよう、生活保護に係る施策との整合性」に配慮することが義務づけられることになったのである

（最賃9条3項）。条文の文章なのでまどろっこしくてわかりにくいが、要は、最低賃金が生活保護を下回らないようにする、という意味である。法の趣旨が違う、という形式論が、そうは言っても生活保護より低い最低賃金っておかしいだろ、という感覚論？常識論？に押し切られた格好だ。

　この改正により、毎年の最低賃金の改定時には、生活保護の水準を下回っていないか（＝「逆転現象」の有無）、がチェックされることになった。具体的には、フルタイムで就労している最低賃金労働者の手取り月収（社会保険料負担を考慮）と、12歳〜19歳の単身者が受け取る生活保護総額（住宅扶助含む）との比較がなされる。この比較の計算式が本当に適切なのか正直よくわからないが、とにかく改正法施行後の2008年度以降、この計算式を前提に生活保護よりも低い水準とならないように最低賃金を決めなければいけなくなった。実際2008年時点でも東京、大阪など12の都道府県で「逆転現象」が生じていたため、これを遅くとも5年以内に段階的に解消していくことになった。ちなみになぜ2008年時点「でも」かというと、改正法成立後施行前の2007年に、翌年施行の改正内容を「先取り」して、従来よりも大幅な最低賃金額の引き上げがなされたからである。たとえば東京では、それまでずっと数円刻みだった引上げ幅が、2007年にはいきなり20円となった。

　その後予定どおり「逆転現象」は解消され、かつ法改正の影響なのか、その後も最低賃金額は毎年着実に上積みされている。東京都では2006年が719円、2024年が1,163円なので、年平均20円以上のペースで上がっていることになる。これでもまだ国際的には全然低い、アメリカでは15ドル（約2,175円）らしいぞ！　という声も聞こえてくるが、アメリカでも実は連邦法の最低賃金は今でも7.25ドル（約1,051円）である。確かに州あるいは地域によっては15ドル以上のところもあり（カリフォルニア州のファストフードチェーンでは20ドル！）、また連邦政府と新規契約する業者に雇用される労働者については時給15ドル以上にすることが義務付けられているが、連邦最低賃金の7.25ドルそのままという州もまだかなりある。またそもそも、物価水準や為替レートの違いを無視した金額だけの単純国際比較にそれほど意味があるようには思えない。

Ⅲ．「労働法の方から来ました」　　239

また、最低賃金が上がることが本当によいことなのか、という視点も持つ必要がある。たとえば今時給1,200円で働いている労働者は、最低賃金が1,300円に上がれば1,300円もらえるようになる——と思われるが、常にそうなるとは限らない。人件費の増加を避けたい企業がリストラを実施してこの労働者を解雇するかもしれない。さらに言えば、この労働者は解雇されないかもしれないが、失業者が雇用される可能性は減るかもしれない。内外の経済学の論文でも、最低賃金の引き上げは雇用に影響しないという研究もあるが、大半は雇用量を減少させる効果を一定程度持つという結論に至っている。

　結局は、経済や雇用にマイナスとならない、ちょうどいいギリギリのポイントに最低賃金を設定する、のがベストなわけだが、そのポイントがどこにあるかがなかなかわからないから困ってしまうわけだ。おそらくこの難しい問題の「落としどころ」を探らなければならないからなのだろう、全国の最低賃金額に大きな影響力を持つ中央最低賃金審議会の「目安に関する小委員会」は、毎年夏頃、夜中まで延々と会議をして最低賃金引上げの「目安」額を決めている。厚労省のウェブサイトの議事録によれば、2021年7月13日の会議は26時38分まで、2020年7月21日の会議は33時（！）までやっていたようである。ちなみに2022年、2023年は（残念ながら？）それぞれ21時55分、22時12分までという電車で帰れる時間に終わっている（十分遅いのにこれだとなんか物足りなく感じてしまう……感覚の麻痺って恐ろしいですね）。最後はみんなが疲れ果てて意識朦朧となったところでどさくさに紛れてサクッと決めている——のかどうかは、残念ながら議事録からはわからなかった。

2.「水商売」で自立してはいけないのか

若い女性「どんなに探しても仕事が全然みつからなくて、もう食べていけません。生活保護受けたいんですけど……」
市役所担当者「水商売はどうなの？　あなた若いしまあまあキレイだか

らいくらでも雇ってくれるところあるんじゃない？」

　これを読んで激怒した読者もいるかもしれない。なんなんだこの役人は！　若いとかキレイとか、困窮して役所に来ている人の容姿に言及するなんて！　どうせスケベなオヤジに違いない！　若い女性だから水商売行けなんて、女性蔑視、女性差別だ！　だいたい社会保障の本にこんな会話を載せるなんて、このコンプラの時代にどういうつもりなんだ！　筆者こそスケベなオヤジに違いない！　出版社はちゃんとチェックしてんのか?!

　大変申し訳ない、もし抗議デモをやる場合は東京都千代田区神田駿河台１丁目で……あと少なくとも筆者の１人は確かにスケベなオヤジなので（どっちかは内緒）そこももうただ申し訳ないとしか言えないのだが、ただ実はこの会話、生活保護制度に、いやもっと言えば様々な日本の社会制度全体に関わる悩ましい問題を考えるのに格好の素材なのである。なのでちょっと我慢してこの先も読んで頂ければ幸いである。

　まずこの会話、もちろんフィクションだが、実際にあった事例をモデルとしている（実際にあったんだから問題ないだろと言うつもりはない）。事件自体は、生活保護辞退届の提出は錯誤によるものであった（担当職員の言動から保護を辞退する義務があると誤信した）として生活保護廃止決定が取り消されたものである（広島高判平成18・9・27LEX/DB 28112456）が、事実認定の中に、生活保護受給の相談に行ったシングルマザーが、市の担当職員から「他人の払った税金を甘くみてもらっては困る。」「母子家庭の人でもちゃんと自立している人たちはたくさんいるし、たとえば、パートを掛け持ちするとか、飲食店で働くとか。」「水商売もあるし。」などと言われたというくだりがある。実際のこの女性は会員制クラブの面接に行ったようであるが、就職はしなかった。

　裁判ではこの発言が不法行為に当たるか否かも争われたが、裁判所は、水商売うんぬんの一連の発言は公務員として配慮に欠ける言動だが、苛酷な環境下で働く者の例示として用いられたとみるべきであり、それ自体が侮蔑的な表現であるとか女性を蔑視するものとはいえない、と判示し、不快感を与える発言ではあるが、侮蔑的発言として不法行為となるとまでは

Ⅲ.「労働法の方から来ました」　　241

いえないとした。けしからん判断だ！　という意見もありそうだが、筆者個人としては、誰もそれほどには傷つけない、なかなかうまい理屈をつけたな、しかも簡潔な文章で、という印象である。

　さて、水商売もあるし、的な発言はなぜ問題なのだろうか。それを考える前に、まず「水商売」の定義を確認しておこう。と言っても法律上の用語ではもちろんない。なのでふわっとした説明になってしまうが、スナック、キャバクラ、ホストクラブなど、接待あり（＝隣に座ってもてなしてくれる）の夜の商売、という意味で使うことが多いと思われる。もっとも「ガールズバー」は（あくまでバーなので）形の上では接待なしだが水商売に含めてよい気もする。いわゆる「フーゾク」、性風俗関係はどうだろう。水商売とはまた別のもののような気もするが、夜の街で女性が多く働いているという意味では水商売の仲間かもしれない。ちなみに風俗営業法では、スナックや（ガールズ）バーなどは接待飲食等営業、いわゆるフーゾクは性風俗関連特殊営業というカテゴリーに括られている。

　さて、冒頭の会話の「水商売」発言である。女性の容姿などに言及するのは確かに余計なお世話だし、公的サービスの窓口で言うようなことではない。またその口ぶりからは、男性には水商売を勧めないんだろうなという推測が働く。それは確かに女性差別だ。しかし、現実的に水商売は入職のハードルが比較的低いという事実を前提として、就職先候補の１つとして挙げたこと自体は問題がないのではとも考えうる。いやむしろ、この発言で女性が、そうかそれもあるな、と気づいて水商売のいい就職先を見つけるきっかけになるかもしれない。本文でも説明したように、生活保護制度は、自立の助長もその目的としている。そして自立への一番の近道は、働くことである。それで経済的基盤ができるのはもちろん、職場で社会とのつながりが得られることで自立に必要な精神的な前向きさも得られる。であれば、その自立に向けて働く場から水商売を排除するのはおかしいのではないか。

　いやいや、でもやっぱり生活に困窮する女性に国が水商売を勧めるなんておかしい、という声もあるだろう。しかしこれを突き詰めていけば、結局は水商売への差別意識や偏見に行き着くのではないだろうか。水商売を

やるのはいけないこと、不健全なこと、後ろ指をさされてもしょうがない不道徳なことである、と。確かに水商売は疑似恋愛を真剣な恋愛と錯覚させることでビジネスを回している面があり、それゆえにいろいろなトラブルも実際に起きる。それが不健全だというなら不健全な商売なのだろう。ただそれを言うなら、アイドルの握手会も不健全だし、リボ払いがいかにもお得みたいに勧めてくるカード会社も不健全だし、このサプリを飲んだらすごく元気になりました（※個人の感想ですけど）、というCMも十分不健全だろう。要するに、不健全かどうかというのは人によって感じ方が違うわけで、それはしょうがないが、ただそれを法的規制のなんとなくざっくりした根拠とすることには慎重であるべきだ。とすれば、生活保護から抜け出して自立しようとする大人の就職先として水商売を一律に排除するのはおかしい、という意見も成り立つのではないだろうか。もちろん、誰にでもできる仕事ではないだろうが。

　水商売への差別意識は、このコロナ禍で顕在化した。「夜の街」が叩かれたのはご存知のとおりである。一般庶民が叩くのはまだしょうがない面もある。得体の知れないウィルスの恐怖にさらされれば、感染者を出したと毎日のように報道される夜の繁華街を非難したくもなる。しょせん人間は弱い存在、自分より弱い存在を探して、それを叩いて安心してしまうのだ。しかしそれにとどまらず、国や自治体という公的なところまでそれに乗っかってしまった。報道によれば、厚生労働省は、コロナ禍で学校が休校になったことにより子どもの世話が必要となった労働者に有給休暇を取得させた事業主への助成金（小学校休業対応等助成金）を2020年2月に新設したが、当初は性風俗業や接待を伴う飲食業、まさに水商売界隈をその支給対象から除外していた。その後各方面から批判を受け支給対象の追加がなされたが、そのこと自体が、まさにそれが大した根拠もなく決まった線引きであることの証拠とも言える。

　この流れで、そもそも厚生労働省がコロナ禍以前から支給していた雇用調整助成金などの各種助成金でも、暴力団関連の企業などと並んで、性風俗関連営業や接待を伴う飲食等営業が支給対象から外されていることが明らかとなった。そう、厚労省としては、コロナ禍で新設した助成金につい

ても、いかにも役人らしく、前例を踏襲して既存の助成金の支給要件をそのまま適用しただけだったのであるが、ただではそこに何かの根拠があったかというと、どうも明確にはなかったようである。法令上その拠り所となるような規定は見当たらないし、おそらく公式の説明もなされていない。なんとなく不健全だよね、というだけで水商売ははじかれてきたのだ。コロナ禍で問題が公になったからなのか、その後やはり雇用調整助成金については水商売関連も受給可能となった。しかし厚労省のウェブサイトによれば、それ以外の助成金についての基準は変わっていないようである。コロナ禍で注目される助成金の支給要件だけ修正しておけばいいだろ、ということだとすれば大きな問題だ。

　また別の給付金についてだが、コロナ禍で国の持続化給付金を性風俗業者が受給できないのは憲法違反であるとして訴訟が提起されている。国側の主張は、「性風俗業は本質的に不健全で、給付金の支給は国民の理解が得られない」というものである。しかしその本質的に不健全だと後ろ指を指されるビジネスをやっている事業主も国民、そこで頑張って真面目に働いている労働者も国民、そしてその経済活動が他の国民の生活を支えている。この図式は健全だとされる業種と同様である。裁判所にはこの点を十分踏まえて判断を下して欲しいところであったが、残念ながら地裁、高裁とも国の主張をほぼそのまま受け入れてしまった（東京高判令和5・10・5LEX/DB25596072）。最高裁の良識に期待したい。少なくとも「国民の理解が」などという感覚論に基づく判断だけは勘弁して欲しい。

3. 大学生と生活保護

父親「いつまでも親に甘えてちゃダメだぞ」

娘「がんばってバイトしてるし！」

父親「大学の入学金はだれが払った？　大学の授業料はだれが出してる？
　　毎日の食費は？　水道は？　ガスは？」

娘「じゃあお父さんの時代はそういうの全部出してたってこと⁉」

父親「んなわけないだろ！　全部親が出したよ！　その結果形成された
　　のが今のこのお父さんだ……さてどう思う？」
　娘「自活します（キッパリ）」

　生活保護世帯の子どもは、高校や大学に通えるのだろうか。義務教育は
中学までなので、それが終わったら働くべきだ、という考えもあるだろう。
もっとも、現在日本の高校進学率は97％を超えている。義務教育として
行われる普通教育は、「社会において自立的に生きる基礎を培い、また、
国家及び社会の形成者として必要とされる基本的な資質を養う」もの（教
育基本法5条2項）であり、「職業についての基礎的な知識と技能、勤労を
重んずる態度及び個性に応じて将来の進路を選択する能力を養う」もの
（学校教育法21条10号）である。確かに社会に出るための準備期間とされて
はいるが、「基礎」「基本的な」「基礎的な」という限定がついている。決
して、義務教育だけですぐ社会に出て働くのがデフォルト、という発想に
立っているわけではない。
　働く人を守る法律、労働基準法もみてみよう。それによれば、義務教育
を終えていない者は、原則として労働者として使用できない（労働基準法
56条1項）。では義務教育を終えていればバリバリ働けるのか、ガンガン
こき使えるのか、というとそうではない。18歳未満の労働者（年少者。最
近の成人年齢の引き下げで＝未成年となった）には基本的に残業・休日出勤（正
確に言えば法定時間外労働と休日労働）や深夜労働はさせられない（60条1項・
61条1項）。また重量物・危険物を取り扱う業務や酒席での接待業務など
（いわゆる危険有害業務）に就かせることもできない（62条、年少者労働基準規則
8条）。要するに、中卒で働くとすると法律上一定の制限がかかり、思う
存分働いたり自由に仕事先を選んだりすることはできないのだ。まあまだ
未成熟な未成年なので当然と言えば当然なのだが。なお、危険な業務で深
夜まで残業できてこそ一人前、というつもりではない、念のため。
　さて、以上のことからすれば、生活保護世帯の子どもでも、高校くらい
通えて当然だということになる。その方がその世帯と子どもの自立に資す
ることになるのは明らかである。生活保護にもそのための制度的な手当が

ある。生業扶助の高等学校等就学費として、受験料、学費、入学準備金（制服購入費用など）、教材費などが支給されるのだ。実際にも、高校に通いながら生活保護を受けているケースは多くある。高校に行くために働かなくても、「能力」（生活保護法4条1項）を活用していないとはみなされないということである。

　では大学はどうだろう。文部科学省・令和5年度学校基本調査によれば、高等教育機関（大学・短大・高専4年・専門学校）への進学率は84.0%、大学進学率も57.7%に達する。つまり高卒後大学に進むのは（筆者の時代とは異なり）今や多数派なのだ。また将来の自立ということを考えても、大卒資格を得ればより安定した雇用を得る上でプラスになるだろう。（あくまで平均値だが）生涯年収でみればやはり高卒よりも大卒の方が高くなる。大学に入学し勉学を継続する意欲と能力があるなら、生活保護世帯からでも大学に通えてよいようにも思える。

　実は、生活保護世帯の子どもが大学に通うルートはすでに用意されている。世帯分離（→I.6.）を行い、生活保護を受けている親との同居を認めつつ、大学生のみ別世帯とみなして生活保護の対象から外すという形を取るのだ。大学生はアルバイトや奨学金で生活費を賄うことになるが、それでも親と同居できるので住居費や光熱費等は節約できる（住宅扶助の減額はなされない）。さらに、入学金等を念頭に、進学準備給付金という一時金も支給される（生活保護法55条の5）。奨学金をもらってそれなりにアルバイトもすることが必要だが、勉学への意欲がしっかりしていればなんとか卒業まで頑張れるのではないだろうか。とは言え、サークル活動や飲み会の費用まで捻出するのは厳しいだろうが。

　それならいっそ、さらに進んで、世帯分離によらずに、高校と同様に「大学等就学費」みたいなものを生活保護から出すようにすればいいじゃないか、という気もする。ただ、ここまで読んで、なるほど生活保護世帯から大学に通うヤツがいたっていいよな、と思った読者もいるだろうが、しかし正直まだわだかまりというか、腑に落ちないと感じている方もいるだろう。生活保護なのに大学？　なんかおかしくない？　と。それは結局突き詰めると、大学生や大学生活をどういうイメージのものと捉えている

か、の違いなのではないだろうか。大学とは学問を修めるところ。大学生は予習復習テストで大変な日々を送っているが、それもすべて将来社会で活躍するため。夢に向かって毎日遅くまで頑張って勉強しているのだ——こんなイメージを持っている人にとっては、生活保護世帯に大学生がいても違和感はない、むしろ将来の自立を考えればよいことだ、と捉えるのではないだろうか。

　これに対し、生活保護世帯から大学？　ありえないだろ！　という風に考える人が想定している大学生像は、授業はロクに出ないで試験前に人のノートでちゃっかり一夜漬け（隙あらばカンニング？）、毎日バイトや合コン（古いか？）、飲み会でウェイウェイして遊んでいる、というようなものなのではないだろうか。将来に向けての勉強なんか全然してない、社会に出たらどうせ「社畜」なのでせいぜい羽根を伸ばしとかなきゃ！　ということで最後のモラトリアム期間をチャラチャラとエンジョイしている、それが大学生。そんなことしてるヤツになんで税金から生活保護支給するんだ、おかしいだろ！　という反発なのだ。そして確かに、どちらかと言えば前述のハード系大学生活ではなく、こちらのソフト系に近い日々を送っている大学生の方が多数派なのではないだろうか（昭和世代の個人の感想です、もはや違ったらすいません）。

　ということは、大学生は皆真面目に勉強するのが当然、実際みんな将来のために必死に勉強している、という世の中になれば、生活保護世帯から大学生、というルートを批判する人はいなくなるはずだ。大学で学ぶことは、自立に資するものであり、それが本人にとっても社会にとってもよいことなのだ、と胸を張って言えるようにしていかなければいけない。だから大学生諸君、しっかり勉強しなさい！　と他人ごとのように言っていてはいけない、むしろ心すべきは筆者たち大学教員であろう。学生の自立に資する、質の高い講義やゼミを提供しなければいけないのだ！　と、なんだか最後は文科省の犬みたいになってしまったが（ワンワン、交付金下さい）、とにかく、「風が吹けば桶屋が儲かる」ではないが、大学教員が真面目に講義をすれば、生活保護世帯の若者も胸を張って大学進学を目指せるようになる、というオチである。心しなければ！

Ⅲ．「労働法の方から来ました」　　247

Ⅳ. 物好きなアナタに──文献ガイド

○『生活保護手帳』（中央法規、各年版）
　　実際の生活保護の内容・運用を知るためには、この本が一番頼りになる。ただ毎年、だんだん分厚くなってきて、最新版では 1000 頁に近づいている。「手帳」と称しているが、あと何年かで片手では持てない厚さと重さになり、手帳の概念を脱構築するだろう（別途、やはり分厚い『生活保護手帳　別冊問答集』というのがあり、実務では頼りにされている）。

○岩田正美『現代の貧困』（ちくま新書、2007 年）
　　貧困問題について手軽に読める新書のなかでは、少し古くなったがこの本を。日本の貧困研究をリードする研究者が分かりやすく解説したもの。同じく岩田氏により最近『生活保護解体論』（岩波書店、2021 年）という衝撃的なタイトルの本が刊行されている。

○ブロニスワフ・ゲレメク（早坂真理訳）『憐れみと縛り首──ヨーロッパ史のなかの貧民』（平凡社、1993 年）
　　横溝正史の小説のタイトルではない（といっても若い人には分からないか）。『ソラリス』等で著名な SF 作家のスタニスワフ・レムとも関係ない。ヨーロッパ中世に遡って貧困への見方を分析したポーランドの歴史家による大作。名著の誉れ高いが現在品切れのようで、読まれざる名著ということか。

○トニー・フィッツパトリック（武川正吾・菊地英明訳）『自由と保障──ベーシック・インカム論争』（勁草書房、2005 年）
　　いわゆるベーシック・インカムについては、今やたくさん本が出ていて、今後も次々出版されることが予想される。だから筆者もそれに便乗して 1 冊書こうかと、じゃなくて、それらの中でも早い時期に出版されたのがこの本。まだベーシック・インカムなんて誰も知らない時点で、果敢に構想を打ち出していくフロンティア的な気概みたいなのが感じられる（二番煎じはダメね……）。「サーファー」をめぐる議論も出てくる。

アウトロ──貧困のバックラッシュ

　お金がないのは別に悪じゃない。悪ではないがつらいことだ。はっ
きり言ってお金のある人は場所を聞いて火葬場にタクシーで向かった。
お金のないものだけが、こんなバスにぎゅうぎゅう詰めにされて開か
ずの踏切に堰き止められているのだ。
　金さえあれば誰がこんな思いをするか。っていうか、カネさえあれ
ばこんな馬鹿で貧乏な奴らと口先だけで、サイコー、サイコーっつって
生きてねぇで、本当に最高なリゾートにでもいってシャンパン飲んで
がんがんにきめきめでウハウハなんだよ、馬鹿野郎。
　おまえらみたいな馬鹿で貧乏な奴らとこんなくさいところでぎゅう
ぎゅう詰めになってんのはうんざりなんだよ、タコ。六畳一間で、な
にが和モダンだ。なにが珪藻土でエコだ。おまえら全員、最低なんだ
よ、死ね。屑ども。もう、いやあああ。
　僕が絶叫するといっせいに罵りあいが始まり、罵りあいはやがて殴
りあいに発展、骨折する者、泣き出す者、ゲロを吐く者などが続出し
たが、それでも踏切はなお開かない。

町田康「ゴランノスポン」より†

　思えば日本では 20 世紀終盤、「貧困」は古典的な問題、たとえば結核のよ
うに、もう解決した社会問題だと思われていた。日本社会は「総中流」とい
われていたのだ。しかし実際には、一時はほぼ消えたかと思われた貧困は見
事に復活して猛威を振るっている。
　よく孤独死のケースなどで、「なんで生活保護を申請しなかったのか？」
といわれたりするが、少し上の世代にとっては生活保護なんて本当に遠い存
在で、純粋に知らなかったことも考えられる。
　しかし冷戦が終わり、「資本主義しかない」ということになってから、資
本主義の暴走が止まらなくなってきた。グローバル化が進み、金融テクノロ
ジーが発達して、いわゆる新自由主義的な規制緩和が進み、途上国も含めて
地球上のいたるところで限りない利益追求に拍車がかかった。

Ⅳ．物好きなアナタに　　249

そんななかで日本でも格差が広がり、貧困問題が再浮上して、貧困層と富裕層とが両極化してきた。片方の極には IT 長者、セレブ、ヒルズ族・タワマン族とかがいて、もう一方の極にはホームレス、派遣・非正規、老後破産、子どもの貧困家庭などが配置される。片方はがんがんにきめきめでウハウハであり、もう片方はぎゅうぎゅう詰めになって踏切に堰き止められている。両者を隔てる踏切は容易には開かない。

　そのなかで、生活保護は「最後の砦」である。しかしその最後の砦にいろいろ綻びが生じている。逆に一部では生活保護への安易な依拠があることも否定できない。その意味では生活保護自体のあり方も、いろいろ改革が必要なのかもしれない。

　しかし思い起こせば、この「最後の砦」以外の防衛線もあったはずだ。その中心が第 2 章から第 6 章までに見てきた諸制度である。「最後の砦」に頼るというのは、語感からして「玉砕間近」というニュアンスがある。それなのに日本ではもっともらしい財政問題などを理由に、もっと前にあるはずの防衛線を、次々に掘り崩すようなことをしてきたのではなかったか。

　なかなか踏切は開きそうもない。

†　町田康『ゴランノスポン』(新潮社、2011 年) 所収

第8章
他にもあるけどキリないぜ

イントロ

　本書の大トリを飾るこの章では、これまでの章で扱えなかったテーマをすべてぶち込み……いやまとめてお届けする。要は各論の社会保険と公的扶助以外、である。しかしここで扱うものが全く重要でない、というわけではない（もしそうならそもそも取り上げなくていいわけだが）。コロナ禍でクローズアップされた（けど何か方向性が定まったわけではない）公衆衛生、金銭給付ではなく生の「サービス」を中心に特定のニーズにピンポイントに応える社会福祉、みんな大して注目してないが時折政治的な道具に使われてやたら世間の注目が集まる児童手当、社会保障制度発祥の地？ともいえる恩給や戦争犠牲者援護、社会保障の仲間とはあまり認識されてはいない気もするが普通の人の人生にとっては超重要な雇用・住宅対策……などなど、「残り物には福」ではないが、実務上も理論上も興味深い問題ばかりである。

　なぜこれから扱うテーマは「その他」扱いなのか、すでに取り上げたテーマとは何が違うのか、いや違うのはわかるけどそれなのに「社会保障」の枠内にとどまるのはどうしてなのか――こんな風に突き詰めて考えていくと、社会保障とは何か、というそもそもの問いに行き当たってしまう。ちなみにもうすっかりお忘れのこととは思うが、冒頭の第1章では、社会保障とは、ざっくり言えば「まさかのためのお守り」、もうちょっとそれっぽく定義するなら「国民の生存権が害されることのないように、人間の生活上の障害により生じたニーズを充足するため公的または準公的に生活保障の給付等を行う仕組み」である、と定義した。最終章での検討の結果、この定義はやっぱりやめました、変えます！　となったら世界一支離滅裂な本になってしまうのでさすがにそうはなっていない。しかし、本章で「その他」の仕組みを概

251

観することで、上記の定義だけではピンと来なかった、社会保障たるものの
本質が見えてくるかもしれない。

I. キホンのキホン

1.「その他」には何があるのか

「いろいろ社会保障の中味も見てきたから、この本ももう終わりですね」
「甘いね。社会保障の体系としては、社会保障制度審議会の勧告による
　分類が一般的だ（→第1章I.1.(3)）。そこでは狭義の社会保障、広義の
　社会保障、社会保障の関連制度の3つに分類される。」
「はあ。どう分類されていて、そのうちこの本では、どこを扱ってきた
　んですか」

狭義の社会保障としては……
　　社会保険　→　第2章～第6章で扱った。
　　公的扶助（生活保護）　→　第7章で扱った。
　　公衆衛生（・医療）　→　扱っていない。
　　社会福祉　→　扱っていない。
広義の社会保障として加わるのは……
　　戦争犠牲者援護　→　扱っていない。
　　恩給　→　扱っていない。
社会保障の関連制度としては……
　　住宅対策　→　扱っていない。
　　雇用対策　→　扱っていない。

「こんな感じかな」
「なんだ、ほとんど残っているじゃないですか」

書店に並んでいる社会保障の本では、年金と医療、介護くらいを扱って終わりというケースが多い。実際、日本の社会保障は1950年の社会保障制度審議会による勧告以来、社会保険を中心に展開してきたし、給付規模としても年金や医療が圧倒的だし、日常的にも気になるのは社会保険料負担や、病院や介護事業者に払う一部負担だったりする。そんな社会保険（第2章〜第6章）を中心に、「最後の砦」である生活保護（→第7章）までみれば、社会保障はコンプリート！と思いたいところではある。

しかしそれら以外にも、意外に重要だったり、身近だったりする領域はある。そこで以下では残っている諸領域について、律儀にひとつずつみていくとともに、あわせてなぜこれらが普通の本ではあまり扱われず、この本でも「その他」に回されてしまったのかにもふれてみたい。

2. 社会福祉── 「措置から契約へ」

まず「狭義の社会保障」に入る4つのうちの「社会福祉」をみていきたい。

「社会保障のなかに、その1つとして社会福祉があるんですか。なんか逆だと思っていたけど」
「確かに広義の社会福祉は、社会保障よりも上位概念として使われることもある。しかしここで扱うのは狭義の社会福祉で、それはあくまで社会保障の中の一部ということだ」
「また広義・狭義ですか。その説明、広義では分かりやすいのかもしれませんが、狭義ではよく分かりませんね」

社会福祉というのは、社会での皆の幸せというような意味で、広い意味でも使われることがある（→Ⅱ.①）。社会福祉法人とか、社会福祉士とか、大学の社会福祉学部とか、むしろ広い意味が該当することが多い。しかしここで扱うのは狭義の社会福祉で、現に社会的に不利な状態にいる人たち（いいかえれば支援などを要する人たち）が主たる対象になる。

Ⅰ. キホンのキホン　　253

つまりこの本ではここまで、やや語弊があるが「普通の人たち」が、将来何があるか分からないからそれに備えて保険料を払っておくとか、勤めていてうまくいかなかったらとか、そういう話をしてきた。

　しかしこの（狭義の）社会福祉というのは、「すでに」、「現に」あるいは「もともと」ハンディキャップ等を抱えていて、「普通の人たち」と同じように社会で生活したり諸活動に参加することができなかったり、難しかったりする人たち（つまり支援などを要する人たち）が対象となる。

「何を言っているのか、よく分からないんですが」

「まあ現在では結局、児童福祉と障害者福祉の２つが社会福祉の中心になっているといえるかな。以前は老人福祉も重要だったんだけど、介護保険ができて、そっちの方がメインになっちゃったので」

「なーんだ。最初からそう言ってくれればいいのに。でも児童はまだ分かりますけど、障害者は、普通の人ではないということですか。なんかそれ自体、フツーに差別的な言い方ですね」

「だけど逆に「君ってフツーの人だね」っていう言い方だって、差別的なニュアンスがフツーにあるんじゃないの。ううう、何を言っているのか自分でも分からなくなってきた」

　何が「普通の人たち」かは難しいのだが、この資本主義の世界においては、やはり自分で働いて、稼いで、そこから保険料も納められるというイメージに一応なりそうだ。そこからすると児童や障害者は、そういう人間像からは距離があって、いいかえれば固有の社会的なニーズ、支援などの必要性があるということになるだろう。

　ただ、それらの支援などをできるだけ「普通に」受けられるように、法政策的な展開がされてきている。すなわちこの社会福祉の領域における大きな流れは、障害者等にサービス利用に関する主体性を認めるということである。

　かつては障害者に対する福祉の提供は、自治体等からの一方的な割り当てであった。たとえば「視覚障害者ならここ」というように、その障害の

254　第8章　他にもあるけどキリないぜ

種類によって細分化された施設にポンと入れられるだけだった。

　ちなみに児童についても、保育所というのは、かつてはどうしても親が育てられない場合、そういう子どもを集めて収容するという性格が強かった。申し込むと、定員が空いているところに「ここに入れ」と指定されるだけであり、これらを「措置」という。

　災害からの避難先での食料配給とか寝る場所の提供みたいなものだ。「飲料水は南アルプスの天然水がいいなあ」なんていう趣味や要望をいって適えられる余地はなく（そもそもいえる雰囲気でもなく）、とにかく提供してもらえるものがあれば、それをありがたく受けるしかない。

　それを何とか、できるだけ本人が選ぶようにする。普通のサービスと同様、自分が食べたいものを注文するように、あるいは旅行先や宿泊先を自分で決めるように、福祉サービスを自分で選んで、自分で買うような仕組みにする。そういう方向を目指して社会福祉基礎構造改革、社会福祉法の制定が行われた（2000年）。

　これは法律的には、当事者（福祉サービスの利用者）が、サービスの提供者と対等な契約を結ぶような形に転換していくことでもあり、そこでのスローガンとして「措置から契約へ」といわれた。ただ、その費用については、公的に支出する（社会保険のように保険料は集めていないので、税財源で賄う）。これを擬似市場・準市場（quasi-market）といったりする。

　ちなみに老人福祉にしても、かつては世話してくれる人がいない高齢者を、人里離れた老人ホームにまとめて収容するという性格のものだった。それを介護保険によって、あらかじめ保険料を払った人たちが幅広くサービスを利用できるような仕組みに改変された。これと同じように、障害者サービスや保育サービスも、利用者が自分でサービスを選んで利用するというスタイルに変えてきたということである。

　もっとも障害者などの当事者が、そういう「対等な契約」を結べるのかという疑問があるかもしれない。たとえば契約書を読めないケースや、契約内容を理解できないケースもあるだろう。とはいえ一般市民にしても、契約内容を十分に理解しているとは限らない。

I. キホンのキホン　255

パソコン初心者「あのー、画面に「利用規約に同意しますか」っていう
　ボックスが出てきたんですけど」
雑居ビル5階のパソコン教室の先生（とくに資格なし）「あ、それは何も考
　えずに「はい」をクリックしてください」

　そもそもパソコンやスマホを買うときだって、CPU などの商品の核心
部分について、中身が分かっている人は少ない。だからといって、契約当
事者になれないということはない。分からないながらも好みや要望はいろ
いろあって、店の人や、友人・家族から支援を得られれば、そこそこ満足
のいく買い物ができる。中身がよく分からないからといって、どこかから
の「配給」に頼る必要はない。
　あるいは電車に乗る前に、運送約款を読んで、理解している人がいるだ
ろうか？　電気・ガス・水道を使う前に、供給約款に目を通す人がいるだ
ろうか？　しかしいずれも利用者は、法的には契約当事者なのである。そ
して実際、たとえばどの電車に乗って、どこに行くかを決めるのは利用者
本人だ。最近では電気やガスの契約先も自由に選べるようになってきた。
　だから福祉サービスにしても、最初から「どうせ分からないだろう」と
決めつけるのではなく、必要な支援などを準備した上で、当事者を契約の
主体として位置づけることは十分可能だろう。障害者に対しては、いつま
でも災害からの避難所での「配給」体制のようなのを続けるのが当たり前
だとするのはむしろ偏見だというのが、ここでの基本的な考え方である。
　そのうえで、障害者と児童について、もう少し具体的に見ていきたい。

3. 障害者福祉

(1) 障害者福祉の法制──障害（者）の種類
　現在の障害者福祉の基本的な法制とサービスの利用方法は、2013年（平
成25年）に成立した「障害者総合支援法」がベースとなっている（なお
「障害」や「障害者」の表記については、この本では法律の表記に従っている）。
　その対象となる障害者については、障害者基本法2条に拠りつつ、大き

くは身体障害者、知的障害者、精神障害者が挙げられており（障害者総合支援法4条）、典型的には「3障害」があるといわれる。

まず身体障害者については、身体障害者福祉法の別表で、視覚、聴覚・平衡機能、音声機能、言語機能又はそしゃく機能、肢体不自由、内部障害等が挙げられている。次に知的障害者については法律には定義がないが、「知的障害児（者）基礎調査」においては「知的機能の障害が発達期（おおむね18歳まで）にあらわれ、日常生活に支障が生じているため、何らかの特別の援助を必要とする状態にあるもの」とされている。また精神障害者については、精神保健福祉法5条が「統合失調症、精神作用物質による急性中毒又はその依存症、知的障害、精神病質その他の精神疾患を有する者」としている。

そのように分類されるのだが、「でもまあ自分には関係ないから、この章は読み飛ばしちゃおうかな」と思った人もいることだろう。しかしそれは早計である可能性が大きい。

だいたい人間は年齢とともに、替えが利かない諸器官は衰えていく。早くから視覚や聴覚が衰えてきて、やがて足腰も衰えてくる。これらは医者が「治せる」ものではないので、病気というよりは、後天的な障害に近い性格のものともいえる。つまり人は高齢になると、誰でも身体障害者「的」になるといえる。

たとえば「最近水を飲むとき、むせることが増えたなあ」と思っている読者がいれば、それはもう「始まっている」のだ。衰えた喉頭蓋（のどのフタ）は、元に戻ることはないし、その先には誤嚥性肺炎が待っている。

あるいは妊娠・出産に際しては、いわゆる出生前診断を受けることがある。最近はかなり簡易な形で、子どもの知的障害の可能性を事前にある程度知ることができることから、そこは知的障害というものに向き合う場面となり得る。

さらには勤め人となれば（いや勤め人に限らないのだが）、人間関係（上司との関係にせよ、顧客との関係にせよ）にしばしば困難を伴う中で、メンタルの諸問題（典型的にはうつ病）を抱えることは決して珍しくなく、それが深刻になれば、精神障害の領域に入ってくる（→Ⅱ.③）。

そのように考えると、あらゆる人にとって、障害者福祉の問題は決して他人事ではないといえる。

(2) サービスの利用方法

このように障害の種類は多様だが、これらを横断して、障害者総合支援法によりサービスが提供されている。そこでは第5章でみた介護保険と類似する仕組みにより、もろもろのサービスが利用できるようになっている。

すなわち市町村に申請して、障害の度合いによって認定を受け（支給要否決定という）、そこで認められた介護給付費の範囲内で、障害者がサービスを選択して利用する。法律的には介護保険と同様に、その費用が支給される形になっている（法定代理受領方式という）。その際には一定の利用料を支払う。

保険の仕組みではないので、あらかじめ保険料を支払っているわけではないが、サービス利用の局面では、介護保険に似た仕組みになっている。法律的にも第5章でみた介護保険と同様に障害者自身が契約主体としてサービスを利用するというのが、すでにみたように現在の障害者法制の基本的な考え方である。

(3) サービスの種類

具体的なサービス内容の中心となっているのは自立支援給付と総称され、大別して介護給付費と訓練等給付費がある。それぞれについて介護のところでみたのと同様に、施設サービスと、在宅サービスとがある。これ以外に、自立支援医療や補装具の支給等がある。

このうち介護給付費は、いわば生活全般を支えるサービスである。具体的には、居宅介護・重度訪問介護・同行援護・行動援護・療養介護・生活介護・短期入所・重度障害者等包括支援・施設入所支援などがある（障害者総合支援法28条1項）。

他方、訓練等給付費は、自立支援に向けたサービスといえる。具体的には、自立訓練・就労移行支援・就労継続支援・就労定着支援・自立生活援助・共同生活援助などがある（障害者総合支援法28条2項）。とくにこのなか

では就労に向けた支援がいろいろ準備されている。障害によって何が難しいかは人それぞれだが、いずれにせよ健常者といきなり同じ仕事をすることは難しいことが多い。しかしサポートがあれば、その特性を生かして仕事でも十分に能力を発揮できることがある。

これらに加えて、医療ないし療養の提供も重要である。障害と病気は概念としては一応別だが（障害は治療で「治せる」ものでもない）、とくに精神障害などは両者にまたがる性格を有している。障害者等の心身の障害の状態の軽減を図り、自立した日常生活又は社会生活を営むために必要な医療は、自立支援医療と呼ばれる。

また同じような仕組みで、補装具の費用も支給される。補装具とは、つえ、車いす、補聴器、義肢などである。さらにこれらとは別に、自治体がその実情等に応じて行う地域生活支援事業がある。

(4) 利用者負担——応能負担

サービスを利用する際には、一定の利用料を支払う。これは医療保険でいえば3割の窓口負担のようなものだが（→第4章 I.4.）、そのあり方をめぐって議論は多い。そもそもトイレや呼吸をするために利用料をとるのはおかしいとの指摘もある。サービス利用という面では医療保険に似ているが、障害と、治癒を目指して治療される病気やケガとの違いも小さくないだろう。

これについてはかつて（支援費という制度のもとで）原則1割の応益負担（利用量に応じた支払い）となって、強い批判が寄せられたが、現在では応能負担（負担能力に応じた支払い）となっている。すなわち障害者総合支援法29条3項は「当該支給決定障害者等の家計の負担能力その他の事情をしん酌して政令で定める額（当該政令で定める額が前号に掲げる額の百分の十に相当する額を超えるときは、当該相当する額）」を利用者の負担としている。つまり所得によって、支払う額（負担上限）が異なるわけだが、負担額はサービスの利用量によっても変わってくるので、応益負担の要素も入っているといえる。

I. キホンのキホン　259

4. 児童福祉

(1) 児童福祉の法制──子ども・子育て支援給付

　現在の児童福祉の基本的な法制とサービスの利用方法は、2012年（平成24年）に成立した「子ども・子育て関連3法」がベースとなっている（2015年からスタート）。

　「子ども・子育てさんぽ？　また新しい散歩番組ですか？」
　「ちがうよ、「さんぽう」ね、三法。でもまあ政策が右往左往していたという意味では、散歩みたいなものかなあ。あはは。」
　「政府に座布団とりあげられますよ」

　かつて消費税を5％から8％に引き上げる際に「社会保障・税の一体改革」という大議論があり、これも途中では相当にいろいろあったのだが、結局この「子ども・子育て関連3法」が成立した（2012年）。消費税の引き上げ分は、基礎年金などとあわせて、これらのためにも使われているということである。
　このときに児童向けの施策と、子育て支援とが重なって、法体系としても複雑になっているのだが、その3法のうちの「子ども・子育て支援法」において、児童福祉に関して利用できる事柄が体系的に整理されている。
　すなわちその8条は「子ども・子育て支援給付は、子どものための現金給付、子どものための教育・保育給付及び子育てのための施設等利用給付とする」としていて、このうち最初にある「子どものための現金給付」（9条）は、あとでみる児童手当をさす。
　そして11条で、「子どものための教育・保育給付は、施設型給付費、特例施設型給付費、地域型保育給付費及び特例地域型保育給付費の支給とする」としていて、この施設型給付費に保育所等が入ってくる。なお「地域型保育」とは、小規模保育、保育ママ（家庭的保育）、居宅訪問型保育、事業所内保育のことを、また8条の最後にある「子育てのための施設等利用給付」とは認可外保育施設のことを指す。

ただしこの「子ども・子育て支援法」は、少子化・人口減少に歯止めを
かけるための抜本的な政策強化を担うべく、2024年に法改正が行われ、
子ども・子育て支援施策は大幅に拡充されることになった。とくにその費
用を全世代・全経済主体で負担するため、「子ども・子育て支援金制度」
が創設され、その一環として児童手当の拡充などの財源に充てるために、
医療保険からも費用が徴収されることになった（→第4章 I.7.(3)）。

(2) 保育所の利用方法

　保育サービスを利用するには、まず市町村に申請して、保育の必要性と、
保育必要量を示してもらう。それをもとに、希望する保育所に申し込むと
いうことになる。二度手間ともいえるが、介護保険でみたのと同じ手順で
ある（→第5章 I.）。ただし私立の保育所については、市町村と保護者が契
約して、市町村が保育所に委託する形になっている。

　この仕組みの下で、教育機関である幼稚園や、認定こども園も利用でき
る。認定こども園とは、教育・保育を一体的に行う、いわば幼稚園と保育
所の折衷的な施設であり、保護者が働いている・いないにかかわらず利用
可能である。小規模の地域型保育事業も同じ仕組みで利用できる。

　最近までの保育所の最大の問題は、定員との関係（いわゆる待機問題）で、
定員よりも申し込みが多いと、市町村が利用調整を行うことになっている
（児童福祉法24条3項（及び同法附則73条1項））。すなわち市町村の方で割り
当て基準などを作成して、利用者の優先度などを決めている。

　しかし現実的に保育所が足りないことから、これがいわゆる「保活」を
もたらすとともに、屈指の名言「保育園落ちた　日本死ね」を生むことに
なった。

　だからとにかくたくさん保育所を作っちゃえばいいじゃないかという意
見は「ごもっとも」なのだが、他方では急速に少子化が進むなかで、（保
育所の整備も進み）定員割れの保育所が目立ってきているのも事実である。
もし保育所の選択・利用をすべての親の「権利」と考えて、希望につねに
応えられるようにするためには、保育所をかなり「多めに」（つまり普段は
「空き」が多く出るレベルで）作っておく必要があるが、そこまですべきかど

I. キホンのキホン　　261

うかは意見が分かれるところだろうし、むしろ就労要件を問わずに利用可能とする仕組みが整備されつつある（「こども誰でも通園制度」）。

　利用料については、従来は所得に応じて利用料を払っていたが、2019年10月の消費税増税（8％→10％）に伴って、いわゆる保育無償化が実施された。

　具体的には3歳から5歳まで、及び0歳から2歳までの住民税非課税世帯の利用料が無償化されている。保育所、幼稚園（ただし上限あり）、認定こども園に加えて地域型保育、企業主導型保育事業も対象となる。希望者全員が保育所等を利用できるわけではないので、公平性の観点から認可外保育施設でも一定限度までは無償化される。

(3) 古典的な領域——要保護児童対策

　児童福祉に関しては、保育所のように市民の方から子どもを「預かってほしい」といってくるのではなくて、むしろ逆に「放ってはおけない」というケースがいろいろある。これを要保護児童という（保護を要する児童という意味）。その部分は依然として、昔からある児童福祉法（1947年〜）が担っている。

　まず児童福祉法25条は、「要保護児童を発見した者は、これを市町村、都道府県の設置する福祉事務所若しくは児童相談所又は児童委員を介して市町村、都道府県の設置する福祉事務所若しくは児童相談所に通告しなければならない」としている。また児童福祉法47条3項は、「児童福祉施設の長……は、入所中又は受託中の児童等で親権を行う者又は未成年後見人のあるものについても、監護、教育及び懲戒に関し、その児童等の福祉のため必要な措置をとることができる」としている。

　これらは役所の方で一方的・強制的に、「保護を要する児童」をどこかの施設等に入れる・収容するという仕組みであり、いわば伝統的な児童福祉領域だといえる。これは**2.**でみたように「措置」と称される。そういう一方的なやり方はよくないという話ではあったのだが……。

　役所の担当者「えーと、どのようなサービスを利用されますか？　どの

施設への入所を希望されますか？」

赤ちゃん「ばぶばぶ」

役所の担当者「えーと、そちらの方はいかがですか？」

不良行為のおそれがある児童「うーん、飲みたいものが飲めて好きなこと
　ができるところがいいなあ」

　ここではこういう風に利用者の主体性や選択を全面的に重視するわけに
もいかない。そこで場合に応じて、親に対して、また本人に対して、強制
的に「措置」が発動されるわけである。

　代表的には、以下のような施設がある。別に「昔の方がよかった」とい
うつもりはないのだが、以前の名称の方が腑に落ちるかもしれないので、
それらも付記してみた。

乳児院　➡　赤ちゃんを保護した場合は、ここに来る。これは昔から名
　称は変わらない。（児童福祉法 37 条）

児童養護施設　➡　かつては「孤児院」といわれ、親がいない子どもの
　ための施設だった。今では親はいるのだが、そのもとに置いておけな
　い場合（要するに虐待されてしまう場合）等にここに来るので、大忙しで
　ある。（児童福祉法 41 条）

児童自立支援施設　➡　「不良行為をなし、又はなすおそれのある児童」
　などがここに来る。かつては「教護院」といって、「少年院」の年少
　版というニュアンスであった。（児童福祉法 44 条）

児童心理治療施設　➡　「家庭環境、学校における交友関係その他の環
　境上の理由により社会生活への適応が困難となつた児童」などがここ
　に来る。かつては「情緒障害児短期治療施設」といっていた。（児童福
　祉法 43 条の 2）

母子生活支援施設　➡　「配偶者のない女子又はこれに準ずる事情にあ
　る女子及びその者の監護すべき児童」などがここに来る。かつては
　「母子寮」といった。（児童福祉法 38 条）

I．キホンのキホン　　263

これらのほかに障害児のための施設などがある。これらの諸施設は、対象となる児童の数は決して多くはない（児童福祉施設等の総定員は約300万人だが、保育所等がその9割以上を占めている）が、児童福祉において依然として重要な役割を果たしている。

(4) 児童手当

これらのようなサービスや施設とは別に、児童に関しては、児童手当を代表とする金銭給付がある。

児童手当は、子どもを養育する家庭に一般的に支給されるもので、その内容は児童手当法で定められているが、その制度内容は激しく変遷している。

基本的に「○歳までの子どもを育てる家庭」というように支給対象年齢が決められて、「子ども1人当たり○円」というように支給される（ただし世帯として所得が一定以上だと支給しない「所得制限」があり、その内容は激しく転変してきたが、2024年10月からは撤廃）。

それぞれの「○」の中味はよく変わってしまうが、支給月額は、3歳児未満は1.5万円、3歳以上は小6まで1万円だが3人目以降は1.5万円、中学生は1万円が基本となっていたところ、制度が拡充され、支給期間は18歳年度末までに延長され、第3子以降は月3万円に増額、あわせて支給が年3回から年6回となる（2024年10月〜）。

これらの内容については児童手当法で定められているが、すでにふれたように、これは子ども・子育て支援法における「現金給付」として位置づけられている（子ども・子育て支援法8〜10条）。

社会保険ではないので、あらかじめ保険料を払っているわけではないが、事業主からは「子ども・子育て拠出金」というものが徴収されて、これが財源の一翼を担っている。拠出金は社会保険と同様に、標準報酬の総額に対して一定の率でかけられる（2024年度の拠出金率は3.6/1000）。だから事業主からすると、もうひとつ社会保険の保険料を払っているような形になっている。この拠出金は、児童手当以外の子育て支援にかかる事業にも使われている（69条）。

264　第8章　他にもあるけどキリないぜ

これに加えてすでにみたように、2026年度から医療保険で保険料にあわせて「子ども・子育て支援金（率）」が徴収される（→第4章Ⅰ.7.(3)）。

　なお児童に関する金銭給付としては、この児童手当以外にもいくつかのものがある。名称が似ているのだが、ひとり親世帯のために「児童扶養手当」（月額44,140円をベースとして、児童数により加算、所得により減額等）、また障害児を育てる家庭のために「特別児童扶養手当」（1級：月額55,350円、2級：月額36,860円。ただし所得制限あり。別途、障害者福祉手当、特別障害者手当）という手当があり、それぞれ対象世帯に支給される。これらは根拠となる法律も別々で、たとえばひとり親で障害児を育てていれば、3つとも手当をもらえることもある。

　これらの事前の拠出（保険料の支払）を要しない、税財源による金銭給付は、「社会手当」と総称されることもある（→Ⅱ.②）。

「え、児童手当については、たったこれだけ!?　少子化対策とかで、すっごく話題になっているのに」

「人口減少への対応は、社会保障そのものとはちょっと違うからね。少なくともこれまでのところ、児童手当は、別に積極的に人口を増やすためにやってきたわけじゃない」

「だって政府の肝入りの会議でも、少子化は国の存続に関わる問題で、人口減少の流れを変えることは極めて価値の大きい社会保障政策だと言ってるけど？（全世代型社会保障構築会議報告書（2022-12））」

「どこまでが社会保障なのかは難しいけど（→Ⅱ.①）、そんなことをいえば地震対策や国防だって、国の存続に関わるんだから、社会保障政策だって言い出す人が出てくるかもしれないよ」

5. 公衆衛生——縁の下の力持ち

　次に、4つの「狭義の社会保障」のうちで最後に残った「公衆衛生」についてみていきたい。

　公衆衛生とは、保健所による諸施策（感染病対策、食品衛生等）、上下水道

をはじめとする保健・衛生全般、インフラ部分による社会の健康状態の保持を指す。英語だと public health である。地味な印象もあるが、エイズ、ダイオキシン、新型インフルエンザ、アスベスト、BSE（狂牛病）等々といえば、切迫した感じが出てくるかもしれない。

　とくに日本では 2011 年の東日本大震災において、公衆衛生の重要性が再認識された。人が生きていくためには、何をおいても飲料水の確保が大事であり、同時にトイレを含めた下水処理の大切さを思い知らされた。

　公衆衛生は憲法 25 条にも明記されている（→Ⅱ.①）。いわゆる途上国では公衆衛生がきちんとしていないために、多くの人が命を落としており、まさに死活問題なのだ。

　「なるほど、確かに公衆衛生って、大切な割には普通の社会保障の本で
　　はほとんど書いてないですね」
　「しかし新型コロナで保健所の役割が注目されて、さすがに公衆衛生の
　　大切さが身に沁みただろう。それを最初からちゃんと扱っていると
　　ころが、この本の立派なところだ」
　「それにしては、この本でも公衆衛生は「その他」の章に押し込められ
　　ているようですが」
　「この本を書き始めた頃には、まだ新型コロナなんてなかったんだよね」

　実際には公衆衛生は、社会保障の一部というよりは、むしろそれだけで独立的な学問領域を形成しているところもある。ただいずれにせよ公衆衛生は、ベースの部分でわれわれの生活を支えている分、当然のように行われていることもあって、注目を集めにくいところがある。とくに具体的な施策においても、給付が個々人に対して行われるのではなく、インフラとしての役割を果たしていて、いわば縁の下の力持ちだ。個々人がなにか給付を受け取るために、公衆衛生の仕組みを知っておかないとまずいというようなこともない。

　「日本人は水と空気はただと思っている」（イザヤ・ベンダサン）という有名なコトバもあり、その辺に普段はあまり意識されない要因もありそうだ

266　第8章　他にもあるけどキリないぜ

（もっとも上水道は、公衆衛生のなかでは割と個々人への給付に近い性格をもっている）。

　別の言い方をすれば、公衆衛生の施策はめったに「自分固有の損得」にはかかわらない。年金や医療・介護の給付と異なり、たとえば予防接種をしてもらって、それ自体で福利が増進するというわけでもない（本当は大いに助かっているのだが）。

　だから忘れられがちだし、仮に忘れてしまっても、自分だけが損することは少ない。時折、公衆衛生がらみで大変なことになるが、そのときには自分だけではなく、周りみんなが大変になっている。

　そのように公衆衛生の諸施策は、個々人ではなく社会全体に向けて提供されるものであるが、他方では個々人への「規制」という側面をもつ。

　たとえば感染病法19条により都道府県知事は、感染症の患者に入院を勧告できるのだが、その勧告に従わない場合、3項では「入院させることができる」としていて、強制的な措置が可能である（4項により、その期間は72時間以内とされている）。

　また32条では感染症に汚染された（疑いのある）建物への立ち入りの制限・禁止を定めており、さらに33条では都道府県知事は緊急の必要がある場合、「当該感染症の患者がいる場所その他当該感染症の病原体に汚染され、又は汚染された疑いがある場所の交通を制限し、又は遮断することができる」としている（これも72時間以内）。ここまでくるといわゆるロックダウンに近く、さまざまな人権の制約も伴うことになる（緊急事態宣言などを含めたより具体的な内容が、新型インフルエンザ等対策特別措置法（2012年）で定められており、新型コロナ感染に対応してさらにその法改正が行われた（2020年））。同じ領域に、防疫法や予防接種法がある。

　またこれに隣接する領域にあるのが、動物に感染病が発生した場合の措置だ。家畜伝染病予防法により、ニワトリや豚が大量に「殺処分」されることが時折報道される。

「社会保障と言いながら、なんか殺伐とした話になってきましたね」
「あはは、だから普通の社会保障の本では、あまりそういう話は扱わないんじゃないかなあ」

I. キホンのキホン　　267

「あははって……動物には生存権はないんですか」

「動物保護や動物愛護は、厚生労働省じゃなくて、環境省の所管なんだよね」

「これがタテ割り行政か！」

それ以外に日常生活に身近なものとしては、食品衛生法がある。たとえばレストランを開くためには、保健所に申請して、食品衛生法の許可を得なければならない。よくお店にその許可証が貼ってあることがあるが、これは美味いかどうかのミシュラン的な評価を示すものではなく、公衆衛生上の許可なのである（あまりじろじろ眺めることはお勧めしないが、法律の勉強にはなる）。

同様に理髪店やクリーニング店、旅館やホテルの営業に際しても、それぞれの法令が定める許可を要する。

また日常生活に身近だと逆に困る領域として、大麻取締法や覚せい剤取締法などがあり、これらも広い意味で公衆衛生関係の法規である。

さらに人が死んだときに関する事柄を定めた墓地埋葬法（墓地、埋葬等に関する法律。所管庁では略して「ぼちまい」などと呼ぶ）も、公衆衛生関係の法規である。

病人「私はもうダメです。お世話になりました。私の亡骸は、故郷の土に埋めてください……ゲホッ、ゲホッ」

医者「あ、すみません、死んだら火葬しないとダメなんですよ」

病人「何を言ってるんですか。法律には、火葬しろなんて書いてないですよ」

医者「え、ホント？」

病人「ちゃんと墓地埋葬法くらい読んで下さいよ。火葬するなら、火葬場以外では行うな、というように、あくまで公衆衛生の見地からの定めを置いているだけです。土葬だって、許可を得ればできると書いてありますから。あ、それから土葬とは書いていなくて、法律的には埋葬と呼ぶんですけ……ゲホッゲホッ」

268　　第8章　他にもあるけどキリないぜ

医者「(……法律やってる人って最期まで面倒くさいんだな)」

　土葬については、自治体が条例等で禁止しているといわれることもあるが、よく読むと条例でも土葬自体を完全に禁止しているわけではないことが多い。ただ手続は煩雑だったりする。

　ちなみにいわゆる散骨や樹木葬についても、それ自体が禁止されているわけではないが、その「前段階」では火葬の問題になるし、骨を埋める場所は「墓地」に限られており（墓地埋葬法4条）、またそもそも遺骨に限らず、自由に物を撒いたり埋めたりしてもいいというわけではない（語弊があるがごみ捨てと同様に、やはり公衆衛生法規である廃棄物処理法や、軽犯罪法等にかかわる）。

　いずれにせよ、これらは人をいかに葬るかについて、倫理的な観点から定めたものではなく、あくまで公衆衛生の見地からの法規なのである。

6.　戦争犠牲者援護──いまでは脇役だが

　ここまでで「狭義の社会保障」は全部だが、これに加えて「広義の社会保障」としては、戦争犠牲者援護と恩給が加わってくる。このうち戦争犠牲者援護は、軍人であった者、戦没者の遺族などへの年金や給付金等の支給を行っている。

　中心となっている戦傷病者戦没者遺族等援護法では、軍人等とその遺族を対象に、障害年金や遺族年金、弔慰金一時金の支給を定めている。

　また戦傷病者特別援護法という別の法律では、旧軍人等が今なお障害を有する場合や療養の必要がある場合に、必要な給付が行われる。さらに戦没者等の妻に対しては特別給付金支給法、戦没者等の遺族に対しては特別弔慰金支給法に基づいて、各種の給付金や弔慰金が支払われる。

「戦争犠牲者って！笑　これはもう過去の遺物ということでいいですよね」
「日本ではね……今のところはね……」（珍しく真剣な表情をする筆者）

もちろんこの戦争犠牲者援護の対象者は、どんどん減っていく一方である。いうまでもなく戦争が終わってから、ずいぶん時間も流れたからだ。

　しかし世界にはパレスチナやウクライナに限らず、戦争や内戦などに苦しんでいる国や地域はいくらでもあるし、かろうじてそこから脱しつつある国や地域もたくさんある。そういうところでは、この戦争犠牲者援護こそが社会保障の最優先課題である。

　主な働き手が、労働に従事して、そこから保険料や税金を払わないと、本格的な社会保障は「はじまらない」。そのはじまる「前」に取り組まなければならないのがこの戦争犠牲者援護であり、戦後の日本でもそうだった。

　だからこの戦争犠牲者援護の本質的な重要性を忘れてはいけない。いま、この戦争犠牲者援護が重要性を失っている（ようにみえる）のは、日本がたまたま平和であるからに過ぎない。だからこそ、この本でも戦争犠牲者援護を「その他」の章なんぞに置いておけるのである。将来、この本が絶版を免れて改訂する機会があったとして、そこで「最近は戦争犠牲者援護が再び注目されるようになりました」などと書かずにすむことを切に願う。

　ところで「援護」というコトバには、たとえば援護射撃というように、味方を敵から守るという「戦い」がらみのニュアンスがある。もともと中央官庁での組織上の来歴は「引揚援護庁」という外局で、第2次世界大戦が終わったときに、海外に残された人たち（660万人いたといわれる）の復員・引き揚げが主たる業務だった。その後、厚生省援護局という部署になって仕事を続けていた。援護局長といえば、かつてはすごく重要な役職だった。

　今では組織的には厚生労働省の「社会・援護局」に統合されている（中国残留孤児問題なども所掌している）。

　「そういえば生活保護とかの資料を見ると、よく厚生労働省「社会・援
　　護局」作成資料とか書いてありますね。援護局って何だろうと思って
　　いましたよ」
　「かつて新しく老人保健福祉の局を作るときに、代わりに1つ、局を減

270　　第8章　他にもあるけどキリないぜ

らさなければならなかったので、援護局は社会局と合併したんだな」
「もう仕事も減ってきているんだったら、吸収させて消滅でよかったのに」
「やっぱり歴史的に重みもある「援護」という名前を消せなかったんだよ。よく銀行が合併すると、すごく長い行名になったりするだろう。」
「なるほど！　じゃいずれそーっと「みずほ局」とかに変わるかもですね」

　そういうわけで、今では戦争犠牲者援護は「広義の社会保障」に入ってくるに過ぎない。この本の読者にとっても一生無縁かもしれない。それでも決してカットするわけにはいかない、大切な項目なのである。

7.　恩給──年金のご先祖様

　広義の社会保障としては、戦争犠牲者援護に加えて、恩給も加わる。これは昔の公務員の年金等のことである。
　すなわち旧軍人等が公務のために死亡した場合や、公務による傷病のために退職した場合、一定年限以上勤務して退職した場合などに、これらの者及びその遺族の生活の支えとして給付を行う制度である。

「なんで「恩給」っていうんですか？」
「ほら、吉祥寺の近くの井の頭公園は、正式名称を「井の頭恩賜公園」
　というだろう。あれは天皇から賜った公園という意味だ。それと同じ
　で、天皇から賜る給付みたいな意味だな。恩赦の「恩」も一緒だよ
　ね？」
「はあ。すると恩賜の「賜」の方はどこに行っちゃったんですか」
「からむねえ。でもそう来ると思ったよ、障害の場合には傷病賜金という
　うのがあるよ（恩給法46条の2）」

　何しろ制度としては1875年（明治8年）に遡る。さらに歴史的な起源と

I. キホンのキホン　271

いう意味では、（日本で言えば、あるいは西洋でも）中世の封建制度云々というところまで遡るだろう。

だが多くは公務員の共済制度等に移行して、恩給制度の対象も9万4000人（2023年度末）まで減っている。だから今日的な意義は、ほとんどないと言わざるを得ない。

ただ、何しろ公的年金のご先祖様みたいなものだから、今の公的年金関係の諸規定の起源は、しばしば恩給にある。「年金は、なぜこうなっている（いた）のか」という疑問への答えは、しばしば「恩給がそうなっていたからだ」ということになる（たとえば年金資格期間、時効、未支給年金の取り扱い等々）。だから最低限、そういう参照先としての意義は残っているといえる。

「要するに、昔の年金制度ということですかね」
「だけど、別に保険料を払っていたわけじゃなくて、全額国の負担だから、社会保険としての年金制度とは違うんだよ、やっぱり。」
「あれ、そういうのって、児童福祉のところで出てきた「社会手当」（→4.(4)）ってやつじゃないんですか？　あらかじめ拠出しなくても税財源で一定の人に給付するっていう……そっちのカテゴリーで説明した方が」
「それは言うな！　話がややこしくなるから」（→Ⅱ.②）

そういうわけで、この戦争犠牲者援護と恩給までを入れて、「広義の社会保障」も全部になる。しかしまだ終わりではない。そこから先に、「広義の社会保障」よりさらに外側の「社会保障の関連施策」というのがある。

8. 雇用（対策） ── 働く場所がほしい

「社会保障の関連施策」となると、雇用対策と住宅対策が入ってくる。
このうちまず雇用対策というのは、雇用保険の話ではない。雇用保険は社会保険の1つで、すでに第2章でみたが、そうではなくどのように雇用

272　第8章　他にもあるけどキリないぜ

自体を確保するかという話である。

すでに（**6.**でも）ふれたように、雇用は社会保障の原動力でもある。労働者が賃金を得て、そこから保険料を払って、リスクに備えておくというのが社会保険の基本的な図式である。だから雇用がないと「はじまらない」。

それでもこの雇用の確保自体は、社会保障そのものとは少し違う。

> 首相「生活保護の額が少なすぎる。法律を改正して、ただちに倍額にしてくれ」
> 担当大臣「わかりました。さっそく生活保護法を改正して、来年から倍額にします」
> 首相「それと、失業者の数が多すぎる。法律を改正して、ただちに半分にしてくれ」
> 担当大臣「わかりました。さっそく来年から……えっと、どの法律をどう変えればいいのかな？」

社会保障の給付は、予算措置さえとれれば、増やすことはできる。しかし雇用はそうはいかない。政策のあり方として、「雇用者を増やそう」と決めたとしても、日本は資本主義で、仕事がない人に、仕事そのものを給付するわけにはいかない。いいかえれば雇用自体は、社会保障の給付にはなりえない（かつて失対事業という名前で、仕事自体が提供されていたこともあるが）。

だから雇用機会の確保について、政策としてできるのは、ひとつには一般的な経済対策（短期的には景気対策といってもいい）であり、もうひとつには労働者からの労働市場へのアクセスの確保ということになる。いずれにせよ、社会保障の関連施策という位置づけになる。

ちなみに日本では、社会保障よりも、経済政策を通じてこの雇用の確保に力を入れることで、社会を安定させてきたといわれることがある。つまり経済政策による雇用の確保自体が、いわば先手を打つ形で、社会保障に代わる役割を果たしてきたという見方である。

Ⅰ．キホンのキホン　273

もちろんそういう方向性が望ましいかどうかは議論がある。過去の経済政策のつけが、巨額の国債残高（1,300兆円規模）になっているし、経済成長重視というのはもう時代遅れだという指摘もある。しかし日本の失業率はずっと低い（数%という）水準で推移してきており、多くの人がこれに救われてきたのも事実だろう。

　「だからひと言で言えば、日本では雇用自体が社会保障の役割をしてきたということだね（ドヤ顔）」
　「なるほど……しかしそんな大事なこと、なんで「その他」の章の終わり近くまで書かなかったんですか？」
　「そんなこと最初に書いちゃったら、また社会保障の定義からしてよく分からなくなるだろ」

　さらにいえば日本では健康保険組合（→第4章I.9.）に代表されるように、企業が社会保障の担い手として大きな役割を発揮してきた。さまざまな企業内福祉も、「社会保障的な役割」を担ってきた。賃金体系や、終身雇用にしてもそうであり、よかれあしかれカイシャ社会ということなのだろう。だから経済政策を通じて企業に利益や恩恵が及べば、それが従業員にも届き、「社会保障的な役割」を果たすことも可能だった。
　いずれにせよこういう経済政策や景気対策は、特定の個々人に直接、何かの給付が提供されるものではなく、通常の社会保障の給付とは性格を異にする。そういう意味でも、やはり社会保障の関連施策ということになるのだろう。
　もうひとつの労働者からの労働市場へのアクセスの確保については、積極的労働政策ともいわれる（OECDが失業給付などの消極的労働政策と対比してこのように呼んでいる）。具体的には就職相談や職業訓練等々があり、雇用保険の周辺領域で行われるものについてはすでに第2章でみてきた。また生活困窮者自立支援事業（→第7章I.12.）の一環として就労訓練事業が2015年（平成27年）から始まっている（生活困窮者自立支援法16条）。

9. 住宅対策——住む場所も欲しい

　やはり社会保障の関連制度に位置付けられるものとして、住宅（対策）についても、事情は雇用対策と似ている。

　人間が生きていくためには普通はどこかに住居がいるので、その意味では「住む権利」というものが、基本的人権・生存権の内実として保障されるべきであるように思える。しかし「住む権利」といっても、その内実がむずかしい。

　家賃を払えずに追い出された人「国民の住む権利が侵害された！政府は住
　　宅を保障しろ！」
　役人「住む権利といわれても……ちなみにどういうところに住みたいん
　　ですか？」
　追い出された人「贅沢は言わないけど、3LDK で、景色が良くて、あと、
　　家庭用のサウナがついているウッディーな家がいいなあ」
　役人「はあ……フィンランドあたりでムーミンと一緒に探してみます
　　か」

　「ここに住みたい」、「こういう広さと間取りの家に住みたい」というところまで基本的人権の内実として国に要求できるとは考えづらい。それでは逆に最低限の権利は保障するとしても、どういうのが最低限なのか、少なくとも一律には決めづらい。どこでもいいから雨露をしのげればいいという意味では、狭い日本とはいえ、安い土地や部屋はたくさんあるだろう。

　加えて「住む」だけであれば、住むところを「保有する」必要はなく、要するに借りればいい。実際問題としても、自分の「持ち家」を保有する人は決して多くはない（いわゆる持ち家世帯率は約6割で推移している）。もっとも日本では長らく持ち家政策が推進されてきて、それに向けた資産形成（財形等）や融資による支援が志向されてきた。その辺も含めて、まさに社会保障の「関連施策」ということになろう。

I．キホンのキホン　　275

「しかし狭い日本、せっかくマイホームを作ってもウサギ小屋だしね」
「ウサギ小屋って何ですか。ミッフィーみたいなかわいいデザインの家ですか」
「日本人の家は小さくてウサギ小屋みたいだとフランスで揶揄されたことがあって、それを日本人が自虐的に大きく取り上げたんだよ」
「せめてミッフィー小屋とかピーターラビット小屋とか呼んでほしかったですね。かーわいい～♥」

　他方、最低生活を保障する生存権という観点からは、結局（家賃などを含めて）金銭による対応ということになり、その意味では生活保護制度のなかで、最低限の住宅にかかる費用は住宅扶助として保障されている（→第7章 I.10.）。
　そのような最低生活保障の一環として住居の確保は重要なので、ホームレスや生活困窮者支援においても、いろいろな形で施策が打たれるようになっている。たとえば生活困窮者自立支援法6条は、離職で住居を失った（あるいは失うおそれが高い）場合に生活困窮者住居確保給付金の支給（家賃相当額）を定めている。また社会保険の仕組みのなかにも、介護保険での住宅改修費助成や年金担保貸付のように住宅関係の項目がみられる。
　ただそれらとは別に、自然災害に際して住居問題がクローズアップされることが多い。たとえば震災や台風による被災者への対応である。
　災害救助法4条では、災害に際しての応急的な救助として、「炊き出しその他による食品の給与及び飲料水の供給」、「被服、寝具その他生活必需品の給与又は貸与」などとあわせて「避難所及び応急仮設住宅の供与」を定めている。これがいわゆる仮設住宅である。資産としての住宅を提供するのではなくて、あくまで「仮設」ということになる。
　また被災者生活再建支援法3条は、住宅費用（建設、購入、補修、賃借）にあてるための被災者生活再建支援金の支給を定めている。これも台風等で家が損傷した時に支給されるが、全壊か半壊かなどによって金額が異なるので、その判定がしばしば問題となる。これは住宅そのものを提供する性格のものにもみえるが、むしろ災害保険に近い、すなわち保有していた財

産が損なわれたときに、それを保険で塡補するという性格に近いものだろう。実際、その財源は「都道府県が相互扶助の観点から拠出した基金」（1条）である。

これらをみても、やはり積極的に個々人に住居を提供するという施策とは、やや距離があるものといえる。ただ住宅保障については、たとえば地域包括ケアシステム（→第5章 I.5.）の中でも重視されており、社会保障のなかでも今後の重要な課題として位置づけられていくだろう。

10. その他のその他

最後に「その他のその他」である。

かつての社会保障制度審議会による体系に沿ってみてきたが、ほかにも広い意味では社会保障に含まれ得る施策がいろいろある。

代表的には司法福祉という領域があり、犯罪被害者支援や更生保護などを扱っている。とくに更生保護（犯罪や非行をした人への再犯防止や社会復帰支援）は、福祉現場での重要性は高く、ソーシャルワーカーの国家資格である社会福祉士の試験科目の1つにもなっている。

そのほか地域福祉、家族（家庭）福祉などは大学によっては講義科目があるし、マイノリティやジェンダー差別問題なども社会保障と関係が深いといえる。

さらに広く税制も、社会保障との関係が深い。税制というと、もっぱら財源を集めているという印象があるかもしれないが、誰からどう税金をとるかというのは、所得の再分配そのものである。一定の人の税金を安くするということは、その人たちに給付をするのと経済的には等価であり、たとえば児童手当と扶養控除（児童のいる世帯の税金を安くする）が一体的に運用されている国もある。

また生命保険や損害保険などの民間保険（あるいは私保険）も、人々の生活を保障する役割を担っている。これらと社会保障をあわせて「生活保障」といわれることもある。もっとも社会保障と雇用をあわせて「生活保障」と呼ぶこともあってややこしい。

I. キホンのキホン　277

民間保険の多くは税制優遇を伴うので、その点でも政府の施策と関係が深い。保険料・掛金や、支払われる保険金・給付金を税制優遇（所得控除等）の対象とするということは、それによって税金が安くなった分を給付ないし補助したのと同様の意味合いがある。ただし民間保険はその名の通り、民間の保険会社が行っているもので、政府が直接運営したり給付したりするものではないので、社会保障の範囲に通常は含められない。

　実は著者の1人は民間保険の実務経験があり、もう1人の著者も企業年金に造詣が深いので、このあたりの話でいくらでも原稿を書き足すことはできる。しかし何でもいいからページ数を増やして、原稿料を稼ごうという企みがバレそうなので、この辺で終わりにしなければならない。

Ⅱ．このネタは使えるぞ！

小ネタ① 憲法25条の「じゃない方」を読んでみよう

　社会保障といえば、憲法25条である。ところが憲法25条の第1項（「すべて国民は、健康で文化的な最低限度の生活を営む権利を有する」）の方はつねに問題とされ（→第1章Ⅰ.1.(2)、第7章Ⅰ.1.2.）、裁判でも学界でもモテモテだが、第1項「じゃない方」の第2項は不遇で、注目されることは少ない。同じ第2項でも憲法9条2項とはエライ違いだ。

　だいたい改めて読んでみても、何が書いてあるのか分からない。

　　第25条第2項　国は、すべての生活部面について、社会福祉、社会保
　　　障及び公衆衛生の向上及び増進に努めなければならない。

　まずいきなり「生活部面」というのが分からない。部面なんてコトバ、聞いたこともない。

　そして「社会福祉、社会保障、公衆衛生」と並んでいるのが分からない。すでにみてきたように、普通は社会保障の内訳として、公衆衛生や社会福祉がある。すると条文の中には社会保険や生活保護が見当たらないし、そ

278　　第8章　他にもあるけどキリないぜ

そも社会保障というのが上位概念のはずなのに、並びがおかしい。「ボクは酢豚と、中華料理と、チャーハンが大好きです」と言っているみたいで、ちぐはぐだ。

最後の「努めなければならない」というのも、罰則なき努力義務というか、精神的な訓示規程みたいで、法律の条文としては迫力に欠ける。

「だから押し付け憲法はダメなのだ！」と飛びつく人がいるかもしれないが、残念ながら？たとえば自民党の憲法改正草案でも、さすがに「すべての生活部面」は「国民生活のあらゆる側面」に変えているものの、後半はそのままになっている。

そこで経緯をたどれば、はじめの「部面」というのは sphere（領域・分野）の訳であり、社会学で社会圏、公共圏とか親密圏というときの「圏」がこれにあたる。

また「社会保障」というのはアメリカでは主に社会保険、とくに所得保障のことを指す。他方、「社会福祉」というのは広義では幅引く国民の福祉を指し、憲法草案では「国民の幸福」となっていた時期もある。

そうすると 25 条 2 項の後半は、「広く国民の幸福を、またその中でもとくに所得保障や、公衆衛生（public health）を充実させよう」というような意味合いに読むことが可能で、それならば少しは腑に落ちる。その上で社会保障の内実として、所得保障や公衆衛生に加えて何を含めるかを、この「その他」の章までかけて、みてきたことになる。

ただ 25 条 2 項の中では、むしろその前の「すべての生活部面」という表現に注意を払う必要があるかもしれない。「どこまでが社会保障なのか」をみてきたものの、「ここまで」と一義的に決められるものでもない。何しろ相手は「すべての生活部面」なのだから、そのつど迷い、悩みながら、「ここまでやろう」と模索していくしかないのではないか。

ところで実は起草過程では、現在の憲法 25 条 2 項にあたる条項の文言に関しては様々な項目が浮上していた。たとえば GHQ（占領下の連合国軍総司令部）の「人権に関する小委員会」の第 1 次試案における 28 条・29 条の内容は、以下である。

第28条　国は、公衆衛生のための施策を十分に行なう責任を負うものとする。平和的なスポーツは、奨励される。

第29条　老齢年金、扶養手当、育児手当、災害保険、健康保険、廃疾保険、失業保険、生命保険を含む、十分な社会保険制度を法律で定め、その内容は少なくとも国際労働機関及び国際連合の承認した最低基準を充たすものとする。女性、児童及び不利な扱いを受けてきたグループには、特別の保護を与えるものとする。国民が自分の意思によって招いたものを除く一切の欠乏と軽視を受けることがないようにすることは、国の義務である。

そのほかこの第1次試案には、妊婦・保育にあたっている母親への援助、児童への無料医療なども盛り込まれており、さらに社会保障以外についても、嫡出でない子への不利な扱いの禁止、中等・高等教育の無償、男女の同一労働同一賃金、労働者のリクリエーションを受ける権利、知的所有権の保護等々が盛り込まれていた。

あきれるほどの先進性であり、「これが令和の時代の新しい憲法草案です」といっても信じてくれる人がいるかもしれない。あるいは実際の日本は21世紀に至って、やっとこの草案の内容に追い付きつつあるともいえる。

逆に言えば、これらが徹底的に切り詰められたのが現在の25条2項の文言ともいえる。その意味ではたまたま最後まで現行憲法の条項に残った文言だけに拘泥すべきではないのかもしれない。

憲法学者のなかには、憲法25条は第1項よりも、第2項こそが重要だと断言する見解もある。どこまでが社会保障なのかがあいまいだからこそ、その将来的な展開が期待できるともいえる。この本が、わざわざ「その他」の章を設けたのは、そんなことにも注目してほしかったからでもある。

小ネタ②　社会手当というマジックワード

児童手当に加えて、ひとり親世帯向けの児童扶養手当、障害児を育てる

世帯向けの特別児童扶養手当の3つの手当がまとめて「社会手当」と呼ばれることがあることは児童福祉のところでふれたが（→Ⅰ.4.(4)）、実はそのようなカテゴリーを設けるかどうかは微妙なところがある。

「本によって、社会手当という括りで書いているのと、そうでないのがあるんだね」
「社会手当という概念は、信念をもって使う人もいれば、深く考えずに使う人もいるし、信念をもって使わない人もいるし、単に知らなくて使わない人もいるんだよ」
「で、この本の場合はどうなの？」
「迷っているうちに、原稿の締め切りが来ちゃったらしいよ」

　一般的に社会手当とは、一定の属性（ascription）を有する対象への、税財源による金銭給付とされる。事前の拠出（保険料の支払い）を要しないことから社会保険とは区別され、また一定の属性の対象には選別されずに幅広く給付されることから公的扶助（生活保護）とも異なる（もっとも手当の対象には所得制限がつくことが多い）。
　このような社会手当というカテゴリーが注目されるのは、それが既存の社会保険及び生活保護の限界を打破できるからである。社会保険では保険料を払っていないと給付も受け取れず、保険料を払えない人は最初から排除されてしまう。他方、生活保護では事前の拠出は問われないものの、とかく給付要件が絞られたり、給付水準が低かったりする。その点社会手当という枠組みは、これらのいいとこどり——事前の拠出なしで、幅広く高い水準での給付——を実現できる可能性をもっている。だからこれこそ理想的な法的スキーム（枠組み）だと見られることもある。
　もっとも、社会手当の代表と目されるのは児童手当だが、従業員は保険料を負担していない一方、事業主は拠出金を負担しており（子ども・子育て拠出金）、それが3歳未満の被用者世帯への児童手当（本則部分）では財源の半分近くを占める。この点を無視して「児童手当等の社会手当は税財源による金銭給付である」と概念構成するのは、ちょっと無理があるように

も思える。

この点では児童手当はむしろ社会保険に近い。保険料か拠出金かという名称の問題や、「子育ては保険が対象とするリスクか」というような話は別として、仕組み自体は似ている。

たとえば社会保険の中でも労災保険では、従業員は保険料を負担しておらず、事業主だけが保険料を負担している。児童手当と同様に、標準報酬に対する定率負担である。従業員が労災事故にあえば、給付を申請できる。児童手当にしても、従業員に子どもが生まれれば、手当を申請できる。これらはかなり似ている。労災保険でも少なくとも代表的な給付にあたる療養（補償）給付は、あらかじめ拠出してきた額や期間によって給付内容が変わるということはない（→第3章 5.）。

労災保険のなかでも、他の金銭給付（遺族補償年金等）では給付額が賃金に比例していることはある。それが保険固有の「拠出と給付のリンク」（いわゆる牽連性）なのだともいえるが、そこに両者を峻別するラインがあるとまで言えるかは、やや心許ない。

逆に、社会手当というカテゴリーで物事を考えるのであれば、母子寡婦法をはじめ、さまざまな法律のなかに一時金や給付金の定めはあるが、それらも社会手当なのだろうか。あるいは古くからの制度である「恩給」（→ 7.）は、まさに拠出を伴わない、一定の対象者への給付なので、代表的な社会手当として位置づけられてもおかしくないように思うが、そういう所説は見たことがない。さらには給付型の奨学金とか、自治体の敬老祝い金なんかも社会手当なのだろうか。コロナ下や経済対策等で時々行われる一時金支給はどうなのか。

もちろん法律で「手当」という名前がついているものを社会手当と呼ぶというだけならば、便宜的な総称としては理解できる。しかしそれにとどまらず、すでにふれたように社会手当という方策は、硬直的な社会保険と生活保護の限界を補うものとして政策的に期待されることが少なくない。それならば、その定義や範囲も明確にしたうえで、そういうスキームのいい面とそうでない面をきちんと評価しておく必要があるだろう。

社会手当の財源は基本的に税金であるため、不安定でもある。すなわち

急に作ることも割とできるし、逆に急にやめることも割とできる。受給にかかる所得制限にしても、もともと付けても付けなくてもいいので、しばしばその基準額も変更される。さらに自治体が行うものを含めて、しばしば乱立して制度全体を分かりづらくする面もある。

「いいスキームなんだか、よくないんだか、分からないなあ」
「優秀で有能な政府だったら、そういうスキームを活かして、有効で機動的な政策対応ができそうだね。だけど下手すれば、制度がコロコロ変わるだけで、わけが分からんということにもなりかねない」
「えーと、日本の場合はどうなのかな？」
「読者のご想像にお任せします」

そういうわけで社会手当というのは、概念自体としても、また政策的にもなかなか扱いづらいスキームであるため、このネタ自体、はなはだ歯切れが悪いことになってしまった。

小ネタ③　発達障害・学習障害とか、新型うつ病とか

障害者福祉に関しては、身体障害・知的障害・精神障害の３つが代表的な障害のタイプといえるが、その中でも精神障害は多様で、たとえば障害者基本法２条では精神障害は「発達障害を含む」と明記されている。

「先生、ぼくは学習障害なので、社会保障法のレポートは書けません。でも単位ください」
「何を言ってるんだ。テキトーな言い訳をでっちあげるんじゃない」
「先生、学習障害は、発達障害の１類型として、発達障害者支援法にも書かれている正式な障害です。英語では LD と称されます。国際統計分類である ICD にも載せられています。いわゆる自閉症スペクトラムにおいて……」
「てかそれそのまま書けばレポート完成じゃないか！」

Ⅱ．このネタは使えるぞ！　283

発達障害者支援法2条では、発達障害を「自閉症、アスペルガー症候群その他の広汎性発達障害、学習障害、注意欠陥多動性障害その他これに類する脳機能の障害であってその症状が通常低年齢において発現するもの」としている。

　この発達障害や学習障害は、大学生の中にもかなりの数がいるといわれてしばしば話題になるが、その概念自体についてはなお流動的とすらいえる。「コミュ障」という表現の機縁もここにある。ただ、バランスが悪いという点が中心なので、たとえば学習障害といっても、単に「勉強しない・勉強できない」というのとは異なる。実際、苦手なことがある一方で、高い能力を有する場合は多い。

　しかし実際問題として、「サボっている・怠けている」のと簡単に見分けはつかない。筆者自身、学生のつまらない言い訳だと思って「軽々しく発達障害とか言うなよ」と叱責したところ、後日、精神障害者保健福祉手帳を持って来られて焦ったこともある。その意味では「教員泣かせ」でもある。

　このような学習障害や発達障害が「教員泣かせ」だとすれば、職場の「上司泣かせ」なのは、いわゆる新型うつ病だろう。

「すみません、何にもする気にならなくて。うつ病みたいなので帰ります」
「それはいかんな。すぐにメンタルクリニックに行きなさい」
「いや、そうじゃなくて、サッカー観戦に行きます。サポーター仲間と盛り上がって、勝てばそのあと祝勝パーティーもあるので」
「あのさ、うつ病だから、何もする気にならないって言わなかったっけ？」
「あ、僕の場合、「新型うつ病」なので」

　一般的にうつ病では、エネルギーが切れてしまい、何もやる気がしない状態になる。その時には普段なら楽しいと思えることも楽しく感じられず、そのこと自体が人生に危機をもたらす。

ところがそれとは別の「新型うつ病」といわれるケースでは、選別的に、つらいことはつらいのだが、楽しいことは楽しいと感じられるとされる。だから楽しいことはいくらでもできるのだが、つらいことは徹底的にできない。

　この「新型うつ病」をめぐっては、正式な精神疾患といえるのか、むしろ否定的な見解が多い。ただ議論は一致しておらず、本人がつらい・困難を抱えているのは確かだという指摘は多い。いずれにせよ実際の判別は困難で「上司泣かせ」であろう。

　このように学習障害にせよ、新型うつ病にせよ、学業や勤務に支障をもたらし、生活の安定を損ね、人生に多大な影響を及ぼすという意味では、まさしく社会保障が対処すべき事柄であろう。しかしながら、そもそも「それ」が何であるか、必ずしもよく分からないというのが実情でもある。相手が何だかよく分からないものでは、社会保障が立ち向かうのも難しい。ちなみに「心」と「精神」と「脳」とがどういう関係にあるのかは、一般論としてそう簡単に答が出ない難問であるが、学習障害や新型うつ病は、まさにそういう領域の話だともいえる。

　この「その他」の章ではどこまでが法制度的に社会保障に含まれるのかについて見てきたが、個々の法制度の中でも、その対象にどこまでが含まれるかは必ずしも明確ではない。それぞれ典型的な対象はあるとしても、そうではない限界的な事例、いわば「その他」の事柄をめぐって、法制度の対象となるかどうかがしばしば問題となる。障害のなかでの「学習障害」や、うつ病の中での「新型うつ病」は、そのように脚光を浴びてきた「その他」の事例と言える。

　そういう意味でも、「その他」は侮れないのである。

Ⅲ. 「労働法の方から来ました」

1. 障害者雇用の法政策

　コンプラ部長「社長、法律によりわが社でも障害者を最低1人は雇う義務があります」
　チンピラ社長「そんなのあるのかよ……ま、でも法律ならしょうがないから雇うしかないな。その代わり障害者はボーナスなしってことで」
　部長「それは障害に基づく差別なので法律違反です」

　障害者に必要な福祉サービスを提供することも大事だが、働ける障害者に就労の場を提供することも同様に大事だ。そのために現在の日本では大きく2つの仕組みが実施されている。

　1つは雇用率制度である。制度自体の歴史は古く、誕生したのはもう50年以上前となる。障害者雇用促進法により、企業は障害者を一定割合（＝法定雇用率。民間企業の場合2.3%）以上雇用しなければならない（障害者雇用のために設立した「特例子会社」による雇用でもよい）。この率を達成できない場合は、「ペナルティ」として国に一定の金銭（障害者雇用納付金）を支払わなければならない。逆に法定雇用率以上障害者を雇うと「ご褒美」（障害者雇用調整金など）がもらえる。

　「障害者なんていろいろ面倒くさそうだから雇いたくなかったけど、法律上の義務だって言われたからしょうがなく1人採用したんだよね。そしたら予想以上によく働いてくれるんでびっくり！」――そんな率直な声が現場から上がることも少なくない。一定割合以上の採用を義務づけるというのはなかなか強力な措置だ。企業の「採用の自由」に対する直接的な制限ともいえる。しかし、「障害があったら仕事は無理」という偏見が世間に根強く存在する以上、とりあえず（無理矢理にでも？）障害者を雇ってもらい、障害があってもできる仕事はあるんだ、ということをわかってもらう必要がある。そこから障害者の雇用機会拡大につなげよう、という発想に基づく施策であるといえる。

法定雇用率を達成している企業の割合は50.1％である（2023年6月時点）。半分ちょっとじゃないか、障害者を雇わずカネで解決するとはけしからん！　と批判するのは簡単だが、話はそう単純でもない。もちろん障害者雇用に関して全くなんの努力もしていないけしからん企業もあるだろう（あまり何もしないと企業名公表措置の対象となる）が、多くの企業は受入体制の整備や業務自体の見直しなど、それなりの努力はしているはずである。ただそれでもなかなか（障害を持った）ちょうどいい人材が見つからない、というケースも少なくないようである。

　もう1つは、障害者に対する差別の禁止である。こちらは2013年の法改正で導入された新しい措置である。企業は、労働者の募集及び採用について、障害者に対し、障害者でない者と均等な機会を与えなければならない（障害者雇用促進法34条）。また、労働者が障害者であることを理由に、賃金の決定、教育訓練の実施、福利厚生施設の利用その他の待遇について不当な差別的取扱いをしてはならない（同35条）。障害者だから採用面接の機会すら与えない、障害者だから賃金を低くする、などの措置は許されないのである。

「交通事故で車椅子の生活になっちゃいました……でも仕事はデスクワークですし、今までどおりこなせますのでよろしくお願いします！」
「そうか、でもウチのビルのトイレ、狭いから車椅子だと入れないよね……1日中我慢してもらうわけにもいかないし、申し訳ないけど辞めてもらうしかないかなあ」

　これは別に障害を理由にクビにしようとしているわけではないから問題ないのだろうか？　いや、そうではない。障害者雇用促進法は、単に障害を理由とする差別を禁止するだけではなく、企業に対し「合理的配慮」の提供義務を課している（同36条の2・36条の3）。「合理的配慮」とは、わかりやすく言えば、障害を持った労働者や求職者（入社したい人）を非障害者と同じスタートラインに立たせるための「後押し」的な措置である。たとえば、車椅子を使う労働者のために職場に多目的トイレを設置したり段差

をなくしてスロープをつけたりすること、目が不自由な労働者のためにパソコン画面読み上げソフトを導入すること、耳が不自由な求職者のために筆談で採用面接試験を行うことなどがこれに該当する。一口で障害と言ってもその種類も程度も様々、人それぞれであるから、合理的配慮もその障害者の意向や特性に合わせた措置である必要がある。なお求職者に対する合理的配慮は障害者である求職者が申し出た場合に必要となるが（つまり言われなければしなくてもよい）、すでに雇用されている障害を持った労働者については、労働者の申出がなくても、企業は合理的配慮を提供する義務を負う。

　もっとも、企業は障害者の要望にすべて応えなければいけないわけではない。企業にとって「過重な負担」となる措置は合理的配慮提供義務の対象外とされている（同36条の2及び36条の3ただし書）。たとえばビルの入口にスロープを設置するくらいならできるが、ビル自体を立て直して完全バリアフリーにするとなるとさすがに過重な負担だ、ということになるだろう。その企業にとってどうか、が基準なので、零細企業では「過重な負担」とされる措置も、お金のある大企業なら「過重じゃないからやれ！」となるかもしれない（企業規模だけで決まる話ではないが）。いずれにせよ、「合理的な」配慮かどうか、そして「過重な」負担かどうかの基準は企業によって、また障害の程度によって変わってくる。障害者である労働者や求職者と十分に協議し、その意向を踏まえてどのような措置を講ずるかを決めるべきだろう（同36条の4参照）。

　なお、合理的配慮義務はアメリカの Americans with Disabilities Act（アメリカ人障害者法）の規制にならって導入されたものであるが、元祖？のアメリカ法では、日本で言えば合理的配慮に相当する reasonable accommodation（合理的便宜）を図らないことも障害者の「差別」に当たる、という法構造になっている。つまり合理的配慮義務は差別禁止法の中に組み込まれているわけだ。しかし日本では、同じ法律の中に条文が並んでいるとは言え、差別禁止と合理的配慮義務は完全に別個の規制である。その意味では先ほど「日本では大きく2つの仕組み」と書いたが、3つと言うべきだという考え方もあるかもしれない（ごまかしてる感）。

288　第8章　他にもあるけどキリないぜ

雇用率制度は、見方によっては障害者を健常者と「別扱い」するアプローチである。意地悪く言えば、雇用率によって雇われた障害者は、雇用率のおかげで雇われた者、雇用率がなかったら雇われなかった者、なのだから。これに対し差別禁止というアプローチは、障害があろうがなかろうがその業務を遂行できるのであれば平等に扱われるべきだ、別扱いするな、という考え方に立脚するものである。要するに、一方では別扱いせよと言い、他方では別扱いするなと言っているわけで、これは政策として矛盾していないのか？　という声もないではない。ただ、雇用率制度が定着し世間に認知されたことで障害者雇用が進んできたのは紛れもない事実であり、別扱いがいけないからと差別禁止アプローチ１本に絞るのは（少なくとも現時点では）いかにももったいない。

　とは言え雇用率制度だけでは、障害者は雇ったら終わり、となってしまい、さらにその先、障害の有無に関わらず誰もがその能力を真に発揮できる社会、にはなかなか到達できない。やはり雇用率制度に加えて差別禁止も必要なのだ、というロジックで現在の法政策をなんとか説明できるだろうか——別に厚労省のお役人ではないのでそんなに頑張って理論武装する必要もないのだが、筆者の法律家としての血が騒いでしまったようだ。

2. 両立支援——「イクメン」を増やせ！

選挙演説中の政治家「私が当選した曉には、まず少子化問題の解決に取り組みます！」
なかなか子どもを保育園入れられなくて焦ってる有権者「少子化なのになんで保育園入れないんだよ！　もっと少子化進んでくれた方がいいんじゃね？」

　言われてみればそのとおりだ。居住地域にもよるが、子どもは少ないのに、保育園（ちなみに法律上正式には「保育所」）のスロットはもっと少ないということだろう。せっかく子どもが生まれても、子育て自体がいろいろ大

変なだけじゃなく、保活（＝保育園探しの活動）はもっと大変らしい、もういいや子どもは作らない！　とみんなに思わせてしまう世の中だから、少子化が止まらないのだ。何とかしなければ。さてどうしよう？　いろいろと手段はありうるのだろうが、国が政策としてやるべきこととしては、女性が、いや男性も、子どものいる生活をスタートさせたいと、少なくともスタートさせても大きく損はしないかな、と思えるような仕組みを用意する、それに尽きるだろう。

　本文で触れた児童手当もまた少子化対策の一翼を担っているわけだが、労働法分野でも様々な措置が講じられている。そこでは、労働者のワーク・ライフ・バランス確保のための、すなわち仕事と家庭の「両立支援」のための様々な施策が講じられている。少子化対策として両立支援が大事だ、というのはさすがに政府もよくわかっているようで、核となる法律である育児・介護休業法は最近頻繁に改正されている。また次世代育成支援対策推進法という新しい法律も制定された。

　育児・介護休業法は、育児や介護の責任を負っている労働者の両立支援のための法律である。介護についてはすでに触れたので（→第5章Ⅲ.1.）、ここでは育児に関連する制度に絞って話を進めよう。核となるのは育児休業の権利である。1歳未満の子どもを養育する労働者は、事業主に申し出ることにより育児休業を取ることができる（育介5条）。有期雇用の非正社員も、一定の要件の下で同様に休業できる（2022年4月から要件が緩和された）。休業期間は子どもが1歳になるまでというのが原則だが、保育園に入所できないなどの事情がある場合には最長で2歳までの延長も可能である。育児休業期間中は無給だが、雇用保険から月給の67％（6か月経過後は50％）相当の育児休業給付が支給される。

　この育児休業、もちろん男女を問わず、ママでもパパでも取得できるのだが、実際にはパパが取るというケースは多くない。しかしアンケート調査などをすると、本当は取りたいパパも多いのだが、職場のしがらみや雰囲気（要は「男が育休取んのか?!」的な空気）もあってなかなか取れないという声が多数上がってくる。せっかくの権利なのに行使できないのは問題だし、またこれが少子化の遠因になっている面もあるだろう。もし子どもが

できてもどうせパパは仕事が忙しくて結局育児はママ担当になる、ママは仕事に打ち込めない、それなら私は産まない！　という流れだ。あるいは、1人は産んだが、パパが全然育児をしてくれないので大変だった、もうこりごり、ということで2人目は断念するというケースもあるだろう。夫が育児に協力的な家庭の妻ほど出産意欲が高まるというデータがあるくらいだ。要するに、パパの育児関与度合いを高めることは、重要な少子化対策の1つなのである。

　というわけでここのところ育介法では、育児休業をもっとパパに取らせよう、という方向での法改正が相次いで行われている。2009年の改正では、父母がともに育休を取得する場合には、子が（1歳ではなく）1歳2か月になるまで育休を取ることができるという制度が導入された。いわゆる「パパママ育休プラス」である。両親とも育休取ればより長く子どもと一緒にいられるのか、じゃあ2人とも取るか！　と思ってもらおうという仕掛けだ。ママが半年、パパが半年と分けて取ってもいいし、ママが1歳まで、ママが復帰したところでパパが1歳2か月まででもよい。パパとママが同時に育休を取ることもできる（ただし1人が取れるのは最長1年）。この改正ではこれ以外にも様々な「イクメン」を増やすための施策が講じられた。

　これらの措置のおかげか、男性の育児休業取得率はその後それなりに上昇した。2010年前後は2％にも届いていなかったのが、2020年は12.65％に達した。もっともこれでも要は10人に1人強だし、男性の育児休業の取得期間は8割が1か月未満、5日程度がスタンダートである（ちなみに女性は9割近くが半年以上取得）。まだまだ少子化対策としては不十分だ！　というわけで、最近の2021年改正でも、パパの育休取得率アップを目指した様々な措置が講じられた。その目玉が、2022年10月から始まった「産後パパ育休」（出生時育児休業）の制度である。

　「産後パパ」（もちろん自分では産んでいないのだが）は、通常の育児休業とは別枠で、子の出生後8週間以内に、4週間までこの育休を取得できる。通常の育休（1か月前に申出が原則）と違って原則2週間前の申出で取ることができ、最初に申し出れば分割して2回の取得も可能である。そしてこれは今までになかった新しい仕組みだが、職場で労使協定が締結されてい

れば、労働者が合意した範囲で休業中でも一定時間まで（休業中の所定労働日・所定労働時間の半分が上限）就業が可能である。たとえば1日8時間労働の労働者が10日間産後パパ育休を取得した場合には、5日以内、合計40時間まで労働できることになる。在宅ワークとうまく組み合わせれば機動的に育児と仕事を両立できそうだ。

　要は、産後で何かと大変なママを、パパがしっかりサポートできるようにするための制度である。パパがママの産後の時期に育休を取ることは従来から可能だったが、その要件をさらに柔軟にして、より取りやすくしたわけだ。休業中でも仕事可、というある意味自己矛盾の制度も、フルに休むのはちょっと難しいけど、最低限の仕事をちょいちょいこなしつつならなんとかなるかも、という現場のリアルな声に応えたのだろう。別にフルに休まなくてもいいだろ、産後パパなんとか休業で、ちょっとでも出てこいよ！　と上司が圧力をかける方向で使われては困るが（なので本人同意が前提）。別枠の制度なので、これとは別に本来の育休も取れる。たとえば子どもが1歳になりママが職場復帰する、なにかとドタバタするタイミングに合わせて再度パパが何か月か育休を取る、ということも可能なわけだ。

　以上は育児休業制度自体をイクメンにとってより使いやすいものにするという方向での措置だが、次世代育成支援対策推進法（次世代法）ではこれと異なるアプローチが採用されている。次世代法は、常用雇用者100人以上の企業に対し「一般事業主行動計画」の策定と公表・周知を義務付けている（それ以外の企業については努力義務）。ざっくり言えば、従業員の両立支援という観点から職場にどういう問題があるか、それをいつまでにどのような措置によって解決するか、についての計画を立てろということだ。そしてその目標を達成するなど一定の基準をクリアすると、ゆるキャラ風の「くるみん」マーク（気になる人はググって）を商品、求人広告、ウェブページなどで使うことが認められる。さらに高い基準をクリアした場合には「プラチナくるみん」（上位キャラ）マークが使える。そしてこの「基準」の1つとして、男性従業員の育休取得率が使われている。男性も育休をある程度取る会社でないとくるみんマークはもらえない。逆にもらえた会社は、ウチは男性もこんなに育休取れる、イクメンが働きやすい会社ですよ、

と対外的にアピールすることができるわけだ。

　一般事業主行動計画の策定・公表は一定以上の規模の企業の義務だが、くるみんマークの取得は義務ではない。しかしある程度有名な大企業なのに取っていないと、なんだ今どきそんな会社なんだ、というイメージでみられてしまうかもしれない。逆にそれほど有名でない中小企業が取っていれば、意外と両立支援がちゃんとした会社なんだ、というアピールになる。法律で強制したり罰則を科したりするわけではないが、社会的な評判やイメージ、ややくだけた言い方をすれば世間体を利用して企業を望ましい方向に誘導する、いわゆる「ソフト・ロー」アプローチだ（要は伝統的な法規制の手法はおカタい、「ハード・ロー」だということだ）。

　さてこれらの施策はどの程度の効果を上げてくれるのだろう。前述のように 2020 年は男性の育休取得率が 12.65％ に達したのだが、これは前年比でプラス５％ 以上という異常なほどの伸びであった。おお、日本社会もついに変わったのか！　それも劇的に！　と喜びたいところだが、2020 年はコロナ禍まっただ中であった。ロックダウンで職場には原則来るな、というような雰囲気の中、それならこの際育休取るか、となったパパが多かった可能性も否定できない。育介法の法改正で、コロナ禍が終わってもこのトレンドがキープされるといいなあ、という願いが通じたのか、その後男性の育休取得率は急激に伸びている（2023 年は 30.1％！）。

3．感染症拡大予防の切り札？──テレワーク

一見温厚そうな部長Ａ「コロナでテレワークが一般化したのはいいんだけど、普段の仕事ぶりとか態度が見えないから人事評価に悩むなあ」
極めて真っ当な部長Ｂ「そんな曖昧な基準はこの際捨てたら？　数字とか成果とか、客観的な指標で評価した方がむしろいいんじゃない？」
実は腹黒かったＡ「それじゃ誰が評価しても結果一緒じゃん。曖昧な基準残しとかないと、部長のやることなくなっちゃうよ。まあ、実際には好き嫌いで決めてんだけどね」

Ⅲ．「労働法の方から来ました」　　293

コロナ禍で一気に広まり社会に定着したものと言えばなんだろう？　し
てないと裸より恥ずかしいものに昇華したマスク、ホントに効果あるのか
微妙そうな薄汚れたアクリル板、コンスタントに35度台を叩き出すサー
モグラフィー（アレに引っかかるヤツってたぶん熱50度あるよな）などすぐにい
ろいろ思いつくが、働くことに関係することで言えばやはりテレワークだ
ろう。オフィスや工場など、会社の敷地内で働くのではなく、自宅やサテ
ライトオフィス、駅前のワークスペースなど、職場から「離れて（tele）」
働くことを意味する。コロナ禍よりずっと前、すなわちIT技術が進み
（わかりやすく言うとパソコンの普及とネット環境の整備）自宅等でも事務仕事が
可能になって以降（2000年前後か？）、それなりに普及はしていたが、ここ
へきてコロナ禍で一気に浸透したという感じだろうか。戦争で科学技術が
発達する、ではないが、世の中ってやっぱこういうことで一気に動くんだ
なあ（雑な感想ですいません）。

　テレワークについては、オフィススペースの有効活用（全員分のデスクを
用意しなくてよい）、育児・介護や自らの病気・障害などの問題を抱えてい
る労働者のワーク・ライフ・バランス確保と離転職防止（家で働いてなんと
かいろいろ両立）、通勤時の道路や公共交通機関の混雑緩和（環境への負荷軽減
にもなる）、災害時における機動的対応への備え（会社に来られなくても業務継
続可能）などのメリットがあるとされ、政府もこれまでIT国家戦略や働
き方改革を進める中でテレワークを推進してきた。

　そして今回、これら以外に感染症の拡大防止と予防、という公衆衛生施
策の重要な目標の1つを達成するカギとなりうることもわかったというわ
けだ。確かに、自宅で仕事ができれば、通勤時や職場での感染を防ぎつつ、
経済活動を停止せずに済むわけで、緊急事態宣言まで出たコロナ禍ではテ
レワークは救世主だったと言っても過言ではないかもしれない——まあコ
ロナは家庭内でも感染広がったけど。厚生労働省も「テレワークの適切な
導入及び実施の推進のためのガイドライン」（テレワークガイドライン）を以
前から出していたが、2021年3月にこれを改定した。そこでは、ウイズ
コロナ・ポストコロナ時代に対応した働き方として、さらに導入、定着を
図ることが重要だ、とある。国としてもこれまで以上にテレワークを「推

して」いくことにしたわけだ。

　新型コロナ禍はようやく一段落してきた感じではあるが、今後また超スーパースペシャル新型？コロナ的な新しい感染症が流行る可能性も大いにあるだろう。そのときにまた迅速にかつスムーズにテレワークできるようにしておくにはどうしたらいいのだろう。いやそもそも、もうコロナが流行っていなくても、仕事によっては常にテレワークが基本でもいいのかもしれない（現にそうなった会社も多数ある）。もちろんすべての企業、すべての職種で対応できるわけではないが、「ウチの会社は無理」「この仕事では不可能」と最初から決めつけるのもよくないだろう。というわけで以下では、テレワークのさらなる普及のために必要なことを整理しながらいろいろ考えてみよう。

　まずは、家で仕事をする環境を物理的に整えなければならない。とりあえず、何はなくとも IT 環境、パソコンにインターネットだ（狭い家の中でなんとか仕事用のスペースを確保する、という課題がクリアできている前提だが）。企業としては、従業員にタブレットを付与・貸与したり、ネット回線の整備費用の補助をしたりする必要もあるかもしれない。基本的にはあらゆることが、すなわち事務作業、打合せ、外部との会議など、すべてオンラインできるようにしておかなければならない。書類を持ち帰っていては意味ないので、様々なデータを電子化して外部からアクセスできるようにしておく必要もある。もちろん情報漏洩などがないようにセキュリティはしっかりしておかなければならないが（ちなみに総務省が「テレワークセキュリティガイドライン」を出している）。

　ただ、テレワーク導入を実際に考えていくと、ネット環境の整備も大事だが、それより先にクリアしなければならない問題があることがわかってくる。それは難しく言うと職務分掌の見直し、わかりやすく言えば「仕事の切り分け」だ。一応ネットでつながっているとは言え、基本的には家で1人だけで仕事をするわけだから、そのときに自分のやる仕事が明確でないと困る。ちょっと同僚に手伝ってもらうとか、その日とりあえず出社してそのときに部署として必要な業務に入るとか、そういうことはやりづらくなる。今日はこれをやる、これだけやればよい、というのが明確でない

Ⅲ. 「労働法の方から来ました」　　295

と、テレワークはしづらい。逆に言えば、どんな仕事でも、今日のあなたの仕事はこれとこれ、これだけ！　と明確に切り分けられていれば、テレワークは可能だとも言える。この職務の切り分けは、テレワークのために必要なのだが、結果としてこれによって業務の無駄を見直し効率化を図ることもできるだろう。えーっと、テレワークだとこの仕事誰がどうやればいいのかな、って待てよ、そもそもこれ要らなくね？　と。

　テレワーク導入とともに職務の切り分けを進め、個人個人のやるべき職務内容を明確化し、無駄な仕事は廃止する。仕事の効率もアップするしワーク・ライフ・バランスも確保できるし、いいことづくめだ！　という気もするが、ただ、これは実は伝統的な日本の働き方、雇用のあり方とは違う方向である。介護保険のところでも少し触れたように（→第5章Ⅲ.3.）、日本では（とくに大企業正社員ほど）労働契約締結時に職種も勤務地も特定しないことが多い。仕事内容（ジョブ）は決めずに、でも入った会社の構成員（メンバー）として言われたことは基本何でもやる。配置転換や転勤の命令にも基本的には従わなければならない。そういう労働契約なのだ。最近流行りの表現を使えば、「ジョブ型雇用」ではなく「メンバーシップ型雇用」なのである。

　つまりは、職務を切り分けない、個人個人がやる仕事をそれほど明確化しない、のが日本のこれまでのスタンダードな人の雇い方だったのだ。もちろん、メンバーシップ型でもどこかの部署に所属しなにがしかのポジションに就いてはいるわけだから、日々遂行すべき業務が全く決まっていないということはないだろう。ただ、そのポジションでやるべき職務内容を欧米のように職務記述書（ジョブ・ディスクリプション）に詳細に列挙するというようなことは余りなされていない。しかしテレワークを本格的にやっていくとすれば、職務記述書的なものをつくっていく必要もあるだろう。その過程で、あうんの呼吸でなんとなく誰かがやる業務、のようなものは消滅していくのかもしれない。

　というわけで、テレワークが主流になってくると、これまでのメンバーシップ型雇用ではなく、ジョブ型雇用が主流になってくるのかもしれない。労働契約においても、職務内容をより明確化する方向になる。これは悪い

ことではない気もするが、ただなぜ日本のメンバーシップ型雇用で職務内容が明確に規定されていなかったのかといえば、それは雇用保障のシステムとのバランスをとるためである。解雇はできるだけしない、できるだけ定年まで会社で面倒をみる。その代わり配置転換や転勤が頻繁に行われ、職務内容や勤務地は適宜変わっていく。だから職務内容は「白紙」になっていたのだ。どこで何をやるかは決まってないよ、それは適宜会社が決めるから従ってもらうよ、でもその代わり基本解雇はしないからね——このバランスが日本的メンバーシップ型雇用であり、日本的な長期雇用慣行だったのだ。しかし職務内容を明確化していくとすれば、このバランスは崩れるかもしれない。職務は会社が勝手に変えたりしないよ、でももしこの仕事がなくなったら、会社としてこの事業はやめると決めたら、君も基本解雇だよ、となるのかもしれない。そう、日本的雇用システムの終焉である。

　テレワーク導入のためにどうする？　という話がいつの間にか日本的な雇用システムの崩壊というとんでもないデカい話になってしまったが、しかし話を突き詰めていけばそういうことになるのである。いや、そこで終わりではないかもしれない。やるべき仕事は明確で、自宅でもできるが、ただその仕事がなくなれば雇用は終わり、という世界になったとすると、待てよ、それってそもそも「労働」なのか？　「雇用」なのか？　という気もしてくる。命令されて働くというより、この仕事をここまでやるという契約を履行するために働いている。従属とか命令とかいう世界ではない。それなら別のとこから仕事を請け負ってもいいし、他の副業を持ってもいいし、契約形態も労働契約じゃなくて請負とか委託とかいう形でもいいのかもしれない、その方が気楽だ……

　売れないアングラ劇団のシナリオ並みに話がガンガン飛躍してしまったが、あり得ない話でもないし、思っているほど遠い話ではないかもしれない。テレワークという「蟻の一穴」によって、日本の雇用の姿は変わっていくのかもしれない。「労働」法も要らなくなってしまうかも？　というか、政府がテレワークを推進する目的が、実はパンデミック対策でも環境対策でもなく、日本的雇用システムの破壊だったら恐ろしい、というかス

ゴイことだ――と、一気に勢いで書いてしまったが、いやいや、コロナ禍
で急に、テレワークやれ！　となって慌てて対応してもそれなりに仕事に
なった（ところも多い）んだから、そんなに大きな変化は起きませんよ、と
いう見方もあるかもしれない。本音を言えば、筆者のような老人にとって
はその方がラクに余生を送れそうでいいのだが。まあ10年後くらいに答
え合わせしましょう（そのときまで労働法があるといいなあ！）。

Ⅳ．物好きなアナタに――文献ガイド

○ミシェル・フーコー（中山元訳）『私は花火師です』（ちくま学芸文庫、
2008年）
　　公衆衛生に関心がある人にはこの本を。公衆衛生の起源とその展開を都
市の医学との関係で解明する講演録「医療化の歴史」を所収する。「楽し
い爆発物」を目指したというフーコーの面目躍如たる講演録で、英・独・
仏を比較しつつ、微細な史実を見逃さずに「生政治」との関係が語られる。
ただし出版物としては花火が「不発」に終わったのか、版元品切中。

○岩崎晋也・岩間伸之・原田正樹編『社会福祉研究のフロンティア』（有斐
閣、2014年）
　　大学には「社会福祉学部」があるくらいなので（著者の1人はかつてそ
こに所属していた）、社会福祉についての文献も無数にあるのだが、1冊で
全体をカバーしたものをという人にはこの本を。社会福祉の全領域に渉る
重要なキーワードごとに、解説と重要な文献紹介がされている。大学生が
レポートを書く際にも、とても便利かもしれない。てなことを書いて、ど
こかの大学でこの本に依拠したもろかぶりのレポートが続出しても責任は
負いかねる。

○春日武彦『私家版　精神医学事典』（河出書房新社、2017年）
　　精神障害・精神疾患については本章では最小限しか扱えなかったが、本
当はいちばん大事じゃないかとすら思う。世の中は理解不能な人や事件に
満ちているし、自分自身だってうつ病をはじめ、いつどんなメンタルの問

題にはまるか分からない。それらに関心があれば、異色の精神科医による
この本を。リスカやゴミ屋敷・猫屋敷・犬屋敷をはじめ、脱衣癖・虚言癖
から甲殻類恐怖症・高所平気症まで、世の中の「おかしなこと・とんでも
ないこと」をほとんど網羅している。ただし本当の「事典」ではなく、勘
違いを避けるために文庫化に当たっては『奇想版』と改称された。

○長沼建一郎『ソーシャルプロブレム入門』（信山社、2021 年）
　なにしろこの章には「その他」全部を押し込めたので、かなり端折り気
味で、大事なことがちゃんと書いてないじゃないかという不満や落胆もあ
ろうかと思う。とくに社会福祉に関してこの本で書けなかった内容の一部
は、共著者の 1 人がこちらの別の本で扱っている。この本だって、余計
なジョークの類をカットすれば、もっと重要なことを書けたんじゃないの
というご批判は、聞こえないフリをしたい。

アウトロ──もらえるか、もらえないか

　　亀のことなら何でも知っている
　　豪語する店に立ち寄ってみたが
　　扉のところに　紙が一枚貼ってあり
　　「何にもわからなくなり申した」

日和聡子「びるま」より†

　これまで社会保障について、大学で学生にエラそうに講義したり、わかっ
ているつもりで文章を書いたりしてきたが、とりわけこの「その他」まで来
ると、正直なところ、一体どこまでが社会保障なのか、改めてよくわからな
いと思ってしまう。
　どこまでが社会保障なのか、よくわからないということは、そもそも社会
保障とは何か、よくわからないということでもある。社会保障のいちばん外
側の境界ラインともいえる「その他」の領域まで見れば、社会保障の本質が
わかるかと思っていたが、かえって途方に暮れている始末である。
　ただ、この「その他」の章に振り分けられた諸項目は、決して重要でない

IV．物好きなアナタに　　299

というわけではなく、しかし第7章までとはかなり異なるものだった。

　すなわち第2章から第7章まで（社会保険と生活保護）は、基本的に普通の人たち（その意味合いは本編でふれたように、働いて、稼いで、そこから保険料なども納められる人というニュアンスである）を対象として、「この人に、支給する」という性格のものだった。「この人」はもらえて、それは基本的に「この人」の役に立つ。多くの人が、条件を満たせば「この人」になれる。しかしもらえない人は全然もらえない。

　ところがこの「その他」の章に振り分けられたものは、それとは違っていて、個々人への給付というよりは、「みんな」をまとめて対象とした施策であったり、時には給付ではなく「収容」や「規制」だったりした。

　あるいは個々人（この人）への給付であっても、その「この人」というのが児童、障害者、かつての軍人や戦争犠牲者というように、むしろ「普通の人たち」とは一線を画する形で、はじめから広くない範囲で限られていた。

　誰しも自分のことには真剣になるものだ。「この人」はもらえるが、「あの人」はもらえないとなれば、どうしたって「自分は」もらえるのか、もらえないのかが気になる。だから世の中の社会保障の本では、どうしてもそういう項目——典型的には年金や医療など——が中心になるのかもしれない。読者も忙しいので、「みんな」のための施策や、逆に「限られた人たち」のための施策にまでは、なかなか関心が及ばない。しかし自分がもらえるかどうかという話になれば、目の色が変わる。いつだって最大の問題は、自分がもらえるか、もらえないかなのだ。

　それは別の言い方をすれば、給付を受け取る権利があるのか、ないのかということでもある。だから「法」が問題になるのだ。ドイツ語のRechtやフランス語のdroitは、「権利」であり、同時に「法」を意味している。

　それでもこのように、「その他」の諸項目まであわせて社会保障として、私たちの生活を守っている。普段はあまり気づかなかったり、時には対象が限られていたり、今日的には意義が小さくなったりしていて、読者自身が「もらえるか、もらえないか」には直接関わらないとしても、これらが全体として社会保障を形成しているということが伝われば、本の冒頭やタイトルとの辻褄はかろうじて合うとともに、「その他」の章も立つ瀬があるだろう。

300　　第8章　他にもあるけどキリないぜ

逆に、「社会保障のことなら何でも知っている」と豪語する強者に惑わされないように、とあえて書いておきたい。

†　日和聡子『びるま』（青土社、2002年）所収

下の句──いわゆる「あとがき」

（なんだこのタイトル？）

だが本書がこんな奇妙なタイトルになったのには、もっと理論的な理由がある。

社会保障の内容について、ひと言で「とてもわかりやすく」説明することは不可能ではない。たとえば公的年金とは世代間の助け合いだとか、介護保険とは介護の社会化のために創設されたというように。

そういう説明は間違っていないのだが、大切なものが零れ落ちてしまう。またそれだけでは、なぜこんなに複雑怪奇な仕組みになっているのかもわからない。さらにいえば、法律を見ても上記のようなことは書いていない。

あるいは社会保障は、社会学的にはかつて家族内で担われていた扶養等の役割が外部化・共同化されたものだとか、経済学的には高リスク者ばかりが保険に加入して市場が成り立たない（いわゆる逆選択）ことに対処する仕組みだという説明もされたりする。これらも間違ってはいないのだが、必ずしも社会保障全体には妥当しない。たとえば病院がやっていることが家族機能の外部化だとは考えづらいし（親がたまたま医者だったら別だけど）、逆選択のせいで日本の民間保険会社がつぶれたという話も聞かない（別の理由ではたくさんつぶれたけど）。

社会保障は今や手に負えないほど複雑に入り組んでいて、それをひと言で「とてもわかりやすく」説明するには無理がある。一学徒として（いや二学徒でした）誠実であろうとするなら、できるのは「ややわかりやすく」説明することに尽きる。

しかるに本のタイトルを「社会保障（法?）」としたのには、より理論的な背景がある。

たとえば民法や刑法は、法的なシステムそのものである。だから法律をよく見れば、システムそのものが分かる。

しかし社会保障は、財政・税制・保険等々の経済的な要素や政治的な要素、事務的な手続や情報記録管理などが折り重って成立している複雑なシステムである。だからそれらを定める法律だけ見ていても、社会保障そのものの理解には達しない。

この本では、社会保障にかかる法自体を見たいわけではなく、法を通して社会保障を見たいのだ。ロラン・バルト（フランスの記号学者）の表現を借りれば、法が社会保障システムの「裂け目」になっていることがあり、そこから中を「のぞき見」してみようというのがこの本の趣向であり、それが「(法?)」の謂でもある。

(苦節数十年余……)

はるか昔（バブルといわれる頃）、著者の1人（長沼）は保険・年金実務に携わっていた。実はその頃から森戸先生のお名前は存じあげていた。企業年金を本格的に法学的な研究対象としつつ、実務的なぐちゃぐちゃを相手に快刀乱麻を断つ大変な俊才が学会に現れたと舌を巻いていたからである。その後、私自身は仕事がうまくいかなかったので、研究者に転じ（そっちも結局うまくいかなかったけど）、そこで森戸先生の知己を得たのは僥倖というしかない。

そんな経緯のため、私のほうが年齢は上だが、学問の世界では森戸先生が大先輩である。私がやっと大学教員になったころ、「長沼さん、一緒に本を作りましょう。虎は死して皮を残すというじゃありませんか」と声をかけて下さったのが森戸先生であり、1冊の著作もなかった私は、これで自分も初めて本を出せると小躍りして話に乗った。

しかしそれは甘かった。執筆を始めてみると、原稿内容の相互検討に膨大な時間を要することが判明した。といっても学問的な見解の相違ではなく、長沼の渾身のユーモアに対して森戸先生が「ぜんぜん面白くない」とダメ出しして過激な対案を出してきたり、逆に森戸先生のアブナすぎるボケやギャグに対して長沼が「これでは福祉関係者から苦情が殺到します」と言って身を挺して止めたり、そういったことの繰り返しであった。

年月は奔馬のように走り去り、自分にとって最初の本になるかもしれな

いと心ときめいた本書は、今や自分の最後の本（遺著）となる可能性も小さくない。

（構成も揉めました）

　もともとは、「Ⅰ．キホンのキホン」と「Ⅱ．このネタは使えるぞ！」を、それぞれ半分ずつ書くという分担計画だった。しかし森戸先生は、学会の仕事や政府の要職、その他の怪しげな仕事で忙しく、時間がなかったので、最初のころはもっぱら長沼が原稿を書き進めていた。

　私は何度も森戸先生に督促し、「虎は死して皮を残すといったではないですか」と詰め寄ったのだが、森戸先生は「虎が死んだら皮を？　リサイクルの話ですか」などと言うばかりで取り付く島がなかった。

　ところがそのうち年長である長沼の体に先にガタが来て、執筆が停滞した。他方、森戸先生の方は怪しげな仕事にケリが付いたのか、猛然と原稿を書き進め、当初の予定になかった「Ⅲ．「労働法の方から来ました」」まで瞬く間に書き上げた。しかしその間、法制度もどんどん変わるため、書けるほうが書けることを書き足すという泥縄状態になり、分担もジグソーパズル状態になった。

　そういうわけで、原稿内容は共著者と編集者が相当回数の検討を加えたもので、執筆分担は実際にはもっと入り組んでいるのだが、おおむね以下のとおりである。

各章の「イントロ」：森戸

「キホンのキホン」　第１章：森戸、第２〜８章：長沼

「このネタは使えるぞ！」

　　　第１章②・③、第２章②・③、第３章②・③、第６章②・③：森戸

　　　第１章①、第２章①、第３章①、第４〜５章、第６章①、第７〜８章：長沼

各章の「労働法の方から来ました」：森戸

各章の「文献ガイド」および「アウトロ」：長沼

　諸制度の内容は、原則として2024年度のものである。各章「アウトロ」

での文学作品からの引用に際しては、読みやすくなるように改行や表記などを適宜改変している。「文献ガイド」は、最近のものにこだわらずに（古いものも含めて）幅広く挙げてみたところ、絶版や品切れ（増刷予定なし）になっているものが多く、本書の先行きが暗示された。

（心からの謝辞）

　森戸先生は、ふだんの会話では、ほぼギャグとボケしか言わない。しかし長い時間を耐えていると、時折、深い学知に裏付けられた言葉を口にする。15 年にわたり、そのような謦咳に、やや接することができたのは、まことに幸せであった。

　そして同様に長い時間を耐えて、すべての原稿打ち合わせにお付き合いいただくとともに、社会性の欠如した大学教員の果てしない右往左往を、秘術を尽くして統御いただいた弘文堂の高岡俊英さんに心からお礼申し上げたい。

　あわせて原稿に隅々まで目を通していただいた慶應義塾大学法学部専任講師の林健太郎さんには、改めて深謝申し上げたい。大変ご多忙な中、周到かつ貴重なご指摘を多々いただいたことで、大幅な書き直しを余儀なくされた著者らまで大変多忙になってしまった。

　最大の懸念は、私自身がしばしばそうであるように、本の「あとがき」しか読まない読者がいることである。実際、「あとがき」がいちばん面白いという本は少なくない。しかし本書はそうではないので、せめて「はしがき」も読んでいただければと思うし、さらにお時間があれば、本文も読んでいただけると望外の幸せである。

　　2024 年 9 月　杉並の寓居にて

長沼　建一郎

事 項 索 引

あ行

育児・介護休業法……………………290
育児休業………………………………47
育児休業給付…………………………47
遺族年金…………………………189,190
遺族補償給付…………………………74
医療扶助…………………………228,235
医療保険………………………4,100,235
うつ病……………………………283,284
応益負担………………………………259
応召義務………………………………129
応能負担………………………………259
恩給………………………………269,271,282

か行

介護休業…………………………46,161
介護休業給付…………………………46
介護事故………………………………158
介護扶助…………………………228,235,236
介護報酬………………………………149
介護保険…………………4,21,139,235,236,258
介護保険法……………………………141
介護補償給付…………………………74
皆保険…………………………………22
学習障害………………………………283
学生納付特例…………………………181
可処分所得スライド…………………188
稼得能力………………………………173
過労死………………………………80,83,133
過労自殺………………………………83
企業年金………………………30,200,208
基準及び程度の原則…………………225
基礎年金…………………………175,179
逆選択…………………………………195
休業補償給付…………………………74
求職者支援制度………………………49
給付反対給付均等の原則……………13
教育訓練給付…………………………45

行政訴訟………………………………18
行政不服審査…………………………18
業務災害……………………………73,77
勤労控除………………………………226
ケアプラン……………………………144
ケアマネジャー………………………146
健康保険…………………6,22,28,68,114
健康保険組合………………100,114,274
研修医…………………………………131
現物給付……………………………14,149
高額療養費……………………………106
後期高齢者医療制度…………………116
公衆衛生……………………………4,265,278
厚生年金………………………………175
厚生年金保険…………………………28
公的年金…………………171,172,233
公的扶助…………………………4,5,218
高年齢雇用継続給付…………………46
高年齢者雇用確保措置………………205
高年齢者就業確保措置………………205
合理的配慮……………………………287
国民医療費……………………………117
国民皆保険…………………………130,208
国民健康保険……………………21,22,114
国民年金………………21,23,28,175
国庫負担………………………………178
子ども・子育て拠出金………………264
子ども・子育て支援法……………260,264
雇用継続給付…………………………46
雇用対策………………………………272
雇用調整助成金……………………48,243
雇用保険………………………4,28,36
雇用保険二事業………………………48
雇用率………………………………286,289
混合診療…………………………102,119

さ行

在職老齢年金………………186,204,209
最低賃金………………………………237

再評価……………………184, 188
産後パパ育休…………………291
次世代育成支援対策推進法…………290
失業………………………40, 54
私的年金……………………175
児童手当……………4, 29, 264, 280
児童福祉…………………260, 281
児童福祉法…………………262
児童扶養手当………………265, 280
社会手当……………………280
社会福祉……………4, 253, 278
社会福祉法…………………255
社会保険……………4, 6, 9, 25
重婚的内縁……………………87
収支相当の原則………………13
終身年金…………………194, 195
住宅………………………275
住宅対策……………………275
住宅扶助……………………276
障害者雇用…………………286
障害者雇用促進法…………286, 287
障害者総合支援法…………256, 258
障害者福祉…………254, 256, 283
障害年金……………………189
障害補償給付…………………74
償還払い……………………150
傷病手当金…………………113, 125
傷病補償年金…………………74
所得再分配…………………186
ジョブ型雇用………………296
申請保護の原則………………226
身体障害…………………257, 283
診療報酬……………………108
生活困窮者自立支援制度……229, 230
生活扶助…………………224, 228
生活保護………4, 6, 217, 218, 236
精神障害…………………257, 283
税制優遇……………………278
税方式………………………178
世帯分離…………………224, 246
戦争犠牲者援護………………269
選定療養……………………104
措置から契約へ……………255

た行

第3号被保険者……………179, 191
脱退一時金…………………197
知的障害…………………257, 283
賃金スライド………………188
通勤災害……………………78
積立方式……………………174
定年制………………………206
テレワーク…………………293
特別加入制度…………………90
特別支給金……………………76
特別児童扶養手当……………281
トンチン年金………………194

な行

長生きリスク………………174
生業扶助…………………228, 246
認知症………………………142
認定こども園………………261
年金通算協定………………199
年金分割…………………192, 193
年金保険……………………4

は行

発達障害……………………283
被扶養者……………………111
被保険者…………………14, 37, 178
評価療養……………………103
標準報酬…………………110, 183
賦課方式……………………174
複数就業者給付………………75
物価スライド………………188
ベーシック・インカム……230, 231
保育所………………………261
保険外併用療養費制度………102
保険給付……………………14
保険料……………17, 71, 110, 151
保護基準……………………224
補足性の原理…………220, 221, 223

ま行

マクロ経済スライド…………188
未支給年金…………………193

事項索引　　307

ミーンズテスト·····················220
メリット制···························72
メンバーシップ型雇用·············296

や行

要介護状態···············141, 155, 236
要介護認定························143
要保護児童························262

ら行

離職票······························60
療養担当規則·····················101

療養補償給付·····················73
両立支援·························289
労災認定··························77
労災保険·················4, 28, 282
労使折半の原則···················17
老人福祉·························255
老人保健···························4
労働者災害補償保険···············68
労働者性··························26
労働保険··························68
老齢厚生年金·····················183

著者紹介

森戸　英幸（もりと　ひでゆき）

1965 年	千葉県生まれ
1988 年	東京大学法学部卒業
	東京大学法学部助手、成蹊大学法学部助教授、
	コロンビア大学ロー・スクール客員研究員、
	ハーバード大学ロー・スクール客員研究員、
	成蹊大学法科大学院教授、上智大学法学部教授などを経て
現　在	慶應義塾大学大学院法務研究科教授
主　著	『プレップ労働法〔第7版〕』（弘文堂、2023 年）
	『労働法トークライブ』（共著、有斐閣、2020 年）ほか

長沼　建一郎（ながぬま　けんいちろう）

1959 年	東京都生まれ
1984 年	東京大学法学部卒業
	日本生命保険相互会社、ニッセイ基礎研究所主任研究員、
	厚生省社会保障専門調査員、日本福祉大学教授などを経て
現　在	法政大学社会学部教授　博士（学術）
主　著	『図解テキスト　社会保険の基礎』（弘文堂、2015 年）
	『法政策論への招待』（信山社、2022 年）ほか

ややわかりやすい社会保障（法?）

2024（令和6）年11月15日　初版1刷発行

著　者	森戸英幸 長沼建一郎
発行者	鯉渕 友南
発行所	株式会社 弘文堂　101-0062 東京都千代田区神田駿河台1の7 TEL 03(3294)4801　振替 00120-6-53909 https://www.koubundou.co.jp
装　幀	宇佐美純子
印　刷	三 陽 社
製　本	井上製本所

© 2024 Hideyuki Morito & Ken-ichiro Naganuma. Printed in Japan

JCOPY〈(社)出版者著作権管理機構　委託出版物〉

本書の無断複写は著作権法上での例外を除き禁じられています。複写される場合は、その
つど事前に、(社)出版者著作権管理機構（電話 03-5244-5088、FAX 03-5244-5089、
e-mail: info@jcopy.or.jp）の許諾を得てください。
また本書を代行業者等の第三者に依頼してスキャンやデジタル化することは、たとえ
個人や家庭内での利用であっても一切認められておりません。

ISBN 978-4-335-36007-7

弘文堂 プレップ 法学

これから法律学にチャレンジする人のために、覚えておかなければならない知識、法律学独特の議論の仕方や学び方のコツなどを盛り込んだ、新しいタイプの"入門の入門"書。

プレップ	法学を学ぶ前に	道垣内弘人
プレップ	法 と 法 学	倉沢康一郎
プレップ	憲 法	戸 松 秀 典
プレップ	憲 法 訴 訟	戸 松 秀 典
プレップ	民 法	米 倉 明
*プレップ	家 族 法	前 田 陽 一
プレップ	刑 法	町 野 朔
プレップ	行 政 法	高 木 光
プレップ	環 境 法	北 村 喜 宣
プレップ	租 税 法	佐 藤 英 明
プレップ	商 法	木 内 宜 彦
プレップ	会 社 法	奥 島 孝 康
プレップ	手 形 法	木 内 宜 彦
プレップ	新民事訴訟法	小 島 武 司
プレップ	破 産 法	徳 田 和 幸
*プレップ	刑事訴訟法	酒 巻 匡
プレップ	労 働 法	森 戸 英 幸
プレップ	社会保障法	島 村 暁 代
プレップ	知的財産法	小 泉 直 樹
プレップ	国 際 私 法	神 前 禎

＊印未刊